《走进文化抚州》编者委员会

主　任：陈克胜　刘云海

副主任：黄振林　陈　坚

成　员（按姓氏笔画排列）：

邓　潇　伍小玲　吕敏敏　邹志坚　张学文　李　壹
李惠惠　孟召博　郑志英　罗伽禄　郑　瑶　侯慈秀
谢　奕　程　娟　储　瑶　廖姝雅　魏琳华

走进文化抚州

《走进文化抚州》编者委员会 ◎ 编

江西人民出版社
Jiangxi People's Publishing House
全国百佳出版社

图书在版编目（CIP）数据

走进文化抚州 /《走进文化抚州》编者委员会编. -- 南昌：江西人民出版社, 2024.8. -- ISBN 978-7-210-15751-9

Ⅰ . K295.63

中国国家版本馆 CIP 数据核字第 2024V51U31 号

走进文化抚州
ZOUJIN WENHUA FUZHOU

《走进文化抚州》编者委员会　编

责任编辑：蒲　浩
封面设计：回归线视觉传达

出版发行

| 地　　　址：江西省南昌市三经路 47 号附 1 号（邮编：330006）
| 网　　　址：www.jxpph.com
| 电子信箱：jxpph@tom.com
| 编辑部电话：0791-86898965
| 发行部电话：0791-86898815
| 承　印　厂：南昌市红星印刷有限公司

开　　本：787 毫米 ×1092 毫米　1/16
印　　张：18.25
字　　数：315 千字
版　　次：2024 年 8 月第 1 版
印　　次：2024 年 8 月第 1 次印刷
书　　号：ISBN 978-7-210-15751-9
定　　价：45.00 元
赣版权登字 -01-2024-561

版权所有　侵权必究

赣人版图书凡属印刷、装订错误，请随时与江西人民出版社联系调换。

服务电话：0791-86898820

前 言

习近平总书记指出:"中华优秀传统文化是中华民族的文化根脉,其蕴含的思想观念、人文精神、道德规范,不仅是我们中国人思想和精神的内核,对解决人类问题也有重要价值。"当前,加强对当代大学生优秀传统文化教育,让大学生系统全面了解中华文明的悠久历史、辉煌成就和突出特性,传承中华优秀传统文化的创新基因,有助于引导大学生肩负传承优秀传统文化的历史使命,进一步坚定中国特色社会主义道路自信、理论自信、制度自信、文化自信。这样,才能在风云激荡的"百年未有之大变局"中不动摇信念,不迷失方向。这对于落实新形势下高校"立德树人"根本任务,具有深远的战略意义。

"吾邦山水秀,雄丽冠江右。"抚州,位于江西东部,是中外闻名的"才子之乡,文化之邦"。厚重的文化积淀形成了鲜明的地域文化特色。抚州文化孕育于先秦,生成于秦晋,成型于隋唐,崛起于两宋,延展于元代,再兴于明清,绵延于近现代。抚州历史源远流长,文化底蕴深厚,古迹遗存荟萃,内涵博大精深,诞生了像"宰相词人"晏殊、改革先驱王安石、散文大家曾巩、百世大儒陆九渊、一代戏圣汤显祖等名儒巨公及一大批"临川才子",带动抚州在教育、思想、经济、科技、文学、艺术等领域开拓进取、取得突出成就,创造了极其辉煌和独具魅力的"临川文化"。其声名远播,影响巨大。2022年1月,抚州市被国务院正式批复为"中国历史文化名城"。文化抚州,躬逢盛世,生生不息;文脉相传,愈加艳丽。抚州文化的特色有:

一是文化底蕴非常深厚。临川、南城都有2200年的创城历史。临川、南城和南丰、东乡、金溪、广昌、崇仁、宜黄、乐安、黎川、资溪、高新区、东临新区等县区共同构成抚州文化的地域格局。抚州人民在这片土地上筚路蓝缕,辛勤耕耘,世代相传。其文化个性鲜明,特别是完整、清晰、生动保存下来的传统格局、历史风貌和文化遗存甚为丰富,文物古迹众多,具有重要的历史文化价值。抚州以农耕文化为底色,教育文化为特色,才子文化为亮色。据不完全统计,宋元明清,抚州进士及第者近2450人。《四库全书》载录抚州思想家、政治家、文学家、经学家、史学家、地理学家、金石学家、谱牒学家、天文家、医学家、兵家、小说家、艺术家著述206部。其中,经部39部,史部25部,子部45部,集部97部,达2577卷之多。这些人和文,凝聚了抚州人民的杰出智慧和创造才能,是中华文化的宝贵精神财富。

二是文化名人层出不穷。抚州才子多,名人多,成就大,影响远。这些文化名人,在不同的历史年代和不同的领域,高瞻远瞩,开宗立派,引领潮流。像晏殊致力于教育的复兴,是北宋振兴教育的功臣;王安石变法震撼古今,是锐意改革的先驱;陆九渊建构"陆王心学",是思想启蒙的丰碑;汤显祖惊艳舞台的"临川四梦",是中国古典戏曲的巅峰。还有像乐史、李觏、陈彭年、朱思本、吴澄、虞集、罗汝芳、吴与弼、陈自明、危亦林、何文渊、李绂、艾南英、吴嵩梁、李瑞清等大批抚州才子遗存下来的丰富的哲学、文学、史学、经学、科技、教育、艺术思想,是极其丰富的思想文化宝库。抚州才子,有的胸怀天下、敢于担当,成为国家肱骨脊梁;有的为民请命、造福一方,深为基层百姓拥戴;有的独立思考、刻苦钻研,终成一代儒学巨匠。他们从人格风范、行为准则、学术成就等诸多方面都留下了许多宝贵的精神财富,值得我们学习借鉴和继承发展。

三是文化成果厚重丰硕。抚州文化在哲学、教育、文学、农桑、经济、商帮、艺术、医药、建筑、水利、村落等领域都取得杰出成就。晏殊、王安石、曾巩等群星灿烂的抚州文学家创造的文学成就;陆九渊、罗汝芳、吴澄、吴与弼等创造的哲学、思想智慧;汤显祖为代表的戏曲文化;盱江医学、建昌药帮的杰出成就;星罗棋布的抚州书院凝聚的书院文化；流坑、金溪等众多村落遗存为代表的古村落文化；明清以来走南闯北的抚州商人积淀的商帮文化；正觉寺、疏山寺、曹山寺等汇聚的禅宗文化；以陶瓷、水利、雕版印刷、冶金、建筑构成的科技成就；以省市级非物质文化遗产为代表的各项艺术成就，无不体现抚州人民在精神文明和物质文明方面的杰出创造。

四是文化精神蓬勃向上。抚州人民勤勉务实，忠厚明理，开放包容，创新求变，千百年来形成独具特色的文化精神。其核心要素为：勤耕苦读的进取精神、诚信明德的担当精神、守正创新的变革精神、经世致用的务实精神、天下为公的济世精神。抚州人民在二千多年的生息繁衍过程中创造的"临川文化"精神，既与中华优秀传统文化总体精神相吻合，又有抚州区域文化精神的原创内涵和独特形态，是抚州人民的精神财富，是中华文化的宝贵财富。

这本《走进文化抚州》，在总体框架设计上，既注重抚州文化源流、发展、特色、精神等方面的总结提炼，也着眼抚州文化各领域突出成果的详细论述，有助于大学生深入了解抚州优秀传统文化的历史脉络，领悟优秀传统文化的精髓特性。加强当代大学生的优秀传统文化经济教育，就是要让大学生：

一是厚植家国情怀。在所有的价值理念中，爱国主义始终是最激昂的主旋律，是中华民族精神的核心。爱国，是人世间最深沉、最持久的情感。中华优秀传统文化滋养了生生不息的中华民族，给我们打上了深厚的历史根基，是民族精神最核心的要素。爱国主义教育是大学生的立德之源、立功之本。要教育大学生坚定理想信念，坚定"四个自信"，听党话、跟党走，把个人命运与民族命运、党的命运、社会主义伟大事业的命运紧密结合在一起。

二是坚定文化自信。中华优秀传统文化是中华文明的智慧结晶，是中华民族在百年未有之大变局中站稳脚跟的根基。文化自信是一个国家、一个民族发展中最基本、最深沉、最持久的力量。习近平总书记说，有文化自信的民族，才能立得住、站得稳、行得远。要教育大学生立足中华民族伟大历史实践和当代实践，让中华优秀传统文化所蕴含的价值观念、人文精神和道德规范深入人心，并成为大学生的行为依托和人生指向。

三是坚持守正创新。文化自信来自于文化自觉。文化需要慎终追远，文化更要推陈出新。要赓续历史文脉，谱写当代华章，坚持培育创新文化，深刻领悟"两个结合"的重要意义，正确阐释社会主义核心价值观与中华优秀传统文化的深刻联系，让优秀传统文化成为大学生涵养价值观的不竭源泉，让优秀传统文化蕴含的思想观念、人文精神、道德规范入脑入心。

四是承担传承使命。文明的永续发展，需要薪火相传，代代守护。这就需要当代大学生热爱优秀传统文化，熟悉优秀传统文化，自觉担负起传承中华优秀传统文化的历史使命。以走在前、勇争先、善作为的文化姿态，开创把马克思主义基本原理同中国具体实际、同中华优秀传统文化相结合的新境界，让灿烂的临川文化谱写新时代的新辉煌。

《走进文化抚州》编者委员会
2024 年 6 月

目 录

第一章 抚州文化的辉煌历史和主要精神 …………… **001**

    第一节　为何把抚州文化称作临川文化？ …………001

    第二节　抚州文化的发展与分期　………………005

    第三节　抚州文化的特征与精神 …………………011

第二章 抚州自然条件与著名古村落 ………………… **022**

    第一节　优越的地理位置和自然禀赋 ……………022

    第二节　"没有围墙的古村落博物馆" ……………025

    第三节　名镇名村地位的确立与发展 ……………029

第三章 抚州古代经济发展 ……………………………… **045**

    第一节　抚州古代经济概况 ………………………045

    第二节　抚州古代产业的发展 ……………………047

    第三节　抚州古代商帮的发达 ……………………052

    第四节　抚州建昌药帮的传承 ……………………058

第四章　抚州古代教育与书院 …………………………………… **061**

第一节　抚州古代教育概述 ……………………………061
第二节　抚州古代杰出教育家 …………………………066
第三节　宋元明清著名书院 ……………………………073
第四节　古代科举与抚州士子 …………………………081

第五章　伟大的改革家王安石 …………………………………… **085**

第一节　伟大的政治改革家 ……………………………085
第二节　杰出的诗文成就 ………………………………090
第三节　荆公新学的创新特质 …………………………094
第四节　王安国、王安礼 ………………………………098

第六章　文章大家曾巩 …………………………………………… **103**

第一节　曾氏家族的文学成就 …………………………103
第二节　"曾子文章众无有" …………………………108
第三节　曾巩史学与后世抚州史学成就 ………………115

第七章　心学大师陆九渊 ………………………………………… **120**

第一节　陆九渊生平概述 ………………………………120
第二节　陆九渊的心学思想 ……………………………123
第三节　朱陆之辩 ………………………………………131
第四节　陆氏兄弟在儒学发展中的贡献 ………………135

第八章 戏曲大师汤显祖 ………………………… **138**

第一节 玉茗骄子，传奇人生 ……………………138

第二节 因情成梦，因梦成戏 ……………………141

第三节 世间只有情难诉 …………………………144

第四节 抚州为何称为"戏都"？ …………………150

第九章 灿烂的文学成就 ……………………… **155**

第一节 二晏与宋代江西词派 ……………………155

第二节 临川四才子与宋代抚州诗文 ……………159

第三节 虞集、程钜夫等与元代抚州文学 ………166

第四节 艾南英、曾燠等与明清时期抚州文学 …170

第十章 抚州古代科技成就 …………………… **176**

第一节 《太平寰宇记》和天文地理学 …………176

第二节 盱江医学的杰出贡献 ……………………180

第三节 金溪浒湾雕版印刷 ………………………183

第四节 水利、建筑、陶瓷、矿冶成就 …………186

第十一章 抚州古代艺术成就 ………………… **194**

第一节 傩舞——"舞蹈活化石" ………………194

第二节 书法和绘画成就 …………………………201

第三节 "非遗"手工艺技术 ……………………207

第十二章　抚州名胜遗址 …………………………………… **217**

 第一节　抚州名胜遗址概览 …………………217

 第二节　重点名胜与历史文化名人 …………………231

 第三节　著名寺庙与名胜遗址 …………………236

第十三章　赣抚大地上的革命烽火 …………………………… **242**

 第一节　老一辈革命家在抚州的奋斗历程 …………242

 第二节　反"围剿"战役中的抚州 …………………246

 第三节　抚州热土上成长的革命家 …………………252

第十四章　抚州文化在近现代的延展 ………………………… **258**

 第一节　抚州文化在近现代的发展与特点 …………258

 第二节　杰出的艺术家、教育家李瑞清 ……………262

 第三节　杰出的文学史家游国恩、萧涤非 …………265

 第四节　新中国科坛上的"抚州四杰" ………………268

 第五节　抚州今天更出彩 ……………………………271

主要参考书目 …………………………………………………… **276**

后　记 …………………………………………………………… **278**

第一章
抚州文化的辉煌历史和主要精神

抚州素有"才子之乡,文献之邦"的美誉。抚州文化,又称临川文化,历史悠久,底蕴深厚,特色鲜明。以晏殊、王安石、曾巩、陆九渊、汤显祖为代表的文化伟人叱咤风云,气势傲人,形成了独具魅力的区域文化现象和富有特色的临川文化精神。本章主要介绍抚州文化的历史渊源、生成方式、发展分期和文化特色。重点阐释抚州文化的基本特征和主要精神。

第一节 为何把抚州文化称作临川文化?

"远色入江湖,烟波古临川",这是明朝临川杰出戏剧大师汤显祖描写家乡全貌的两句诗。"临川楼上柅园中,十五年前此会同。一曲清歌满樽酒,人生何处不相逢",这是北宋临川宰相词人晏殊对临川郡府后花园金柅园的美好回忆。"翠幕管弦三市晚,画堂烟雨五峰秋",这是北宋南丰著名散文大家曾巩描绘抚州城区景色的两句诗。三市,指城区的上市、中市、下市三市,也有人说是指承春、通教、望云三市,均指的是古代临川城区最繁华的商贸区。五峰,指城区的香楠峰、天庆峰、桐林峰、青云峰、逍遥峰。抚州城区"二水绕廓,五峰镇城"。起源于广昌血木岭的汝水,在广昌、南丰、南城段称盱江(或旴江),进入临川称汝水,现称抚河。其逶迤300多千米,从东南穿越西北,在南昌西郊和赣江汇合后注入鄱阳湖,最后流入长江。另一条流经抚州的河流,是发源于宜黄的宜水,流经崇仁叫崇仁河。抚州城位于崇仁河与汝水的交汇处,因为两面近水,所以史称"临汝""临川"。汝水是古代临川沟通外界的重要通道,其江阔水深,水量充足。古代江西的交通以江河湖泊等水道为主，文化传播与交流也沿水道而辐射，汝水是江西与闽、广地区商业往来的必经之路。特别是进入临川段，落差逐渐降低，极易航运，可经过鄱阳湖、长江到九江、芜湖而直达南京，而上溯则是武汉、重庆，水运条件十分优越。抚州处江西之东部，横跨吴、楚、越三地。以丘陵地带为主，北临鄱阳湖，全市有五百多条河流。水系密布，烟波浩渺；东南峰峦叠嶂，山色翠美；气候温润，雨量充沛，这是临川得天独厚的自然条件。发达的农业经济，是成就临川文化辉煌的物质基础。

"吾邦山水秀，雄丽冠江右"，这是崇仁理学家吴澄赞美家乡的诗句。临川郡建置已有2000年的历史。由于"山川融结，舟车云集，控带闽粤，襟领江湖"的优越地理位置，临川曾经是北方文化南下传播的必经之地。抚河两岸的陆路，一是通过"杉关"去福建，一是通过韶关达广东，是中原进入闽粤的重要通道。北南文化的撞击，激发了江西的发展活力，抚州受惠其中。由于普遍兴修水利，农田面积大幅增加，生产力水平迅速上升。特别是隋唐大运河开通之后，"运河—长江—赣江—北江—珠江"成为国内主要的南北通道。这条通道全长3000千米，在江西境内几乎占四分之一。宋代开始，江西的发展从这条黄金水运通道中获益良多。一方面是江西所产的粮食、茶叶、瓷器、纸张、布匹、木材、钱币纷纷运往各地，另一方面是外地的货物进入江西。而抚河（盱江、汝水）直通赣江，区位优势极其显著，促进和推动了抚州的迅速发展。

从北宋开始，抚州文化作为区域性的文化特色逐渐形成，文化精神逐渐成熟。名人呼之欲出，蓬勃生长；其文化底蕴喷薄而出，气势傲人。晏殊、晏几道、乐史、李觏、王安石、王安礼、曾巩、曾布、陆九渊、陆九龄、虞集、吴澄、吴与弼、罗汝芳、汤显祖、李绂、李瑞清等，叱咤风云，开宗立派，引领潮流，形成了独特的文化脉流。还有陈彭年、张渊微、吴伯宗、董德元、饶节、谢逸、谢薖、何宗彦、程钜夫、危素、徐奋鹏、吴道南、陈自明、何文渊、吴嵩梁、谭伦、陈自明、危亦林、龚廷贤、艾南英、陈际泰、章世纯、罗万藻、李来泰、纪大奎、黄爵滋、曾燠、乐钧等在各个领域取得杰出成绩的临川才子，构成古代抚州文化的辉煌篇章。临川文化与豫章文化、庐陵文化、客家文化等文化群落一起，构成江西赣文化的重要支撑。从地理位置上说，临川处荆楚文化区、吴越文化区、闽粤文化区的交叉点上，历来官宦升迁贬谪，骚客游览观光，商人羁旅行役，途经、留滞和寓居抚州临川的不可胜数。其中包括政治家、理学家、文学家、科学家、艺术家、医学家，旅行家、宗教人士等，像王羲之、谢灵运、颜真卿、刘禹锡、白居易、韦庄、罗隐、戴叔伦、冯延巳、朱熹、陆游、文天祥、梅尧臣、黄庭坚、范成大、沈括、张孝祥、刘克庄、李贽、达观禅师、蒋士铨、徐霞客等都曾任官、留居或游历过抚州。至今，或留有珍贵的墨迹和墨宝，或流传美丽的故事和传说，是组成抚州民俗文化的重要材料。

临川历来是赣东政治、经济和文化的中心。春秋时，先属吴，后属越，战国时属楚。秦朝时属扬州九江郡。汉高祖四年（前203），改九江郡为淮南国，英布为淮南王。次年分淮南建豫章郡，辖18县，含抚州区域最早建县的南城县。清《抚州府志》云："汉兴豫章郡，立南城县，而兹地属之，斯其郡县之始乎。"自东汉永元八年（96）分南城西北境置临汝县，虽晚于南城县，但自三国孙吴置临川郡起，至隋文帝开皇九年（589）废郡扩州时，总管杨武通奉使安抚，临川郡易名抚州，临汝县更名临川县，一直沿袭至今。在这将近500年的时间内，临汝为郡治所在地。隋唐时，临川的郡治、物产、人口、城镇、集贸、交通、商岸、邮路、驿站等基本形成轮廓并开始稳定发展，逐渐形成了自身独特的文化脉流和生存繁衍机制。临川县府（今抚州市人民政府所在地），历来是郡、州、路、府、区的治所和经济政治文化中心。现在抚州市所辖9县2区和高新区、东临新区，在漫长的历史时期，虽然成县先后不一，隶属关系几经变迁，但一直是以临川为核心地位。作为古代交通和经济的命脉，抚河对于联系附近郡县，发展区域经济，荟萃地方文化，起了极为重要作用。而这个极富特色的地方文化，被称为临川文化。

文化的基本含义是指人们的存在方式，包括人们在生存繁衍过程中所选择的物质存在和精神存在。物质存在是文化的外壳，精神存在则是文化的灵魂，它具有持久的凝聚力和广泛的影响力。所以，文化是人类在实践和发展过程中创造的物质文明和精神文明的总和。

什么是临川文化？临川文化是以临川（抚州）古治属为核心，其文化精神在周边13个区县辐射、传播并发展的地域文化，涵盖哲学、思想、文学、教育、科技、宗教、艺术、商帮、医药、交通、水利、城建、名胜等诸多领域，体现了抚州人民长期积淀和稳定增长的物质文明和精神文明成就。临川文化是抚州人民长期以来形成的生存方式，是具有浓郁的风俗和特色的区域文化。历史悠久的临川文化凝聚着抚州人民的创造才能与杰出智慧，也体现了抚州人民独特的思维模式与行为习惯。

那为什么把抚州文化命名为临川文化呢？这是因为临川的名称不仅影响更大，而且以临川冠名的各种文化称号有极其久远的历史和深远的影响。其一，长期的历史发展过程形成了临川在区域文化中的突出地位。临川历来都是赣东的政治、经济和文化中心，历代郡治、县治、府治都在临川，使临川成为联络区域经济、沟通区域文化、牵动区域发展的"火车头"。其二，由于临川在区域中的中心地位，抚州的文化声誉大大提高。在语言史上，人们把长期形成的，以临川为中心的语系，称为"临川音系"，它是赣方言的重要组成部分；在戏曲史上，人们把明代剧坛上汤显祖为代表的戏曲作家和戏曲理论家，称为"临川派"，与江苏苏州沈璟为代表的"吴江派"对举。历史上慕名游历临川山水，瞻仰临川古迹的文化名人不计其数，使得临川在历史文献中的名气大增。其三，在文化史上有重要影响的抚州文化代表人物如晏殊、王安石、汤显祖等，都骄傲地自称"临川"，因而后人也分别把他们称为"晏临川""王临川""汤临川"。王安石、汤显祖的著作也被人们称为《王临川文集》《汤临川文集》。元代理学家吴澄，崇仁人，发表著作时，称临川吴澄。其四，后代文人在整理抚州才子的著作时，也都喜欢冠以"临川文献"之名。如清康熙三年（1664）抚州知府刘玉瓒曾辑选《临川文献六种》；清康熙十九年（1680）临川知县胡亦堂曾辑《临川文献十五种》，共25卷。近代音韵学家罗常培整理临川方言，其著作称《临川音系》。而自从唐代王勃在《滕王阁序》中有著名的诗句"邺水朱华，光照临川之笔"问世，"临川之笔"亦成一个文化之谜。历代不少与临川有联系的名人传说均与"笔"有关系。王羲之的"书笔"、谢灵运的"诗笔"、颜真卿的"颜体"都享誉文坛。"临川之笔"是临川人民文化大手笔的代名词。

综上所述，就可以理解为什么不用"南城""赣东"等称谓来命名抚州文化了。南城建县固然早于临川，且有过军、路、府、区治所的光荣历史，但终不能像临川那样，处在赣东的中心位置和政治、经济、文化的前沿地带，更不能起到领风骚、执牛耳的作用。而其他县区，在历史上或从属于临川，或依附于临川，以其中某县区来命名抚州文化，一是文化声誉和知名度低，二是无法涵盖和包容博大精深的抚州文化内含。至于"赣东"一词，只是现代意义上的区域划分称谓，不带文化色彩，亦非政治实体，当然更不具备被命名的条件。因此，只有以临川文化来命名，才能广泛包容抚州区域文化的丰富领域，才能深刻体现抚州区域文化的内在精神，才能准确概括抚州区域文化的发展面貌，才能更加扩大抚州区域文化的当代声誉。

第二节 抚州文化的发展与分期

以临川、建昌（南城）为核心，包含东乡、金溪、南丰、广昌、黎川、资溪、崇仁、宜黄、乐安等县区构成的抚州文化圈，有着共同的文化渊源和背景，相互依存、相互渗透、相互促进，形成了共同的生存特点和文化精神，是绵延不绝、生生不息和不可分割的文化共同体。它孕育于先秦、生成于秦晋、成形于隋唐、崛起勃兴于两宋、延展于元代、再兴于明清、绵延于近现代，与豫章文化、庐陵文化、客家文化等一起，构成赣文化的重要支撑。

抚州文化孕育于先秦。古代抚州的文明开发很早。目前发现了新石器晚期至战国时期先人遗址23处，总面积达32440平方米，出土陶片、石斧、石刀、石铲等多种。临川的罗家寨遗址和磨盘山遗址采集到不少农业工具，还在金坪磨盘脑、羊坡石、雷劈山、罗成岭等地发现8万多平方米的商代遗址。罗家寨战国遗址出土大量铁器。其中铁斧14件，均呈长方形；铁口锄1件，平面呈凹字形。[①] 这些说明商周时期抚州人民已经在刀耕火种的江南区域筚路蓝缕，生殖繁衍。临川文化是典型的农耕文化。清代《江西通志》曾具体而生动地描述临川区域的地理形势："与两粤七闽，犬牙其疆，二水绕郭，五峰镇城。濒汝水以为城，灵谷、铜陵诸峰环列如屏障，地方千里，介江湖之表。"正德《建昌府志》描述南城郡："控五岭封疆之要，捍七州冠徼之虞。地气殊异，山川炳灵，林奇谷秀，水绕川环，抗御七闽，牵制百粤。览烟云草木之奇，俯千岩万壑之秀。自古南城天下稀。"在盱江流域肥沃的土地上，临川、南城，是抚州最先开发并形成人口聚集规模的郡县，在抚州文化发展中处于领先地位。各种文物资料表明：早在五千多年前，南城盱江、临川汝水两岸就有先人聚居，并由渔猎进而为农田。这样，南城、临川先民们逐渐在山坡、泽边定居下来，初步形成了原始的农耕文化特征。

抚州文化生成于秦晋。秦统一中国后，抚州属扬州九江郡。汉高祖五年（前202），建南城县，属豫章郡。后又置临汝郡，郡治设临汝县，即临川县。到魏晋，

---

① 陈文华、陈荣华：《江西通史》，江西人民出版社1999年版，第71页。

抚州行政设置初步成形。东晋大书法家王羲之，于晋咸康元年至六年（335—340）任临川内史。荀伯子《临川记》云："王羲之尝为临川内史，置宅于郡城东高坡，名曰新城。旁临回溪，特据层阜，其地爽垲，山川如画，今旧井及墨池犹存。"[1] 其临池学书、池水尽黑的刻苦磨砺，给临川留下了"洗墨池"的不朽佳话。后来，乡贤曾巩为之作《墨池记》，以褒其事，更扬其名。随后，南朝山水诗人谢灵运于宋文帝元嘉八年（431）出任临川内史。曾与沙门范惠严、匡慧观同译《涅槃经》（南本）36卷于城内宝应寺。唐代曾任抚州刺史的书法家颜真卿据此作《抚州宝应寺翻经台记》以叙其美事，并云谢灵运"颖悟好学，博览群书，文章之美，江左莫逮。以袭祖爵，世人宗之，盛称谢康乐"[2]。抚州城内曾建有康公庙，每年农历七月二十三日的庙会，即为纪念康乐公而设。谢灵运喜欢游览山川峻岭，他对郡治郊外10千米左右的灵谷峰情有独钟，曾写下多首脍炙人口的诗歌。还有他游南城麻姑山华子冈所写的诗《入华子冈麻源第三谷》，其中"铜陵映碧涧，石磴泻红泉"两句，对仗工整，描写形象，常常被文人赞誉不止。王羲之、谢灵运"两支笔"为临川内史，给抚州增添了灿烂的文采和光彩。

抚州文化成型于隋唐。由于晚唐以来五代政局和社会的动荡，战火频仍，经济凋敝，民不聊生。许多望族携带家眷南移避乱。包括临川在内的江西全省，容纳了大批北方望族，改善了抚州人口的文化水平，推进了抚州的文化发展进程。乐史，字子正，宜黄人，隋唐开科考以来抚州的第一位进士。乐史原籍河南南阳，祖父乐程官至太常博士，后为抚州临川丞。他路过宜黄霍源村，见其风景秀丽，便落籍宜黄。乐史学识渊博，长期在朝廷史馆任职。经过长期积累和准备，他撰写了北宋初期著名的地理总志《太平寰宇记》。在抚州，类似于乐史这种由北方迁徙而来的大家族，不在少数。

著名书法家颜真卿（709~785），于大历三年（768），因弹劾宰相元载抑塞言路而贬为抚州刺史。任职三年，他走麻姑、访华盖，广览州内名山古刹，写下了多篇著名的游记，并留下大量碑刻。清同治年间《临川县志》记载，抚州存有颜真卿

---

[1] 〔南朝〕荀伯子：《临川记》（已佚），转引自乐史《太平寰宇记》。雍正《抚州府志》曾云："《临川记》为郡文献之祖。"

[2] 〔唐〕颜真卿：《抚州宝应寺翻经台记》，转引自朱关田《颜真卿年谱》，西泠印社2008年版。

《南岳魏夫人仙坛记》《宝应寺翻经台记》《宝应寺律藏院戒坛记》《黄华姑仙坛记》等碑刻。曾巩撰有《抚州颜鲁公祠堂记》一文，表达对这位前朝"父母官"忠义和气节的敬仰。颜真卿在抚州治理河道，兴修水利，赢得赞誉，抚州人民建有颜鲁公祠祭他。

这里，必须提到一位乡贤危全讽。危全讽（？~909），字忠谏，南城人。唐乾符末年，各地叛乱蜂起，危全讽招募乡勇自守临川城，朝廷命之为抚州刺史。值吴武王杨隆演攻打抚州，危全讽率虔、吉、抚、信四州兵勇拒之。他主政抚州28年，坚壁清野，抚慰民众，和睦乡里，鼓励农商，提倡文教，促进了抚州的发展，也吸引了很多外地人留居抚州。《全唐文》录有危全讽《重修抚州公署记》和《州衙宅堂记》两篇散文，详细记叙了危全讽在抚州兴建馆阁堂署的行迹。危全讽对抚州城市框架的构筑有很大的贡献。危氏家族自唐朝后一直是抚州的望族，危全讽后代中，以元末明初文学家、史学家危素最为有名。

抚州文化崛起勃兴于两宋。北宋乡贤谢逸曾自豪地夸赞故乡抚州："有晏元献、王文公之为乡人，故其党乐读书而好文词，皆知尊礼缙绅士大夫。"① 由于重视教育和北方望族的迁入，抚州人口的文化结构逐渐发生变化，文化面貌逐渐转型。北宋初年，抚州儒士大夫逐渐增多。乐史、曾致尧、晏殊、王安石等人，或父子、或兄弟，均先后高中进士，家族也逐渐成为抚州望族，或者称进士家族，成为文化世家。据统计，北宋时期的进士家族（指家族中有三人及以上进士及第），抚州有14家，建昌军有8家；跨南北宋时期，抚州有25家，建昌军23家；南宋时期，抚州有61家，建昌军46家。整个宋代，江西籍进士家族在全省58个县均有分布。排在前10位的县，依次是：临川58家，南城51家，庐陵37家，婺源31家，宜黄21家，新喻20家，南丰、吉水、清江、泰和各18家。② 可见在整个宋代，抚州、南城的进士家族一直稳居江西最前列。其中攀上文科鼎甲的有：淳熙二年（1175），崇仁人罗点为榜眼；绍熙元年（1190），南城人曾渐为榜眼；淳祐四年（1244），南丰人陈宗礼为探花；淳祐七年（1247），新城（黎川）人张渊微为榜眼。

---

① 参见〔宋〕谢逸：《溪堂集》卷七《临川集咏序》，见上官涛校勘《〈溪堂集〉〈竹友集〉校勘》，中山大学出版社2011年版。
② 夏汉宁、黎清：《文化地理视域下的宋代江西籍进士家族》，《江西社会科学》2017年第11期。

抚州的进士家族，不仅以科第闻名于世，而且在政治、文学、经学、史学、哲学等领域，诞生了许多杰出的文化名人。两宋时期，抚州才子在政坛的作用和影响力发挥到极致。临川的晏殊、王安石、王安礼，南丰的曾布、陈宗礼，南城的陈彭年、元绛、邓润甫、包恢，临川的吴居厚，乐安的董德元，崇仁的罗点等，都是副宰相级别以上的高官。其中，晏殊于庆历三年（1043）至庆历四年（1044）为宰相，王安石于熙宁三年（1070）至熙宁七年（1074）和熙宁八年（1075）至熙宁九年（1076）两度为宰相，曾布于元符三年（1100）至崇宁元年（1102）为宰相。在《宋史》中列传的抚州人有43人。其中，临川14人，金溪4人，崇仁3人，宜黄1人，乐安1人，南城7人，南丰11人，新城（黎川）2人。而一个家族多人获谥号的有曾巩家族的曾布、曾巩、曾肇，陆九渊家族的陆九渊、陆九龄等。应该说，两宋时期是抚州文化最辉煌的时期。

两宋时期，抚州诞生了一批在中国文化史上有深远影响的杰出思想家、哲学家、政治家、文学家。李觏是北宋中期一位重要的唯物主义思想家。晚年在南城创建盱江书院，四方人士慕名而来，史称"盱江先生"。王安石在政治、经济、文学、经学、哲学、史学等领域都有极高的建树。梁启超评价说："荆公之学术，内之在知命厉节，外之在经世致用。凡其所以立身行己、与夫施于有政者，皆其学也。"[1]陆九渊是中国哲学史上最为重要的哲学家之一，他建立了与江西婺源朱熹为代表的理学思潮相抗衡的"心学"哲学体系，是"陆王心学"的创立者和代表者。

两宋时期是抚州文学的繁荣鼎盛时期。文学事业以家族群落形式光耀文坛。作家群落呈密集性、爆发性、持久性发展和发达。如临川晏殊、晏几道、晏敦复祖孙三代；王益、王安石、王安国、王安礼、王文淑、王雱等王氏家族；蔡元导、蔡承禧、蔡居厚祖孙三代；谢逸、谢薖兄弟和危缜、危和兄弟；南丰的曾致尧、曾巩、曾布、曾肇、曾迁等曾氏家族；宜黄的乐史、乐黄目父子和黄希、黄鹤父子；金溪的陆九韶、陆九龄、陆九渊兄弟等，占当时江西有名的文学家四分之一。南丰曾布之妻魏玩以词闻名，其词作堪与李清照媲美。

抚州文化延展于元代。有人说，元代是抚州文化的低谷时期。其实不然。元代是中国封建社会的特殊时期，抚州文化在元代成就也很突出。江西为理学之乡。著

---

[1]〔清〕梁启超：《王荆公传·荆公之学术》，《饮冰室合集》第七册，中华书局1989年版，第1页。

名理学家吴澄，崇仁人，人称"草庐先生"。他博学多才，学问精深，与赵孟頫、揭傒斯、程钜夫等游。《元史》称他"于经、传皆通之，知用力圣贤之学"①，是元代理学最杰出的代表人物。他的理学思想有明确的朱学立场，但绝不排斥陆学，在宋代程朱理学至明代王学的过渡中起到承先启后的作用。元代另一位文坛巨擘虞集，九岁时随父寓居崇仁。父亲虞汲，宋末曾官黄州黄冈县尉。虞集是虞汲长子，号道园，时称邵庵先生。师从著名理学家吴澄，并与赵孟頫、揭傒斯、元明善、杨载等名家游。除太常博士、翰林待制兼国史院编修。后升国子司业，拜奎章阁侍书学士等职。《元史》称他"平生为文万篇"。虞集在文学、经学、教育、史学、书法等领域都有精湛的成就。危素，字太朴，金溪人。元明间著名文学家、史学家，也是元明鼎革之际重要的政治人物。曾求学于吴澄、虞集。元至正三年（1343），奉敕编纂宋、辽、金三部史书，并注释《尔雅》。"三史"修成后，元顺帝大力嘉奖，危素被擢为朝廷重臣。而入明后，朱元璋命他与宋濂合修《元史》，危素是主要撰稿人之一。

抚州文化再兴于明清。明代开国皇帝朱元璋有两支后代先后封藩抚州建昌府。一是仁宗第六子朱瞻堈，永乐二十二年（1424）被封为荆宪王，通称荆王。宣德四年（1429）就藩建昌，并在城区建有一定规模的藩王府，前后17年在南城生活。二是宪宗第四子朱佑槟，封为益端王。他是朱元璋的六世孙，6岁封益王，17岁就藩建昌，明弘治五年（1492）开始建造益王府，历4年左右竣工。益王府在荆王府基础上扩建，规模宏大，建筑精良，十分气派。藩王就藩南城，带来了明王朝统治者的价值取向和生活时尚，深刻影响和改变了南城乃至抚州的文化风俗面貌。明代中叶泰州学派大师罗汝芳，号近溪，人称"明德先生"，南城人。他的思想源于理学，但否认"存天理、灭人欲"的理学禁锢，横扫理学的迂腐和冷酷，是著名戏剧家汤显祖的启蒙老师，也是著名思想家李贽十分推崇的前辈，是明代中后期著名思想家、教育家，文学家。而理学家吴与弼，字子傅，号康斋，崇仁人。明代著名学者，他一生不应科举，也无师承，但潜心攻读，并自有心得。因其品德高洁，学问渊深，求学者络绎不绝。清代黄宗羲在《明儒学案》中把吴与弼列为"崇仁学案"第一人。

---

① 〔明〕宋濂等：《元史》卷一百七十一《吴澄传》，中华书局1976年版，第4011页。

晚明时期，抚州出现了以戏曲大师汤显祖为核心的戏曲家群落，形成了与江苏苏州"吴江派"迥然不同的戏曲流派，被称为"临川派"。主要成员有汤显祖、帅机、谢廷谅、吴拾芝、曾如海、姜鸿绪和郑之文、徐奋鹏等。汤显祖在未仕前乡居临川时，创作了处女作《紫箫记》。通过汤显祖的《紫钗记题记》和相关史料可知，汤显祖与谢、帅、吴、曾等组成曲社。《紫箫记》就是汤显祖填词，谢廷谅、吴拾芝等斟律删润而成，并搬上舞台演唱。更重要的是，在汤显祖身边，会聚了为数不少的来自宜黄的戏子，汤显祖在诗文中称为"宜伶"。汤显祖还为宜伶供奉的戏神清源师傅庙落成撰写了著名的《宜黄县戏神清源师庙记》一文，深刻阐述了晚明抚州的戏曲面貌和独特的曲学理念。汤显祖的《牡丹亭》完成后，是"宜伶"首先在临川把它搬上舞台。可想而知，当年临川城区香楠峰下的玉茗堂，就是笙管悠扬的戏场。清代文人钱谦益曾将汤显祖和谢廷谅、吴拾芝、曾如海并称为"临川四俊"。而与汤显祖交谊深厚的徐奋鹏，不仅是戏曲评论家，还是刚直公正的"史笔"，撰写的《古今治统》是对历代帝王功过得失的评论专著。其深邃透彻的史家眼光，给后世留下深刻印象。

抚州文化绵延于近现代。[①] 近代以来，由于现代交通的崛起，传统航运逐渐衰落，江西发展优势渐趋式微。但由于深厚的文化底蕴和传统优势，抚州在不少领域仍然保持领先。抚州文化亦如此。在哲学、文学、史学、法学、经济、艺术、科技、教育等行业涌现了许多杰出人物。像晚清禁烟主张的倡导者黄爵滋，文学史家游国恩、萧涤非，方志学家、史学家吴宗慈，书画艺术家、教育家李瑞清，现代物理学的重要奠基人饶毓泰，晶体物理学家余瑞璜，铁道机械工程先驱程孝刚，理论物理学家吴式枢，现代教育家吴自强等，在相关领域都作出过杰出贡献。特别值得称颂的是，第二次国内革命战争时期，抚州除临川县外，其他各县都建立过苏维埃政权，并且成为第二、四、五次反"围剿"的主战场。毛泽东、周恩来、朱德、邓小平、彭德怀等老一辈无产阶级革命家都在抚州从事过艰苦卓绝的革命斗争。同时，在抚州这块热土上，成长起了赵醒侬、傅大庆、傅烈、李井泉、周建屏等杰出的老一辈无产阶级革命家。抚州人民为新中国的建立作出了重大牺牲和贡献。

---

① 参见黄建荣：《临川近现代文化史》，江西高校出版社1999年版。

第三节　抚州文化的特征与精神

作为区域性的抚州文化，有着品格独特的文化特征，体现出卓越不朽的文化精神，对后世产生了深刻而久远的影响。

一、抚州文化的特征

（一）抚州文化是土地为本的农耕文化

王安石在《抚州通判厅见山阁记》一文中，对家乡的风物描写道："抚之为州，山耕而水莳，牧牛马，田虎豹，为地千里，而民之男女以万数者五六十，地大人众如此。"[1] 可见，随着农田的开发，抚州的人口数量迅速增长。乡贤曾巩在《拟岘台记》一文中也说："抚……多良田，故水旱螟螣之灾少。其民乐于耕桑以自足。故牛马之牧于山谷者不收，五谷之积于郊野者不垣，而晏然不知枹鼓之警，发召之役也。君既因其土俗，而治以简静，故得以体其暇日，而寓其乐于此。州人士女，乐其安且治。"[2] 这段描写，除了描述抚州良田广袤，灾害甚少，百姓丰衣足食，安居乐业之外，更表达出抚州民风淳朴、道不拾遗，民众乐享其中的愉悦和满足。在抚州，最流行的古训是"一等人忠臣孝子，两件事读书耕田"。勤耕织以求温饱，爱读书以求闻达，二者相辅相成，是抚州百姓内心深处的普遍愿望，也沉淀着抚州人民的理想信念和生活方式。勤于耕作，礼于诗书，耻于聚讼，是抚州的民风。由于重视教育，文化气息浓厚，特别是王羲之、谢灵运、颜真卿等文化名人为官抚州，和晏殊、王安石、曾巩等抚州文化世家的深刻影响，使得抚州人能超越农耕文化特点，表现出一种开放进取的生存智慧。在抚州大地上，女子勤纺绩无间寒暑，男子苦读书不论城乡。在望族，很多女子也得到接受教育的机会。抚州文化最活跃的基因就是那些饱读诗书的乡贤，能沟通四海信息，放眼社会潮流，吸纳时代空气，接受进步文化。我们读晏殊、李觏、王安石、曾巩、陆九渊、罗汝芳、虞集、吴澄、吴与弼、汤显祖等抚州文化名家的文集时，无不发现，自幼读书、手不释卷，终生勤奋、矢志不移，几乎是他们的生活共性。他们不仅自己勤于苦读，还带领和影响

---

[1]〔宋〕王安石：《抚州通判厅见山阁记》，《王安石文集》第四册，中华书局 2021 年版，第 1454 页。
[2]〔宋〕曾巩：《拟岘台记》，《曾巩集》卷十八，中华书局 1984 年版，第 292 页。

兄弟、子孙读书，把家族带到了辉煌的顶点。这样的案例，在抚州有很多。

（二）抚州文化是崇儒重教的教育文化

北宋庆历三年（1043），乡贤晏殊拜集贤殿学士、同平章事，兼枢密使，是北宋时期重视教育的功臣。晏殊重视教育的举措对家乡兴学风气的形成影响很大。自唐朝以来至清朝，抚州各级各类书院有100余座。很多临川才子都是从书院走出来的。宋代开始，官府通过赐田、赐山、赐物、赐书以及小额补贴等方式，资助私人创办书院。抚州的乡绅、商帮和社会贤达都有资助书院的风气。仅临川城区而言，宋代，在香楠峰旁，曾巩故居处，建有兴鲁书院，宋代欧阳修、王安石，明代汤显祖，清代临川四才子陈际泰、罗万藻、章世纯、艾南英都曾在兴鲁书院读书或者讲学；有州守叶梦得为祭祀陆象山而建的槐堂书屋。宋淳祐九年（1249），时任江南西路提举冯去疾，因理学大师朱熹常临抚州，建临汝书院以祀之。宋元之际，大儒程若庸出任山长，吴澄、程钜夫皆出其门下。另有青云峰左侧的峨峰书院，县城西境铜山南侧的碧涧书院、红泉精舍等。元代，在城东新建青城书院，后改名张公书院。明代，新建崇儒书院、兴贤书院。明代吉安文人邹元标在《崇儒书院记》中云："抚州，海内名郡也。其先，多名德大儒，如晏元献、王荆公、曾文定、陆文安伯仲、吴草庐康斋诸先生者，醇学粹行斯文，岱宗避荒远裔，且私淑而俎豆之矧其乡乎。"清代，新建青云书院、汝阳书院等。在抚州，书院一直是百姓关注的舆论焦点、社会热点。无论新建、重修、立规、祀贤、捐田、刻书、讲学等活动，都是社会上引发关注的大事。从《临川县志》"书院"栏目中，就可见很多社会名流的序跋记赋。像元代吴澄《临汝书院重修尊经阁记》、虞集《临汝书院复南湖记》，明代陈九川《临汝书院记》、邹元标《崇儒书院记》、陈文燧《崇儒书院学田记》、罗大炫《崇儒书院列祀先贤记》，清代李绂《青云书院记》《兴鲁书院记》、陈朗《兴鲁书院讲堂记》、管恺《兴贤书院记》、陈云章《新建汝阳书院记》、黄恩浩《重建汝阳书院碑》等。除了临川县外，抚州区域著名的书院还有李觏在南城创办的盱江书院；杜子野在宜黄创办的鹿冈书院（幼年的王安石曾被家人送到鹿冈书院读书）；陆象山在贵溪创办的象山精舍；元代吴澄在崇仁创办的正中堂、久大堂；虞集在崇仁创办的东湖书院；明代吴与弼在崇仁创办的康斋书院（小陂书院）；饶秉鉴在广昌创办的雯峰书院；罗汝芳在南城创办的从姑山房等。除了官学、书院非常丰富之外，在抚州，村落、家族也办有各种社学、私塾、义塾、蒙馆、村学等规模不一的办学机构。重视教育，是灿烂的抚州文化中最厚重的成就。

（三）抚州文化是建树卓越的才子文化

抚州历来被称为"才子之乡，文献之邦"。到底有多少临川才子？这是令人感兴趣的话题。据不完全统计，在封建社会的宋元明清四朝，江西共有进士10553名，而抚州区域有约2450名。其中，宋代1419名，元代36名，明代441名，清代554名。产生进士最多的两个县，临川县进士596名，南城县进士616名。两个县进士数占全省的11.6%。而一家有3人及以上进士及第者，临川23家，南城23家，宜黄、黎川6家，南丰5家，乐安、金溪2家，广昌1家。最令人惊叹的是，两宋时期，从北宋宋太宗太平兴国八年（983）至南宋理宗宝祐元年（1253）的271年，南丰曾氏家族出过55位进士，在朝为官者超过百人。宋仁宗嘉祐二年（1057），曾巩与弟牟、布、从弟阜、妹夫王无咎、王彦深六人同时及第，一时传为佳话。同年及第的还有文学家苏轼、苏辙兄弟，理学家张载、程颢，王安石变法的骨干成员吕惠卿、章惇等。这一年，被称为"千年科举第一榜"。在抚州，即使像乐安流坑这样封闭的乡村，从北宋咸平到明代成化的461年间，出过51位进士，其中文武状元2位，先后出现一门四进士、五进士现象。

抚州民众非常重视对后代的培养。南城著名文学家、语言学家、主持《大宋重修广韵》的陈彭年，聪颖好学，13岁即撰写《皇纲论》，洋洋洒洒，长逾万言，为时辈推赏，名扬江南。后来南唐后主李煜闻之，召入宫中，令其幼子仲宣与之交游。晏殊7岁能文，以神童被荐于朝廷，与千余人并试廷中，神气不慑，援笔立成，展示了临川才子的杰出风范与卓越才气。《元史》称吴澄"三岁，颖悟日发，教之古诗，随口成诵。五岁，日受千余言，夜读书至旦。母忧其过勤，节膏火，不多与"[①]。《元史》称虞集"三岁即知读书，岁乙亥，汲（虞集父亲虞汲——引者注）挈家趋岭外，干戈中无书册可携，杨氏口授《论语》、《孟子》、《左氏传》、欧苏文，闻辄成诵"[②]。抚州弟子勤奋进取，不堕门风的愿望十分强烈。王安石所撰《伤仲永》一文也表达出后天教育对人才成长的决定性作用，而曾巩的《墨池记》成为激励临川才子刻苦学习的警策之文。

---

① 〔明〕宋濂等：《元史》卷一百七十一《吴澄传》，中华书局1976年版，第4011页。
② 〔明〕宋濂等：《元史》卷一百八十一《虞集传》，中华书局1976年版，第4174页。

据不完全统计,清代乾隆时期纂修的《四库全书》载录抚州区域思想家、政治家、文学家、经学家、史学家、地理学家、金石学家、谱牒学家、天文家、医学家、兵家、小说家、艺术家著述206部。其中经部39部,史部25部,子部45部,集部97部,达2577卷之多。具体而言,《四库全书》载录抚州先贤经部著述的,有临川吴沆、陈际泰、汤秀琦、雷思齐、王安石、黄家杰、俞庭椿、詹道传、汤显祖、章世纯等;南城饶一辛、谢书孙、邓元锡、罗汝芳等;南丰汤奕瑞、李经纶、刘凝、谢文洊等;新城(黎川)的黄端伯、朱倬、鲁论等;宜黄应麟、应是、邓来鸾等;还有崇仁吴澄,金溪吴世忠,东乡艾南英,乐安詹云程,广昌饶秉鉴等。《四库全书》载录抚州先贤史部著述的,有临川周孔教、李绂、伍余福、何中等;金溪李纪、危素、吴悌、王翚、谢廷谅等;南城邓元锡、陈彭年、萧韵、刘宗魏、罗汝芳等;崇仁的虞集、吴道南等;宜黄谭纶、乐史等;还有南丰的曾巩、广昌的何属乾。《四库全书》载录抚州先贤子部著述的,有临川晏殊、汤显祖、王雱、吴沆、章世纯、李绂、陈自明、过源、陈郁、黎元之、胡澄、邓明世、罗万藻、陈世崇、伍余福、释晓莹等;南城夏良胜、黄采、罗汝芳、陶成等;宜黄罗鹗、黄为鹗、黄宫绣、许之吉等;金溪王翚、何士泰、姚张斌、黄希宪等;南丰危亦林、汤佼、刘壎、李灏等;崇仁吴道南、吴曾等;广昌揭暄、魏方泰等;新城(黎川)何国材、冯渠。《四库全书》载录抚州先贤集部著述的,有临川晏殊、晏几道、王安石、王安礼、汤显祖、饶节、谢逸、谢薖、吴沆、曾极、吴皋、元淮、陈九川、艾性夫、徐世溥、曾佩、陈文焕、刘命清、李来泰、罗万藻、万道光、董燧、章衮、李茹旻、曾佩等;南城李觏、吕南公、包恢、罗玘、夏良胜、罗汝芳、邓元锡、孙奎、陶成、潘安礼等;南丰曾巩、曾肇、曾协、刘壎、李万实、汤来贺、赵景良、赵长卿等;崇仁吴澄、虞集、吴与弼、欧阳澈、陈元晋、李刘、吴当、吴宣等;乐安曾丰、何中、萧仪、姜洪、王烈、谭宝焕、詹事讲等;金溪陆九渊、危素、吴伯宗、张性、王翚、谢廷谅、吴会、吴兆璧、冯咏等;广昌何乔新、何涛、何源等;宜黄周礼、应是、蓝千秋等;新城(黎川)孔尚典、陈道、王材等;东乡徐良傅等。

(四)抚州文化是兼容包并的合作文化

临川文化不是孤立生长的。临川、南城在古代是南北交流的重要通道,是客家进入闽粤必经之地。由北方迁徙而来的文化世家和大量人口,不仅带来北方的语言特色、风俗习惯,还带来了北方先进的生产工具和生产方式。这些都大大提升了抚州的生产力，改变了抚州的文化面貌。清代《建昌府志》曾云："建炎后兵燹频仍，独建昌保聚城郭。他郡流难皆入南城，故户口独盛。"①宋代开始，由于自然条件优越、社会平安稳定，受到开垦农田和兴修水利等因素的影响，抚州迅速进入发展的快车道。人口的进出迁移速度明显加快。中国移民史上有一句熟谚，称"江西填湖广，湖广填四川"。在外来人口填充抚州的同时，在历次的移民潮中，抚州人口外迁也是规模较大的。比如在明朝初年，在洪武时期的移民浪潮中，江西是作为人口的输出区而存在的。成千上万的江西人离开自己的家园，奔赴湖南、湖北、安徽等人口稀少的区域。另外，通过科举考试和外出经商、做手艺，也有大量的贤良儒士和工商巧匠走出抚州，流向全国。明清时期，抚州人经商渐成风气。明清时期北京城内700多家会馆中，江西占70家，临川人建的会馆13家，集中在崇文门、宣武区等地，数量为江西之冠。②北京琉璃厂曾聚集30多户金溪浒湾的刻书商人，为外地在京从事典籍刊刻出版人员之最。

明人王士性曾云："徒张空拳以笼百务，虚往实归，如堪舆、星相、医卜、输舆、梓匠之类，非有盐商、木客、筐丝、聚宝之业也。故作客莫如江右，而江右又莫如抚州。"③这些都促进了不同区域文化的交流和碰撞。明清时期，抚州商人遍布湖南、湖北、安徽、云南、贵州、四川等地。除了大米、茶叶、竹木、瓷器、夏布、烟草等外，还有纸张、毛笔、书籍等文化用品。抚州还有很多"以身携技"者，如游医、药贩、风水、打铁、做篾、酿酒、撑船、木器、雕刻等手艺人云游四方。由于文化昌盛、名人辈出，抚州成为江南有影响和享有盛誉的文化名郡，不仅有很多外地学子慕名求学于抚州书院，而且临川才子的文稿著作也以各种方式传播于外。例如，赵承恩，金溪人，清末重要刻书家，在浒湾有刻书堂号丽泽书屋和红杏山房。他的刻书内容广泛。除了历代名臣著作外，还大量刊刻抚州先贤遗著。他刊刻的《抚州五贤合集》，就包括陆九渊《陆象山先生全集》、吴澄《重刻吴草庐先生集》、吴与弼《重刻吴康斋先生集》、吴悌《重刻吴疏山先生集》、陈九川《重刻临邑陈明水先生集》。这些都扩大了抚州文化在全国的影响，促进了抚州文化的广

---

① 〔清〕邵子彝、琪其光：《建昌府志·货食志》卷三。
② 汤锦程：《抚州商人与会馆》，《临川文史资料》，临川县政协文史资料委员会编，1987年。
③ 〔明〕王士性：《广志绎》卷四《江南诸省》，中华书局1981年版，第80页。

泛交流。

二、抚州文化的精神

在了解抚州文化的主要特征基础上，我们对抚州文化所体现的精神概括如下：

（一）勤耕苦读的进取精神

抚州人刻意进取。清乾隆年间《临川县志》有"临川灵谷铜陵诸峰，其俗风流儒雅，喜事而尚气，有晏元献、王文公为之乡人，故其人乐读书而好文辞""地无分乡城，家无分贫富，其弟子无不学，诗书之声，尽室皆然"的记载。潜心诗书农耕，注重道德修行，秉承伦理纲常，似乎是临川士子一贯的品格。宜黄人乐史，自身勤奋刻苦，但科考却屡屡受挫。他毫不放弃，直到宋建隆三年（962），南唐后主李煜即位后举行首次开科，预录进士5名。乐史以第一名成绩上榜，成为南唐状元。但南唐朝廷风雨飘摇，于开宝八年（975）被宋太祖赵匡胤灭亡。乐史入宋为降臣。为了改变尴尬身份，又于太平兴国五年（980），以50岁高龄的在职官员身份再次参加宋朝会试，取为进士。他的三个儿子乐黄裳、乐黄中、乐黄目于淳化三年（992）同登进士第，四子乐黄庭于咸平元年（998）再举进士，创造了父子五人均登进士榜的奇迹。乐史父子的行状事见《宋史·乐黄目传》。曾巩家族从祖父曾致尧始，即鼓励儿孙慕学发奋，"带经而耕"，也就是把书本带在田边地头，躬耕休憩之余潜心读书。曾巩自述道："自少至于长，业乃以《诗》《书》文史。"① 他自称南丰曾氏家族"家世为儒，故不业他"②。陆九渊强调"自立自重"，一生追求"求道、明道、践道"，入世热情极高。抚州才子愿读书、苦读书，上进心特别强。曾巩虽是官宦之家，但科举之路并不顺利。他于景祐四年（1037）第一次参加科考落榜后，连续遭遇亲丧、重疾、家道中落之苦。父亲去世，长兄去世，曾巩成为家里顶梁柱，要抚育四个弟弟、九个妹妹成长。他蜗居乡间20年，一边躬耕，一边苦读，直到宋嘉祐二年（1057）才进士及第。抚州普通民众，很多也能够在艰苦环境中自立自强，于农耕外，或贩卖、或做手艺，贴补家用，努力打开家庭富庶新局面。江西鄱阳文人洪迈在《夷坚志》中记载："抚州民陈泰，以贩布起家。每岁辄出捐本钱，贷崇仁、乐安、金溪诸绩户，达于吉之属邑，各有驵主其事。至六月，自往敛索，率暮

---

① 〔宋〕曾巩：《上欧阳学士第二书》，《曾巩集》卷第十五，中华书局1984年版，第233页。
② 〔宋〕曾巩：《上欧阳学士第一书》，《曾巩集》卷第十五，中华书局1984年版，第231页。

秋乃归。"①正因为有这些布贩的经营，使得农户能在耕作之余以织布为副业，提高家庭收入。《夷坚志》还记载宜黄人莫寅，系盐商，曾造巨舰，持钱三百万，去淮东买盐的故事。②古代许多抚州人艰苦创业，取得辉煌业绩。

（二）诚信明德的担当精神

抚州人敢于担当。王安石是抚州文化中富有创新求变和担当精神的典范。长时间在基层工作的勤勉磨砺，使王安石逐渐积累了丰富的地方治理经验，促使他在北宋政坛脱颖而出，成为有前途的政治新星。宋神宗20岁时继位，很有一番抱负。但由于范仲淹"庆历新政"失败的教训，朝廷上下对改革都退避三舍，谈"改"色变。王安石挺身而出，敢于担当。熙宁元年（1068）四月，王安石奉命奏呈《本朝百年无事札子》，就科举、铨选、疫法、军事、农桑、理财、学校等制度弊政进行分析，着眼于当时的堕政弊端，提出北宋最大力度的变革思路。据说神宗祖母（太皇太后）问："天下人都反对王安石，你为何还要用他？"神宗皇帝回答："群臣中惟介甫能横身为国当事耳！"所谓"横身当事"，即不顾身家性命为国家办事。

钱穆先生曾经指出，由于宋朝时代的社会问题日益严重，有一种自觉的精神，在士大夫阶层逐渐萌生。这种自觉精神，就是读书人渐渐从内心深处涌现出来的感觉，觉得他们应该起来担负起天下的重任。③范仲淹是最先标举这种精神的士大夫。他提出"先天下之忧而忧，后天下之乐而乐"的处世理念，代表了当时先进士人的价值追求。而王安石是践行这种价值观的杰出代表。有学者指出，"以天下为己任"这个术语，最先可能出自王安石。④而且，抚州才子以天下为己任的担当往往与不顾个人得失、不贪荣华富贵的高洁品行紧密结合在一起。北宋江西诗派领袖黄庭坚曾这样评价王安石："余尝熟观其风度，真视富贵如浮云，不溺于财利酒色，一世之伟人也。"⑤而陆九渊评价王安石云："洁白之操，寒于冰雪，公之质也。"⑥而明朝万历年间，年轻才俊汤显祖，傲骨铮铮，两次因谢绝当朝首辅张居正的延揽而落第，

---

① 〔宋〕洪迈：《夷坚志》支癸卷第五《陈泰冤梦》，中华书局1981年版，第1254页。
② 〔宋〕洪迈：《夷坚志》丁志卷第八《宜黄人相船》，中华书局1981年版，第602页。
③ 钱穆：《国史大纲》下册，商务印书馆2015年版，第558页。
④ 参见刘成国：《荆公新学研究（增订本）》，上海古籍出版社2023年版，第70页。
⑤ 〔宋〕黄庭坚：《跋王荆公禅简》，《山谷题跋》，上海远东出版社1999年版，第168页。
⑥ 〔宋〕陆九渊：《荆国王文公祠堂记》，《陆九渊集》卷十九，中华书局1980年版，第232页。

直到万历十一年（1583），张居正死后的第二年才得中进士。满腹诗书的他，又不肯趋附新任首辅申时行，赴留都南京担任南京太常博士等闲职。即便是闲职，看到朝廷重臣的欺骗蒙蔽，他毅然上疏皇帝。这种为国家利益，不顾身家性命敢于"出头"，正是体现了强烈的担当精神。再如宋朝临川人崔纵，字元矩，宋徽宗政和五年（1115）进士。授朝请大夫、右文殿修撰，试工部尚书。曾慷慨入金，斥责金人不讲信誉，请还徽宗、钦宗。金人怒之，弃之荒野，而后又以利禄引诱，终不为所动，后卒于外地。《宋史·崔纵传》记载了他的义举。明永乐十六年（1418）进士、广昌人何文渊（1385~1457），洪熙元年（1425）奉旨赴四川考察吏治，弹劾罢黜贪官污吏300余人。后任浙江温州知府6年，体恤百姓，兴利除弊，整顿吏治。离任时仅有几件旧衣服和几箱旧书，百姓泣泪相送，并立像于先贤祠。

（三）守正创新的变革精神

抚州人守正创新。抚州才子不仅有独善其身的精神情操，而且还有兼济天下的政治理想。在临川文化精神滋润下，无论达官显贵，还是七品循吏，大都有为政清廉、勤于政事、为民请命、除暴安良的特点。王安石震撼四海的"熙宁变法"，是中国古代继商鞅变法之后又一次改革规模巨大、涉及范围最广的社会革命，突出反映了王安石改革天下、振聩发聋的锐气。抚州才子还有一种性格坚定、意志坚强、抑恶扬善、凛冽难犯的品格。特别是身处逆境时，能精神内守、安贫乐道、矢志不移。北宋著名哲学家李觏，在科举仕途上是一再受挫，未能如愿，遂隐居著述，创立书院，培养人才。宋代江西诗派著名诗人，被陆游称为"诗僧第一"的临川诗人饶节，早怀大志，饱学诗书，但落魄不遇，虽然也会纵酒自溺，或数日不醒，或浩歌恸哭，但终未沉溺消极，而是苦下功夫，终成大名。宋代江西诗派著名诗人谢逸、谢薖兄弟，临川人，均潦倒一生，但都不肯随波逐流、自甘沉沦。谢逸两次科举未中，便重返田园，著书立说。他家境贫寒，常过着"家贫惟饭豆，肉贵但羹藜"的生活，却安贫乐道，直至老死田园。明代理学家吴与弼，家居乡间，躬耕食力，弟子从游者甚众。吴与弼常雨中披蓑笠，负耒耜，与学生一起耕作，归则饭粝、蔬豆其食。他的学生描写他是"闻道最早，身体力验……敬义夹持，诚明两进……一切玄远之言，绝口不道""淡如秋水贫中味，和似春风静后功"。①《明儒学

---

① 〔清〕黄宗羲：《崇仁学案》，《明儒学案》卷一，中华书局1985年版，第16、19页。

案》评之曰:"盖七十年如一日,愤乐相生,可谓独得圣贤之心精者。至于学之之道,大要在涵养性情,而以克己安贫为实地。"① 当然,克己安贫决不是自甘落后、不求进取;恰恰相反,抚州才子狷介自守,独立不移,有一种追求高尚道德和清明政治理想的精神动力。虽然有时环境恶劣,流俗不堪,但抚州才子却刚正不阿,保持操守,在政治上如此,在事业上亦如此。抚州文化所包含的勇于变革、守正创新、直面人生的价值观,成为抚州人民宝贵的精神财富。

(四)经世致用的务实精神

抚州人重然诺,不虚浮,信用第一,义字当先。抚州文化中的务实精神,既有民众在人生道路上勤奋进取所体现出来的共同价值观、人生观,也有不同层面的各类人群所表达出来的生活态度和生活方式。务实精神体现在普通民众身上,主要表现在踏实勤恳、责任感强。抚州是江西重要的水稻种植基地,素有"赣抚粮仓"之称。农业经济在古代抚州占主导地位,大部分百姓为基本生存而忙碌。只有男苦于耕、女勤于织,才能养家糊口,保证族群的繁衍。正是在与大自然搏斗的环境中,养成了抚州百姓吃苦耐劳的坚毅品格。抚州人民善良坦诚、忠厚勤勉,为人稳健,办事牢靠,值得信赖。这种务实精神体现在商贾艺匠群落,则表现为业精于勤、养技于身。目前,抚州有49项传统手工艺列入非物质文化遗产名录,其中省级非遗10项,市级非遗39项,大致可分为雕刻、织造、陶瓷、器具、普技、艺术、饮食等类别。这些非遗项目的传承人很多都是祖传技术,一生精于一技,并由技到艺,孜孜不倦。正是这种务实态度,创造了抚州精耕细作的农业文明和经世致用的商业风范。

王安石任浙江鄞县知县的庆历七年(1047),花十三天时间,跑遍全县十四个乡,对鄞县的地理环境和水利设施作全面调查,并督促全县兴修水利,改善农业环境,抵御旱灾对鄞县的灾难性影响。王安石在《鄞县经游记》中,记载了自己这次下乡调查的过程,体现了王安石为政的务实精神。对待历史人物、历史事件的求实评价,更反映出抚州才子对历史对现实的客观公正立场。宋仁宗至和元年(1054),王安石应邀为友人钱公辅之母撰写墓志铭,即《永安县太君蒋氏墓志铭》,简要叙述其家庭情况和妇德情操。但钱公辅不满意,认为没有为其母歌功颂德,要求修

---

① 〔清〕黄宗羲:《师说》,《明儒学案》,中华书局1985年版,第3页。

改。王安石以《答钱公辅学士书》回应，表示坚决不修改，并对当时流行的以墓志铭炫耀其家族荣誉的做法表示反感。曾巩曾有很长的史官生涯，甚至在六十四岁的高龄，还被宋神宗钦命为史官修撰。他不仅有强烈的"以史资政"的初心，而且有严肃的"尊重史实"的使命，不溢美、不溢恶，真实客观，以良心治史，体现了"忠厚仁笃，秉义守正"的史官情怀。曾巩也为长辈、同侪、亲友、家人写过不少墓志铭，但慎终追远，侧重实录，感情克制冷峻，言甚简而用意深，体现了抚州才子求真务实的处事态度。

（五）天下为公的济世精神

抚州才子无论官任何职、秉权何方，都自觉担当其职务所赋予的责任，勤勉守责，兢兢业业，为当地百姓办事谋利。所谓"兴教化莫先于足衣食，足衣食莫大于重农桑，重农桑莫要于兴水利"。王安石、曾巩、曾布、陆九渊、汤显祖等抚州籍仕宦在外埠为官期间，始终恪尽职守，以百姓丰衣足食和社会治安稳定为政绩目标，关心民瘼，广行善政。曾巩曾知齐州（今山东济南）、洪州、福州等地，平反冤狱、维护治安、打击豪强、救灾防疫、疏河架桥、设置驿馆、修缮城池、兴办学校、削减公文、整顿吏治、废除苛捐杂税，均有非凡政绩，深受群众拥戴。济南、福州都有他的纪念堂。史载曾巩移知襄州（今湖北襄阳）时，百姓极力挽留，关城门，起吊桥，不让放行，场面感人。陆九渊在宋光宗即位时，任湖北荆门军，厚风俗、严保甲、筑城壁，呕心沥血，卒于任上。当地人将荆门蒙山改称象山，并在他当年受理诉讼和讲学的象山书院兴建陆文安公祠，永久纪念这位外地官吏。而汤显祖任浙江遂昌知县，减刑狱、兴学堂、除猛虎，深受当地人民喜爱。他离开后遂昌人民即建生祠旌表他的业绩。

在抚州，不论是通过科举出人头地的官吏，还是家底厚实饮誉闾巷的乡绅，再有勤劳致富的商贩，都对家乡有一股敬宗重祖、慎终追远的感恩，对乡亲有一种饮水思源、情同手足的关爱，对公益有一份义不容辞、勇于担当的责任。只要是修桥铺路、救灾赈荒、扶贫济困、捐助粮饷、办学助读，都慷慨解囊，无私相助。抚州许多义仓、古亭、驿站、梁津、河渡、书院、会馆，都是乡贤捐资捐建。千金陂是抚州闻名的水利工程，于唐德宗贞元元年（785），著名诗人戴叔伦任抚州刺史，组织民众兴修而成。"自唐已有千金陂，遏支而行正"，但"陂常溃决"，"宋嘉祐四年,谢卿材以殿中丞知临川,修筑千金等九陂。……绍兴中,郡民王姓者独修之"。①千金陂自唐至今仍在发挥防洪作用,得益于历朝历代抚州官吏与民众的倾力支持。像这种不具姓名、慷慨解囊的"王姓者"乡贤一定不少。抚州人民也感恩戴叔伦的德政,将临川城东灵谷峰西山脚下的湖泊,取名为"戴湖"。抚州士绅在扶贫济困、赈灾助弱方面有很多善举,历朝县志、府志都有记载,突出彰显了抚州文化中民众至上、天下为公的博大胸襟。

---

① 〔清〕《江西通志》卷十五《千金陂记》,续修四库全书本,上海古籍出版社2002年版。

第二章
抚州自然条件与著名古村落

抚州,山水相依、人文荟萃、历史悠远。优越的地理位置和自然禀赋孕育了光照古今的临川文化,形成了繁衍千年又在现代重新熠熠生辉的古村古镇,承载了赣东人民永久的乡愁与传统,被称为"没有围墙的古村落博物馆"。本章主要介绍抚州的地理环境、自然禀赋、古镇古村,重点介绍浒湾、驿前、棠阴、竹桥、流坑等积淀深厚的文化古村名镇。

第一节 优越的地理位置和自然禀赋

"大江之南,分东西两道,自东而西,首曰抚州。"[1]抚州,位于江西省东部,地处长三角、珠三角和闽东南三角区腹地,简称赣东。其地理位置在东经115°35′~117°18′、北纬26°29′~28°30′之间,南北长约222千米,东西宽约169千米,总面积达1.8816万平方千米。地势南高北低,地形以丘陵为主,平原、山地为辅。抚州市东邻福建省光泽、泰宁,南接江西省赣州市石城、宁都,西连江西省吉安市永丰、宜春市丰城,北近江西省南昌市进贤和鹰潭市余江、贵溪,自古有"山川融结,舟车云集,控闽越,襟领江湖"[2]之说。

古人崇尚天人合一,认为"天垂象,降吉祥"。文昌星,象征着文化昌隆、科

---

[1] 〔宋〕周必大:《庐陵周益国文忠公集》卷五十四《抚州登科题序》,《宋集珍本丛刊》第51册,北京:线装书局2004年版,第550页。

[2] 〔清〕童范俨、陈庆龄:《临川县志·地理志》卷二《形势志》,清同治九年(1870)刻本。

甲鼎盛，有谓文昌"职司文武爵禄科举之本"。自唐以来，抚州民间坚信文昌主抚州。"质之史册，区别其分野，则吴扬为斗牛女为星纪。考之旧经，吾州又文昌之所临照。夫上通辰次、各著其分野者，天下之所同；上通于天垣，正应于文昌者，吾州之所独。"① 王安石、曾巩、陆九渊、汤显祖、晏殊、晏几道、乐史、谭纶、李觏等名公巨儒的出现，自宋而清，抚州籍进士及第者2450余人的科举之盛，无不与文昌之城交相辉映，也留下文昌里、文昌桥、文昌阁等文化遗产，更留下了"上文章，下文章，文章桥上晒文章""前黄昏，后黄昏，黄昏渡前渡黄昏"的美丽传说。

抚州自古以来为闽赣两省之重要通道，同时又是"牵制百粤""南镇闽建"的重要军事重镇。"临川山其远望南有军峰，东有螺首，西有华盖，北有蜉蝣，东南有云林，西南有芙蓉。其大川曰临汝，其浸曰千金陂。郡山之脉祖于五岭东衡，为伏村，以江介闽北，落广昌。其干经宁都、宜黄、乐安、崇仁、丰城之境，而北为豫章，其支北至南丰，起为军峰，峻入霄汉，实为郡山之宗。其右宜水之原出焉。其支由石箱东落为建昌，其干北历西芙蓉、白羊，西至于卢峰、绣球，过禾岭应花龙岗，东折为风化山，至于麻岭。逶迤三百余里而入郡治，耸为五峰。"② 在第二次国内革命战争时期，抚州是中央苏区的天然屏障，毛泽东、周恩来、朱德、彭德怀、邓小平等许多老一辈无产阶级革命家都在这里开展过重要的革命活动。抚州红色区域的巩固与发展，对中央苏区的兴衰存亡产生过重要作用和影响。③

抚州的山，叠嶂起伏，形态各异。临川区东南郊的灵谷峰，小巧秀美。中国山水诗派鼻祖谢灵运在此建道观，听泉观月、山水酿诗；王羲之、颜真卿、晏殊等名家大儒为之流连，王安石此间驻足求学，汤显祖于斯迎朋会友。名儒雅士忘返于山间，挥毫泼墨，造就了闻名江南的"诗山"。南城县麻姑山，集道教"洞天""福地"于一身，流传"麻姑献寿"的神话，写就沧海桑田的典故，更有"天下第一楷书"《麻姑仙坛记》的辉煌。宜黄县曹山，原名荷玉山，山如莲花瓣，宝积寺如莲子居中，迄今已有1200余年的中国佛教禅宗五大宗派之一的曹洞宗即发源于此。乐安县华盖山，现名大华山，道教天心派祖庭，位列江南十大道教名山。宜黄、南

---

① 马蓉等：《永乐大典方志辑佚》第三册《江西省·临川志·分野》，中华书局2004年版，第1886页。
② 〔清〕许应鑅：《抚州府志·地理志》卷三《山川一》，清光绪二年（1876）刻本，第66页。
③ 蒋建农、杨忠民：《抚州红色区域对中央苏区的作用及影响》，《党史文苑》2006年第14期。

丰交界的军峰山，有"赣东屋脊"之称，奇岩幽洞、飞瀑秀水，美不胜收，被列为国家森林公园，是"驴友"的自助游天堂。资溪县大觉山，武夷山脉西麓，被誉为"天然氧吧、动植物基因库"，又有高山湖泊、古刹胜迹，自然生态与佛教文化融为一体。

抚州的水，水网密布，资源丰富。抚州拥有抚河水系、赣江水系、信江水系、鄱阳湖水系，集雨面积10平方千米以上的河流有476条。孕育临川文化的母亲河抚河，是江西省第二大河流，鄱阳湖水系的五大河流之一，集雨面积为15608.81平方千米，占全市面积的82.95%，占鄱阳湖水系总面积的9.75%，主河长276千米。抚河发源于赣闽交界武夷山西麓广昌县驿前镇血木岭，自南向北流经抚州大部分区域，最后汇入赣江与鄱阳湖。"郡以二水合流，号曰临汝。考之图志，临川水在县西五十里，源由定川。以今地势观之，合宜黄、崇仁诸水，由郡城而西趋豫章、赴彭蠡，此临水也。汝水源出南城为盱，入石门为汝。由郡东过文昌堰，绕北城至西津，与临水合郡城之山……"①

抚州的气候，四季温和，雨量充沛。抚州属亚热带季风气候区，年平均气温在17.1~18.4℃之间。7月是最热的时节，平均气温为27.6~29.7℃之间。1月最冷，平均气温则在5.20~6.80℃之间。年平均降水量1740.8~2001.8毫米，雨季集中在4~6月，年平均降水日162.8天。抚州光照和降水有着明显的地域差异，十分利于农业生产，从古至今，都是著名的水稻产区，被誉为"赣抚粮仓"，明清时期更有"抚州水干一半，江浙米贵一倍"之说。

抚州的物产，种类多样，物产丰饶。临川气候温暖湿润，大部分土地面积是平原及丘陵、低岗地，鄱阳湖也给临川提供了鱼利之饶，形成了抚州特色鲜明、农桑富庶的鱼米之乡。南城的红珠稻、银珠稻（麻姑米），曾获巴拿马国际土特产博览会银质奖章，品质精良，香软可口，也是每年必备的贡品。南丰是中国蜜橘之乡，盛产蜜橘，也为贡橘，有1300多年的栽培历史，享誉海内外，温家宝曾赞誉"南丰蜜橘是金牌"。广昌的通心白莲，也成就了广昌白莲之乡的美誉。白莲始种于唐高宗仪凤年间，南宋时名声远播，美誉延续至今。临川的西瓜、金溪的藕丝糖、浒湾的油面、东乡的蔗糖、崇仁的麻鸡、南城的黑猪、广昌的烟叶、黎川的晒烟、李

---

① 〔清〕许应鑅：《抚州府志·地理志》卷三《山川一》，清光绪二年（1876）刻本。

渡的高粱酒等都名扬四方。宋代，抚州的农业、手工业及商业也很发达。临川的白浒孤窑，是南宋时属国都的重窑，其工艺为景德镇元代新瓷都的兴起奠定了基础。南丰的白舍窑，曾设"专窑"，选为御用，产品质地精良。白舍镇西南现存18座宋古窑群遗址，被列为省级重点文物保护单位。抚州的宜黄、崇仁、乐安等地均产夏布，尤以宜黄为最。宜黄夏布在国内各大城市以及高丽（朝鲜）市场上享有极高的声誉，1922年在巴拿马万国博览会上获优质产品纪念奖章。棠阴镇也因夏布，素有"小小宜黄县大大棠阴镇"之说。金溪浒湾的雕版印刷名扬全国，江南有"临川才子金溪书"的美谚流传。浒湾是明清中国四大雕版印刷基地之一（其他三地为北京、汉口、福建四堡）。全盛时期浒湾有60多家书铺堂号，刻字工匠、印刷工匠、贩书商人有3000余人，形成庞大的雕刻、印刷、装帧、书商、运输体系。很多堂号在湖南长沙、湖北汉口、安徽芜湖、北京琉璃厂以及上海、广州等地设有分号。

"环抚郡数百里，有田可耕，有井可凿，有山可采，有水可渔。"[①] 抚州有着优越的地理环境，受北方政权更迭而引起的战乱比较少，文风鼎盛，吸引着各地移民竞相移其族居于抚州。加之便利的水陆交通，粮食、酿酒、陶瓷、蚕桑、夏布、果蔬等丰饶物产，逐渐形成了诸多闻名海内外的古镇古村，是全国传统聚落遗存最为丰富的地区之一。

第二节 "没有围墙的古村落博物馆"

传统村落是我国农耕文明的精髓和中华民族的根基，是中华优秀传统文化的重要载体。绵延不绝的历史先贤，为抚州注入了浓厚的文化气息，留下了汗牛充栋的文史典籍，同时也谱写出独具魅力的古村、古镇遗存实物画卷。走进抚州古村落，犹如徜徉在时光隧道。这里有极具本土特色的亭楼桥阁祠、雕梁画栋、木刻石镂的赣派古建筑群，名门望族、古宅书院、匾额牌坊、井泉沟渠等丰富的物质文化遗产。村落里的民俗风情、俚语方言、民间艺术等，连绵千年，荟萃一堂，素有"活化石"之称，光耀着2000多年抚河流域的传统观念、习俗、社会与家庭等多元化的历史文明。

---

① 〔清〕许应鑅：《抚州府志·地理志》卷十二《风俗》，清光绪二年（1876年）刻本。

一、抚州古村落总体概况

"国家历史文化名城"抚州市是全国传统村落集中连片保护利用示范市,拥有中国传统村落 135 个,占全省入选中国传统村落总数的近三分之一,居全省设区市首位。各县区入选"中国传统村落"具体分布如下:金溪县 57 个、乐安县 14 个、临川区 12 个、南丰县 11 个、南城县 10 个、黎川县 7 个、东乡区 7 个、广昌县 6 个、崇仁县 4 个、宜黄县 3 个、资溪县 3 个、东临新区 1 个。抚州市各县区入选"江西省传统村落"共有 113 个,具体分布如下:金溪县 31 个、临川区 12 个、乐安县 11 个、南丰县 10 个、东乡区 10 个、南城县 9 个、资溪县 9 个、广昌县 8 个、黎川县 7 个、崇仁县 4 个、宜黄县 2 个。

现有中国历史文化名镇 2 个,为广昌县驿前镇和金溪县浒湾镇。江西省历史文化名镇 2 个,为广昌县驿前镇和宜黄县棠阴镇。

现有中国历史文化名村 8 个,其中金溪县 6 个、乐安县 2 个。江西省历史文化名村 10 个,其中金溪县 4 个、东乡区 2 个、乐安县 2 个、崇仁县 1 个、黎川县 1 个。

从市县级传统村落分布来看,抚州市金溪县传统村落资源最为丰厚,占比最高,约占抚州市中国传统村落 42.3%、江西省传统村落 27.4%。金溪县现有 128 个古村落、11633 栋明清古建筑,1 个中国历史文化名镇,10 个历史文化名镇(名村)、57 个中国传统村落、31 个江西省传统村落,还有古祠堂 100 余座、明代牌坊 8 座、清代牌坊 30 余座等,这些古村落风貌、古民居祠堂、古建筑文化成为"没有围墙的古村落博物馆"最好的见证。

二、抚州古村落的历史生成

抚州古村落的生成与变迁,是临川文化不断厚积与传承的表现,更是临川文化不断发展的彰显与昭示。以下几大因素共同促成了抚州古村落的生成:

首先,交通要冲带来优势。"水脉网络是文明迅速传播与发展,文化交流与繁荣最为便捷的最为迅速的载体"①,抚州与外界的文化传播也沿水路而辐射。抚州"二水绕廓,五峰镇城",是江西与闽、粤地区商业往来的必经之路。抚河两岸的陆路,是中部腹地,即中原进入闽粤的重要通道,因此抚州的物产交流和人文交往日渐繁盛,抚州的农业、手工业、印刷业、蚕桑、制药等技术得到长足的发展,"古

---

① 虞文霞、王河:《宋代江西文化史》,江西人民出版社 2012 年版,第 4 页。

为奥壤，号曰名区。翳野农桑，俯津阛阓，北接江湖之脉，贾货骈肩；南冲岭峤之支，豪华接袂"①。广昌的驿前镇、宜黄的棠阴镇、金溪的浒湾镇皆因便利的水运交通成为商贸经济重镇。

其次，自然资源提供基础。资源优势作为一种社会资本，在古村落的历史生成中扮演了极其重要的角色。抚州地处江西东部，自秦汉时期，就是全国粮食主产区、储粮基地和运销中枢，历来物产丰富。正所谓"天下漕米取于东南，东南之米多取于江西"。江右商帮的兴起、商业的发展又更加促进古镇、古村的建成与发展。例如广昌的白莲、金溪的藕丝糖、东乡的蔗糖、崇仁的麻鸡、宜黄的夏布、金溪浒湾的雕版印刷，这些既为抚州古村落的建置奠定了基础，也成为抚州古村落形成鲜明特色的磐石。

再次，地域文化夯实根基。抚州，享有"文化之邦"之美誉。文化影响并造就了传承千年的古镇、古村。他们将中国传统儒耕文化与抚州文化糅合，在相对封闭的农耕社会空间里，形成了类似但又各具特质的村落文化模式。抚州古村落文化，涵盖了理学文化、科举文化、禅宗文化、道家文化、赣商文化等多种文化形式。比如广昌驿前镇的"清廉"文化，南丰县傅坊乡港下村纪念"关圣帝"的关公戏，广昌甘竹镇赤溪村曾家的孟戏。可以说，抚州的每一座古村落都蕴含着中国传统文化，体现了一种人与自然和谐相处的文化精髓和空间记忆。

最后，血脉连接聚落宗族。家族、宗族观念在中国封建社会一直占据重要的位置，并因此形成接近的文化素养与习惯。"村落成员的生产生活以及与之相关的有形或无形的文化形态，从表面化一般形式的呈现，到隐性化深层次的内在文化秩序与结构、内涵，代表着中国历史的文化传统，体现着'社会人'由单一个体到家庭、家族，进而到氏族，最后归属于国家、民族文化范畴。"②抚州很多古村落是以血缘和同宗姓的宗族形式发展而成。如乐安牛田镇流坑村，村民自称西汉大儒董仲舒的后裔，全村以董姓为主。东乡黎圩镇浯溪村以王安石之弟王安国四世孙为祖。金溪琉璃乡东源村曾子后裔，蒲塘村徐姓聚居。

---

① 张保和：《唐抚州罗城记》，载〔清〕董浩等《全唐文》卷八一九，中华书局1983年版，第8626页。
② 方莉：《传统村落急剧消失意味着什么？》，《光明日报》2014年1月9日第5版。

三、抚州古村落的文化价值

抚州的古村落凝聚了抚州区域农耕社会发展与变迁的厚重发展史，体现了抚州人民独特的精神特质，是抚州人民传承千年的集体记忆，也是抚州人民乡愁的集中体现与灵魂的栖息处，极具文化和历史传承性。

第一，历史文化的厚积载体。抚州古村落以"仕、商、儒、耕"为内涵特征，是全国当前保护较为完整、传承有序、集中连片、类型独特、遗存丰硕的明清古村落群。抚州古村落分布广、数量多，大多数传统村落从宋代沿革至今，格局保留完好。里坊格局的"七横一竖"主巷道，祭祖怀恩的恢宏祠堂，名儒巨公挥毫的题匾石雕，表彰乡贤的精美牌坊，见证抚河流域商业兴废的古码头等，无不集结了古代人们的智慧和艺术，是研究古代社会、经济、文化等方面的重要资料。这些古村落大多有着数百甚至上千年的历史，见证了抚州地区乃至整个中国的社会变迁和历史文化发展。

第二，建筑艺术的生动展示。流坑村保存了260多处古建筑，它们既是流坑文化的积淀，也是流坑历史文化名村的核心价值，大宗祠遗址、状元楼、理学名家宅等堪称精品；竹桥村锡福庙、紫澜阁遗址、总门楼、品字三井、文隆公祠等109幢明清建筑，棠阴镇的吴家大院、八府君祠、迎恩塔、承恩坊、罗家大院、绣花楼等赣派建筑，印证了封建社会农商并重的人文历史文化；黎川古城以明清厅堂与民国骑楼建筑汇聚的历史街区为代表，有1700多年历史，被誉为"江南骑楼第一街"和"江西凤凰城"；游垫村以明代村落著称，38栋古屋，每个巷口设牌坊，载明先祖胡桂芳的功名及官职，彰显胡氏荣耀，激励子孙后代。这些注重与自然环境和谐统一的传统建筑，在建筑形制、布局、装饰等方面极具艺术美感，展现了中国传统建筑的独特魅力。

第三，民俗文化的精神映照。金溪县的手摇狮被誉为"华夏一绝"的民间彩灯艺术，一人一狮，108套表演形式，流传甚广；南丰县的石邮村以傩文化遗迹闻名，被誉为"中国古代民间舞蹈的活化石"，是中国傩文化的浓缩；国家级非物质文化遗产黎川古村的舞白狮，春节贺岁盛行，为驱逐恶鬼邪魔，有"旺屋"之用。这些世代相传的各种民俗文化和传统习俗是兼具赣派特性的地域文化之映照，承袭千年家族文化，联通临川文化、江右文化，彰显出古村里劳动人民勤劳、朴实、善良的人文精神，也是辉煌的抚州文化和厚重历史的辉映。

第三节　名镇名村地位的确立与发展

一、国家历史文化名镇：浒湾镇

浒湾镇地处抚州市金溪县西部，素有"江南重镇"之称，绵延千年，文化底蕴深厚，历史上曾是"朝廷之漕仓、赣东之商埠、江南之书乡"，特别是明清时浒湾的雕版印书业闻名遐迩。浒湾现辖10个行政村，3个社区。截至2022年全镇共9816户，2.83万人，其中城区人口1.1万人。浒湾东枕疏山，西关灵谷，南濒抚河，北通驿道，镇内水陆交通便利，316国道穿境而过，距县城24千米，离抚州市23千米。

该镇2014年入选中国历史文化名镇，2016年被批准为"中国雕版印刷文化保护基地"，批建"中国印刷博物馆浒湾分馆"，2019年浒湾书坊建筑群被批准为全国重点文物保护单位。

图2-1　浒湾镇牌坊（赣东学院李自强／摄）

（一）建置源起

浒湾原名金冠里，亦是金溪乡里之冠。由许姓开基，"文焕公由抚郡而肇基于斯，积德修行，深仁厚泽，一年成居，十年成市。历三世而分支，列派则自我清卿公始，克敦忠厚，垂训有方，赒人之急，扶人之危，岁有凶荒，施粥以赈之；行人病涉，造舟以济之。风以仁里，渡号金官，而湾遂以许名"①。明初，因境内发达的抚河水系，舟楫辐辏，逐渐形成了一个繁华的集市。清乾隆五十五年（1790），设许湾防署，兼管金溪、东乡两县防务。约清道光二十八年（1848）后，由许湾改为浒湾。民国初年，始设浒湾镇。1959年，设浒湾水路运输人民公社，1970年镇社合并。1988年3月，大仙岭乡并入浒湾镇。

（二）历史文化名人

许氏三世开基。清代临川名人李绂为许氏宗谱撰序云："许湾一脉自宋运使公由池（池州）官抚，遂家于城之大臣巷，阅三世孙（文焕公）而发祥于斯。云林胎秀，浒水钟灵……许湾地当孔道，许氏绵亘其中，四民安堵，奕世书香……"②第一世许文焕，南宋中早期于抚州郡大臣巷（今抚州市区）迁金官渡，继而子孙繁衍于斯。聪达有才，风行仁义。第二世为其子许友达，号承斋。第三世许谭，许友达之子，字清卿，号乐轩，谱名为五二公，经商致富，济人之急，扶人之危。

科举仕宦。许廷桂，字柱臣，号嘉谟，清中晚期人，文焕公24世裔孙。幼聪慧能，以静生悟。咸丰九年己未（1859）恩科秋试，以第一名解元成绩中举，全卷进呈礼部，次年连捷成进士，选庶吉士。同治四年乙丑（1865）授职翰林检讨，历官监察御史，工科、礼科给事中，云南临安府知府等。廷桂淡泊儒素，服膺象山陆子之学，编著《理学粹语》等。致仕归里后受聘主讲抚州兴鲁书院、铅山鹅湖书院、金溪仰山书院。平生恪守陆象山"先立乎其大"宗旨，学以治心，政以治事，主张学者先器识后文艺，卓荦大节，毫无张皇矫揉之弊。惜为忌者中伤，未获大用。

（三）浒湾书铺街

浒湾书铺街即浒湾古镇留下的书坊建筑群，包括"藻丽娜嬛"门与大夫第、"红杏山房"刻印书作坊、"忠信堂"刻印书作坊、"协盛厂"刻印书作坊、"贾氏商会"会馆等16栋古建筑，是中国基本保留原貌，又由雕版印刷特色而成的古建筑群（图2-2）。这些古建筑承担着印书生产、商业贸易等经济功效，同时又是浒湾镇对外经济文化往来的窗口，具有很强的历史文化研究价值。1998年被列为市级重点

---

① 〔清〕乾隆八年十六世孙祚遂撰《许湾许氏八修宗谱》其二《二修原跋》，1993年。
② 〔清〕乾隆八年十六世孙祚遂撰《许湾许氏八修宗谱》，1993年。

文物保护单位，2008年雕版印刷技术成为省级非物质文化遗产，2019年书坊建筑群被列为全国重点文物保护单位。

浒湾书铺街由前书铺街、后书铺街和礼家巷3条街巷组成，南北走向，中有巷道相通，集聚数百家雕版印书作坊和店铺。雕版印刷业的兴盛促成书铺街木刻

图2-2 书铺街（赣东学院李自强/摄）

印书的兴起，产生大量的铺栈、书店、作坊，房屋呈纵深式加厢楼、高瓴格式构筑，源于木刻印书的特殊需求，自然形成两条平行的街道，即为前书铺街和后书铺街。[①] 前书铺街长达240米，宽3米，有"恒门"和"籍著中华"两个拱门。"籍著中华"为街口的拱形门，亦为出关门。此门是浒湾镇走陆路对外往来的主要通道。街面石板有载满木刻书的独轮车长期碾压而成的一道道车辙印，这是浒湾人对外往来最好的见证。"恒门"是合族共建的石拱门，位于前书铺街1/3处，寓意为"永恒"，有防火功用，也有忠告从事雕版印书业者要有恒心的深层含义。后书铺街相较于前书铺街稍短，处在前书铺街和礼家巷之间，长约180米，街口设道光年间的"藻丽娜嬛"石拱门，亦为合坊鼎建。"娜嬛"意指神话中天帝的藏书处，浒湾因产书和经营书颇具规模，遂获此称号。街道布局与前书铺街相同，作坊与居家并存，房屋之间设高防火墙，房屋里面有高堂，两侧有厢房和厨房。街道有两条纵巷——溺陵桥巷和谁楼巷，贯通前后书铺。所以，前后书铺街的书店、铺栈和作坊的布局，大多曲径相通，首尾衔接。例如，后书铺街"余大文堂刻书房"，大门与前书铺街"文奎堂刻书房"的后门斜相对过。前门为前书铺街的大门门面，后门即为后书铺街，前门为后书铺街的大门门面，后门则为前书铺街，这也映衬了当时浒湾人的业务往来和经商意识。书铺街在清康熙、雍正、乾隆、嘉庆年间达到鼎盛，浒湾经营的书坊高达60多家，其中40余家坐落于前、后书铺街，成为清代全国四大刻书中心之一，赢得"籍著中华"的美誉。

---

① 许智范：《金溪浒湾书铺街》，《江西图书馆学刊》1998年第3期。

二、国家历史文化名镇：驿前镇

驿前镇位于抚州市广昌县的南部，自古便是由赣入闽、粤的交通重镇，为过往商贾及朝廷兵马歇息、文书传递之处。全镇东西约 14.2 千米，南北约 19.34 千米，总面积达 202 平方千米。现辖 1 个社区、18 个村、172 个村小组，总人口 2.4 万余人。驿前镇是抚河的发源地，有寄予乡愁的古驿道，气势雄浑的古建筑群，接天莲叶无穷碧的莲田风光，苏区北大门的红色遗址，生态环境优美。2014 年被评为国家历史文化名镇，2017 年入选中国特色小镇。

（一）建置源起

广昌县建县之前，汉代归属南城管辖，三国时期又从属南丰县南丰乡。南宋绍兴八年（1138），江西安抚使李纲、转运使逢汝霖、徐霖分南丰县揭坊耆、天授乡、南丰乡、兴城乡创建广昌县。《广昌县志》云："道通闽广，郡属建昌，因名广昌。"① 南宋绍兴十七年（1147），设谨节税场和谨节驿，因其位于梅岭以北，故又称梅驿。梅驿即为官府屯兵运粮、传递文书的重要军马驿道。驿道日后也给该镇带来了信息、人际往来和商业繁荣，后圩镇建于驿站之前，驿前因此得名。明朝称为梅驿圩，清朝则名梅驿圩市，又唤作驿前圩市。第二次国内革命战争时期，为苏维埃驿前区。解放前夕为驿前乡。解放后多有分拆合并，1985 年 4 月正式成立驿前镇。2001 年，高虎脑乡撤销，并入驿前镇。

图 2-3 驿前镇古建筑（抚州市融媒体中心陈强/摄）

（二）历史文化名人

驿前镇钟灵毓秀、人才辈出。据文献记载，自宋代以来，有赖有庆、赖有谟、赖有献、赖德升 4 位将军。才子、学士文武秀才也层出不穷，以赖氏为最，白氏、许氏、邱氏、刘氏、何氏等家族也人文鹊起，人才显赫。

---

① 〔清〕曾毓璋等：同治《广昌县志》卷一《沿革志》，成文出版社有限公司影印同治六年刊本 1989 年版，第 77-80 页。

赖瑛，字世杰，号梅溪，族名伯鼎。驿前人，明永乐十二年甲午科（1414）江西乡试第二名，永乐十六年（1418）中进士。任左班御史、山东道监察御史期间，遇事敢言，肃清宪度，被誉为"贤能御史"。赖瑛因家中有事返回江西，据说，临别之际，明宣宗（宣德）赠与御诗，"携手天街远送卿，送卿万里早回程，朝中不可无卿在，卿在朝中永太平"，表达了皇帝对赖瑛的器重与期待。后出知云南临安府，再进云南布政司左参政、云南参政使。赖瑛在明朝边疆建设方面作出过卓越贡献。作为封建朝代官员，他是博施仁政、团结各民族共建大中华的典范。

赖巽，字忠启，号逊志，又名清溪，赖瑛堂侄。明永乐十三年（1415）进士，永乐十六年（1418）任河南道监察御史。持身廉正，秉公执法，百姓誉为"铁面御史"。后奉旨考察苏州、松江吏治，严惩贪官污吏，奸邪敛迹。赖巽不畏强权，敢于弹劾礼部尚书吴震、兵部尚书李庆不法事。明仁宗洪熙元年（1425）为朝廷十六监察御史之一巡抚湖广，罢黜参政田刚、知府赵璧等百余人。后转福建道御史，升云南按察司副使、按察使。明正统十一年（1446）十月卒于任上。百姓不分老少聚哭于道，后人立赖巽家庙感怀其功德。

（三）古建筑群

同济大学教授、国家历史名城研究中心主任阮仪三在驿前镇考察时曾指出：驿前古建筑历史最悠久、建筑最精良、格局最完美，绝大多数是清代早期建筑，具有明代的建筑遗风，具有较高文物保护和研究价值。

据史料统计，明代中期和清代的驿前镇内，有36座祠堂、24座庙宇、200多幢商宅民居。现存古建筑50余栋，主要集中于驿前古街道东面一线，整个古建筑群占地总面积为20487平方米。现有驿前石屋里民宅和"奎壁联辉"民宅2处全国重点文物保护单位，"清吸盱源"宅、赖巽家庙、金鳌鱼民居、迎熏民居、"秘书袭庆"民宅、云衢公厅堂、"奉先思孝"祠7处江西省文物保护单位，另有4处抚州市文物保护单位，3处广昌县文物保护单位。登记一般不可移动文物31处，历史建筑3处。

石屋里民宅，清康熙五十五年（1716）建造，三进三天井，占地约1075平方米，房间27间，天井7处。门槛、檐板、神龛、房柱、照壁、地面等，都是用光滑细腻的四方石块磨光建造而成，故名"石屋里"。宅中有双门楼，居正厅右侧，上刻有双凤朝阳、龙凤呈祥等精品砖雕。偏门上的三根石质门簪上刻有"雀鹿蜂猴"

图案，寓意"封（蜂）侯（猴）拜相""食俸禄（鹿）""喜上眉梢"。正厅12根8米高的大石柱，传说主人用36条黄金换来，牢牢支撑着屋顶大梁，象征八方来财、才高八斗。后幢大门内壁墙上方发现一块红质石碑，落款为清康熙五十五年（1716）五月，为同类风格建筑断代提供了依据。

"奎壁联辉"民宅，清乾隆年间历十年建造而成。深七进，故又名"七栋厅堂""七幢厅下"。该民宅实有四进，占地约1881平方米。坐西向东，庭院大门坐南朝北，有大小庭院二处，天井11处，绣花楼1处，主体房间34间，店铺6间，是内住宅、外商铺商住合一民居。门楼石匾"奎壁联辉"为清乾隆进士曾廷翰所题，字体宏健，书笔遒美。随处可见的石雕、砖雕、木雕，雕刻精美，艺术精湛，且以莲花为其特色。

（四）特色文化

莲花灯会：传统元宵节灯会。由彩旗灯、香案、杨柳灯、日月灯、莲花灯、盾牌、马灯、牌灯、番联灯、花神灯、茶篮灯、蚌壳、船仔、鳌鱼灯等组成，其中以莲花灯、马灯为主。每逢农历正月十一日、十三日、十五日夜间举行，形似金龙飞舞。通过举办莲花灯会，祈求天下太平、国泰民安、风调雨顺、五谷丰登。

三、江西省历史文化名镇：棠阴古镇

棠阴古镇（图2-4），江西省四大历史名镇之一，是集新石器文化、古建筑文

图2-4 棠阴古镇

化、夏布文化、红色文化为一体的江南名镇；坐落于抚州市宜黄县城东，宜水中游，距县城 14 千米。全镇总面积 179.5 平方千米，辖 1 个社区、14 个行政村、123 个村民小组，总人口约 1.96 万人。古镇内古宅鳞次栉比，祠堂各具特色，至今仍保留着原生态的江南水乡风光和深邃的历史文化底蕴。2003 年被评为江西省首批省级历史文化名镇。2007 年被评为省级环境优美乡镇，2012 年被评为国家级环境优美乡镇。

（一）建置源起

棠阴古镇历史久远，在新石器时代晚期，先民即此而居。夏商属扬州，周代属吴，秦为九江郡所辖。汉代依次属南城、临汝，三国设立宜黄县，自此，棠阴古镇归属宜黄。唐天佑年间，棠阴初名为"洋陂"。北宋改称棠阴。明代的时候，因商业发达，棠阴设镇。1940 年，棠阴镇辖区为现辖区大部分，小部分属仙治乡。中华人民共和国成立后，棠阴镇分属 6 个乡镇管理。1956 年撤区并乡后，又归属 3 个乡镇。1958 年成立棠阴人民公社，而后又有分拆、别名。1984 年更名为棠阴乡。1985 年设立棠阴镇。

（二）历史文化名人及大事记

棠阴古镇崇文重教、耕读传家，贤能辈出。这里孕育了南宋名儒李郛、明代书法家吴余庆、抗清名将欧阳芬、清代名医黄宫绣等名儒巨公。

李郛，字子经，南宋大儒。出身于书香门第，六七岁日诵数千言，有神童之誉。《江西通志》记载："观书一览辄记，为文援引浩博，不能就。有司程度尝著《北事罪言》二十篇，遍游江淮，人号为书厨。"李郛博学多才，但科举不利。科举失利后，李郛为收回故土奔走，其抗金主张《北事罪言》由南宋著名词人张孝祥上报给朝廷，结果张孝祥被罢，李郛黯然归乡。回乡后，李郛潜心学问，著《纬文琐语》，名动一时。陆游、杨万里、周必大、李壁、叶适等文学家、政治家、思想家都对李郛的学品人品高度评价。

吴余庆，字彦积，号斯白，棠阴吴氏祖竦公第 14 世孙，明代"四大书法家"之一。吴余庆 6 岁丧父，家境贫寒。但少时聪颖，诗书俱佳。明永乐六年（1408）23 岁的吴余庆被选为《永乐大典》编修，主修《性理大全》《劝善》等书。后历任中书舍人、右春坊、右通政参议、右通政，兼知制诰。为官 40 余年，一身傲骨，不畏权贵，两袖清风，气节可嘉，屡次受到皇上的褒扬，是大明官场的一股清流。吴余庆楷、草、篆、隶均有造诣，被评价为"楷如美女簪花，草如瑞云飞空，流水

图 2-5　棠阴古镇

赴壑"。

棠阴在宋代的时候有小圩集,至明代逐渐成市。加之生态环境适合种植苎麻和茶叶,因此在明清时期,棠阴以广种苎麻茶叶、盛产夏布而闻名,最高年产量达40余万匹,远销日本、朝鲜、东南亚等国家和地区。随着夏布产业经济的刺激,棠阴成为江南三处最负盛名的夏布生产、经营集镇,"五里长街,商铺栉比;十里河埠,商船云集;三万六千烟火,九岭十三巷"。据史书记载,当时棠阴镇有3.6万户,人口12万,为抚州、建昌两府之最,故又有"小小宜黄县、大大棠阴镇"之说。

（三）古建筑群

棠阴古镇古建筑群是赣派建筑的典范,被誉为"明清建筑博物馆""明清建筑史的缩影"。现存的古建筑群主要是明清时期的祠堂、官邸、别院、古街、古巷、古庙、古塔、古桥、古牌坊等100余处,古色古香,艺术韵味无穷（图2-5）。

八府君祠:为棠阴吴姓家族宗祠,始建于明朝万历年间。宅基面积达4000平方米。中堂三开间,特色中厅为单檐悬山顶,中堂立柱周长2.46米,很少见到。中堂有四十平米戏台,大柱需二人以上合抱。大厅有200多平方米,前有600平方米露天鹅石铺的大天井,靠中堂有两口方井。左右两厢有长廊,内有数十间地板房。主厅两边从小园门进,还有数十间。前门还有板楼,十多间房间,面对古街。规模宏大,江南少见。苏区时期,毛泽东、朱德、周恩来等老一辈革命家曾在此开过群众大会。

夏布会馆：始建于明末清初，由山西晋商集资兴建。会馆外形优美、工艺精湛、错落有致，建筑艺术透视感、层次空间感强，风水文化丰富。会馆门楼"歇山形""五滴水"造型，砖檐纹样有万字形、莲花形，寓意生意连绵不断、经久不衰。门是八字门，寓意八字聚气、八方来财。门头上有一块损坏的"吞头"石雕，有避邪之意。门楣石雕正面雕鱼化龙，寓意鱼跳龙门；底下雕太阳花，寓意勇敢、乐观向上、充满活力。会馆围墙依势而建，有儒家礼让、孝德的思想境界，马头墙错落有致，极具韵律。

（四）特色文化

承恩花灯会是棠阴最具特色的民俗文化。传说在明永乐十九年（1421）的正月十五，京师大放花灯。永乐皇帝和二品以上官员在宫廷楼上饮酒观灯，诗兴大发。当时吴余庆为四品官员，不能参加宴会。待永乐皇帝召他前来誊写诗歌的时候，发现他满面愁容。永乐皇帝问他为什么发愁，吴余庆说接到家书，母亲生病。自己又在京师，无法照顾，因而悲伤。永乐皇帝为其孝心感动，下旨赏赐一盏宫廷花灯给吴母观赏。此后，每年农历正月十三至十六，吴氏便以支房为单位，组成承恩、冠棠、带桥、天麟、天马、天鹰、长虹、十字、西巷、东巷、塔背、月池、松、均坪、昼锦、上仪、中秋等花灯举行为期四天的闹花灯活动，流传至今已有600多年历史。

四、国家历史文化名村：竹桥古村

竹桥古村简称竹桥村，金溪县双塘镇下辖行政村，全村206户、816人，面积约2.8平方千米。村落坐北朝南，依山而建，村庄的主要出入口设总门楼，上、中、下三处门楼设在村落的三条主道路上，形成一心三脉的结构。[①] 鸟瞰全村，地势由低及高，像一柄古扇铺展在青山绿水之中，古村边缘为古扇的扇形，村外驿道为扇柄，村内巷道是扇骨，村内民居是扇面。村口有一株700年的古樟树，四周良田千顷，村前溪流如带，村后树竹繁茂。村中古建参差交错，东西向一条直街与南北或东西向十来条小巷交接，巷道连接水域，形成围合状，村中排水沟自北向南分别流入村中的七口池塘，于中心设月塘，"七星伴月"之意象由此而来。

---

① 肖学健等：《江西金溪竹桥村明清民居建筑构件装饰与题材研究》，《南方文物》2020年第1期。

图 2-6　竹桥村（抚州市融媒体中心陈强/摄）

竹桥村是中国清代四大雕版印刷基地之一，也是"金溪书"的发祥地和主要承印地。该村于 2009 年成为"江西省历史文化名村"，2010 年入选"中国历史文化名村"，2012 年被列入中国传统村落名录，2016 年入选全国"最美古村落"，2018 年成为 AAAA 级景区、获"最具乡愁村庄"称号。

（一）建置源起

竹桥村始于元代早中期，盛于清，为单一余姓村落。历史上有"三迁"之说。"余氏之迁竹桥也，于今六百有余年矣。……稽古五代，时远祖克忠公镇守上幕……火源是定，余居分折（析）迁移……我族乃始于元而生于清。"①五代末期，始祖余褐之长子克忠公（唐吏部尚书），从福建昭武蓝田迁居至抚州上幕镇金溪火源村，而后，其后人曾迁至上源村。元代末期，社会动荡、民不聊生，余氏第 13 代孙余文隆，带领家眷迁至月塘村，此后，余氏在江西金溪县定居几百年，整个家族在此生息繁衍。后人把余克忠尊为余氏始祖。余氏先祖希望世代子孙安享太平，余氏家

---

① 《竹桥余氏家谱》卷首《总序（一）》，1948 年修。

族兴旺发达，将村名月塘改为"祝乔"，"祝"寓意祝福美好，"乔"意为乔迁，祝乔意为祝福余氏乔迁。道光二十三年（1843），余氏如先祖所期，人丁兴旺，第16代孙余恒揩主持重修家谱，建议借"祝乔"的谐音，把村名改为"竹桥"，一方面纪念村前的"竹桥"，另一方面期望余氏后人像竹子一样，刚正虚心。于是"竹桥"作为新的村名就沿用至今。

（二）历史文化名人

仕宦儒学。余为霖（1627~1700），字蕴隆，号惕区。顺治八年（1651）中举，康熙二十年（1681）任山东齐东知县，封文林郎，在任期间修文庙、立义学，捐俸买田以养士劝学。在官既久，治声大著。康熙时期，在家修建文林第。晚年归乡以后，设"石松堂"书室，为读书著述之地，其孙余世奇在乾隆五十二年（1787）将书室改为"惕区公祠"，以此纪念。其著有《齐东县志》八卷、《石松堂集》八卷。

商贾。余鸿恩（1793~1804），字钟祥，号菊圃，幼负才名，嘉道间贡生，年仅弱冠弃儒经商，在湖南承袭祖业，并光大传承，富甲一方。曾与其族叔余培基为助湖南安乡深柳书院，共同捐田1100余亩，安乡士风从此大盛。道光十二年（1832），荆门遇水灾，余鸿恩不仅捐资赈粥，而且救济难民4600余人，还买地安葬客死者，因此官府赐匾褒奖余鸿恩。道光十五年（1835），太平军进驻金溪，余鸿恩携钱发送给贫民逃难。因与其二弟余承恩、侄子余国琛为助军饷捐银万两，获封三代诰封朝议大夫。浒湾书铺街的"大文堂"商号为其创立，是当时南方书业中最著名的堂号之一，行销全国。

（三）民俗文化传承

竹桥每年的秋收之后，伏魔帝君神像就会被竹桥村村民从锡福庙里用轿请出来，抬放到中门楼处，面朝门楼外，门楼前则搭建一个木偶戏台，七天七夜演出木偶戏，俗称八月迎神看戏。迎神看戏期间，各家各户要宰杀牲畜，以此祭祀神灵。全村老小都会来门楼看戏，非常热闹。竹桥村现在的火烧堂，就是源于村中迎神看戏期间，救火不及，上门楼里一幢房子失火被烧，因此得名火烧堂。

（四）古建筑里的人文情怀

竹桥村的古建筑文化是封建社会末期农、商、儒并重的人文历史标本，布局具有鲜明的特色，也是金溪古风犹存的古代村落。

1. "品"字形古井

"旧有二井，一名剑井，一名新井……又开一井，亦名新井，自是三井品立，亦先人心计也。农民睹之，知为人邪正固有品级之分；士子睹之，知贫可守而品不可坏也；商贾睹之，知当忠主任事品德不谬也。"①三口古井组成一个品字，意指竹桥村子孙后代，需从井水中品出为人、为学、经商的道理，要讲究"品德"为先，谨记唯有品才能立天地，这正是儒家思想中重视德教的体现，寓意村民及其后世子孙人人都要有"品"。

2. 中门楼的"本"和"人"

中门楼外面地上，约用49厘米宽的条石铺成的"本"字，蕴含着人的根源、本分和本领，是对竹桥为官、求学、经商之人的告诫，警示族中走出去的官员名士，无论职位多高，身处多远，都不能忘了自己的根，要不忘家乡、不忘先祖，要谨记落叶归根、不可忘本；同时告诫村民，不管是留居此地还是出外谋生，无论是经商还是为官，都要安分守己；最后告诫年轻人，要勤勉，要踏实学习，习得一身过硬的本领，光宗耀祖，为村落添彩。

中门楼里面地上，用39厘米宽的条石铺成的"人"字，从不同的角度看，也有人说像"天"字。这种设计比较奇特，彰显"以人为本""以德为本""以忠孝节义为本"以及"天人合一""人本结合"等特点。②《竹桥余氏家谱》记载，不论是在外为官还是出外经商的竹桥人，只要赚了钱，都会回乡捐资助学、修祠堂、修路等。可以看出，在这种理念的影响下，竹桥人对人本意识非常重视。

五、国家历史文化名村："千古第一村"流坑村

流坑村位于乐安县牛田镇东南部乌江之畔，四面环山，钟灵毓秀。宽阔的乌江由南向北折西绕村而下，使流坑成为一块前绕"腰带水"后枕"乌纱帽"的风水宝地，乌江与村中龙湖、龙溪形成"二龙并落、三水夹行"的总体村貌。千余年来，流坑一直是以董姓为主聚居，家族宗族制度发达，是农村封建宗族社会的缩影。截至2023年，流坑共1300余户，约7000人，95%为董姓。③董姓家族千百年沉浮的

---

① 吴定安：《芳草集——金溪历史文化研究》，江西人民出版社2012年版，第5页。
② 张芳霖：《雕版古村：金溪竹桥村档案》，岳麓书社2016年版，第25页。
③ 周慧慧：《千古第一村：江西流坑村的社会与文化》，厦门大学出版社2022年版，第26页。

历史是流坑发展及变迁的铸就者，也是朝代更迭、时代变迁的见证者。

流坑村享有"千古第一村"、"浓缩华夏耕读文明最后的孤本"和"中国古代农村文明的活化石"的美誉。2001年，流坑村古建筑群成为全国重点文物保护单位，2003年为中国首批历史文化名村，2011年入选"中国最具潜力的十大古镇"，2012年成为中国传统村落，2013年成为省级风景名胜区，2014年获评"古色江西——江西十大文化古镇古（村）"，2016年入选"最美古村落"、ＡＡＡＡ级旅游景区，2018年获评"2018年全国生态文化村"，2021年入选江西省非遗传承小镇，2022年入选江西省2021年度十大优秀旅游景区和"乡村是座博物馆"全国乡村旅游精品线路。

图2-7 流坑村史馆（赣东学院朱亚帅/摄）

（一）建置源起

流坑村已有一千余年的历史，始建于五代，兴起于宋代，衰微于元代，繁荣于明清，败落于晚清、民国之际。①据史实记载，流坑在隋唐之前枯草丛生。据明万历年间董裕（曾任刑部尚书）等人的族谱考证，流坑董氏第一位先祖董清然，为避战乱，由安徽辗转迁居临川扩源（今江西省宜黄县北源村）安家，到了五代南唐昇元年间，董清然的曾孙董合一家，迁居至此开基建宅，开创家业。至此，董合便是流坑董氏的一世开基祖，他育有二子、七孙，人丁逐渐兴旺，成为当地有势力、有影响的大户人家。董氏在白龙塘开基不久，恰逢以相地闻名的杨筠松和高足曾文辿游经流坑，预言董氏会兴旺发达，为董氏占穴卜基。董氏按杨、曾二人所卜，阖家从白龙塘迁至乌江南岸的中洲。自此，董氏就定居在中洲，在这方水土精心经营，繁衍生息，这就是日后彪炳历史的"千古第一村"。

---

① 周銮书：《千古一村——流坑历史文化的考察》，江西人民出版社1997年版。

（二）历史文化名人

北宋名宦——董敦逸。董敦逸，字梦授，32岁登进士第，流坑董氏第6代。董敦逸是北宋名宦，流坑董氏禄位官声最显者之一，官爵显赫，人格正直，政绩卓著，名扬朝野，《宋史》列其传。家族声望颇高，董氏族人立敦逸祠纪念他。嘉祐八年（1063），进士及第后，初任隆兴（治今南昌）盐仓，历任临江军（治今江西樟树）都务、象州（今属广西）司法参军、连州（治今广西连县）司理参军等职。调任穰县（治今河南邓县）知县及加弋阳县（属江西）期间，躬行素俭，体恤民生，深受当地人的爱戴。元祐六年（1091），60岁的敦逸被拜为监察御史，因言"苏轼昔为中书舍人，制诰中指斥先帝事"，被贬为湖北路转运判官，又改知临江军。绍圣二年（1095），皇帝复召入朝为官，历任监察御史、工部员外郎、殿中侍御史、左司谏侍御史。次年，遇"瑶华秘狱"冤案，降职调知兴国军（治今湖北阳新）。宋元符三年（1100），徽宗继位，敦逸被召回朝为左谏议大夫，奉旨出使契丹国。《永丰县旧志》有记载为证。董敦逸一生历尽艰辛和坎坷，以年老病弱乞归而终，敕葬于永丰县龙云乡浮潭。

恩科状元——董德元。董德元，字体仁，小字长寿，流坑董氏第8世孙。自幼举进士不第，年老齿衰之时，以特恩授州助教。绍兴十八年（1148），53岁廷试第一，称为"恩榜状元"。因依附秦桧，旋即骤进侍御史，官至参知政事权左仆射，食邑五百户，成为流坑历史上科甲和仕宦最高之人。[①] 因其地位，除董德元一门荣显之外，朝廷还封董合司徒，封董桢司空，其曾祖、祖父、父亲等都有封赠。虽为状元，官职显赫，但因其曾依附秦桧的污迹，留下"秦桧同党"的骂名。秦桧死后被罢官返乡，身后也不能入乡贤祠，备受士论史笔的讽贬。但在流坑千年历史上，以其科名最高、仕宦最尊、爵位最崇，为流坑历代众多官宦所不可比拟，给其家族带来极高的政治声望。村中为纪念董德元等，建有状元楼、宰相状元坊、文武魁元坊、子男封坊和三元坊等。

（三）古村聚落建筑特征

流坑村中现有明清建筑及遗址260余处，其中明代建筑及其遗址19处，住宅190处，宗祠48处，庙宇8处，文化建筑14处。除此之外，还有古井、古码头、

---

① 周銮书：《千古一村——流坑历史文化的考察》，江西人民出版社1997年版。

风雨亭、古村门、古塔、古桥、古墓等，共计32处，重要文物321件。文物建筑占地47.8万平方米，类型齐全，数量众多，规模宏大。其特征是：

第一，典型赣派地方建筑貌相。此特征可在民居、古书院和古宗祠的明清建筑群中斗拱设计、夯土地基、悬山式屋顶、彩绘照壁里找到答案。民居大多青砖灰瓦，双层或一层半，内部是砖木构架，外部附侧屋庭院，石料砌门。明代古民居大门多为侧入，而清代古民居则居中，多是一字门或八字门。砖木结构的民居均为楼房，一般为长方形平面外形，用空斗砖墙围合。室内格局多为二进三开间，一堂一厅。明代为前堂后厅，清代前厅后堂。天井在流坑当地也称作"明堂"，具备排水、通风、纳阳的功能。这些设计具有鲜明的赣江流域古建筑特征。"七纵一横"街巷用青石板和鹅卵石铺就，青石板靠屋基绵延，用来覆盖下水道，鹅卵石铺地使用寿命长，就地取材，百年不蚀，雨天防滑又保健，这也成为流坑人世代团结的象征。

第二，儒家文化精神沿袭。古民居布局以礼制为前提，崇尚长幼有序、内外有别。前堂为大，宴客及行礼之用，后堂用于日常生活。前厅和后堂有等级和档次差异。受"左祖右社"思想沿袭，民居以左为尊，前厅左厢房一般是长者居住，右厢房为长子居住，次子及女眷在后堂厢房。除民居布局之外，在建筑实用功能层面，儒家精神也皆有体现。

（四）"千古第一村"的文化内涵

宗族文化。流坑村共有48处宗祠，是流坑村同宗血缘聚族村落的缩影。这些宗祠既用来祭祖神灵，又具备教化功能。董氏大宗祠是唯一归属全族的宗祠，是为纪念流坑开基祖董合所建，又名"万殊一本堂"。同治十年（1871）《乐安县志》记载，东为"累朝师保"坊，西为"文武状元"坊，主体建筑三进四堂，三进为"贤育楼""敦睦堂""孝敬堂"，四堂为"宗原堂""彰义堂""报功堂""道原堂"，规模宏大，堪称流坑古建筑群

图2-8 流坑古村夜景（抚州市融媒体中心陈强/摄）

的顶峰之作。民国时期,被孙传芳残部军队损毁,所以董氏大宗祠也被称为流坑的"圆明园"。董氏其余的宗祠及个祠,皆分布在村落街巷中,归属不同房派。董氏族谱始于南宋,明成化二十二年(1486)之后,修谱成惯例,弘治、嘉靖、万历年间都续有修撰。由于"文化大革命"时期大多族谱均毁,现仅存万历十年(1582)版的四本《董氏族谱》。

宗祠和族谱是流坑宗族组织的精神纽带和历史载体。除宗祠和族谱外,还有族规和族训。明代董燧修编的董氏十四条族规"尊圣训、供赋役、崇礼教、敦俭朴、广储蓄、息争竞、积阴德、善贻谋、修武备、勤职业、端蒙养、宗正学、禁邪巫、禁佃仆"[①],用宗族法制巩固封建礼法与伦理,以此约束族众。

匾额文化。流坑村几乎每个古建筑都有匾额楹联。董氏合公族谱记载,村中保存匾联包括木雕193块,楹联73对,墙额367块,共计633处,数量众多,是目前全国农村存有古代牌匾最多的村落。

流坑牌匾身形各异,形制多样,内涵丰富;既有名流之作,也不乏书法精品,有很多牌匾出自朱熹、杨士奇、金幼孜、罗汝芳等名流所题。特别是"状元楼""敕命""翰林楼""宋少师长清开国男董梦授先生祠""龙章世锡""理学名家"这一类题匾,是流坑士人在科举功名、伦理教化方面的功绩需求的彰显。例如,"状元楼"匾为宋代理学家朱熹所题,匾词赠予恩科状元董德元;"龙章世锡"匾为清代同治年间制作,记载了董文肇房的名流贤士;"宋少师长清开国男董梦授先生祠"匾为纪念董敦逸所制,"宋"指宋代,"少师"为加封的官爵,"长清开国男"是董敦逸的爵位。这些匾额多为歌颂、旌表、庆贺、称赞之用,集文学、历史文化、艺术、文物价值于一体,也验证了流坑村昔日的尊荣,是流坑村深厚的文化积淀之体现。

---

① 周銮书:《千古一村——流坑历史文化的考察》,江西人民出版社1997年版,第225页。

第三章
抚州古代经济发展

早在秦汉时期，抚州就已经进入农业开发和手工业发展的重要阶段。经过魏晋和隋唐时期的漫长积累和扩张，到两宋时期，抚州的农业经济、制造业、手工业和商业，都进入了发展的快车道，并逐渐成为在南方地区有实力有影响的重要城市。明清时期，抚州商业发展迅速，形成了非常具有影响力的"抚州商帮"。本章从古代经济概况、古代制造业、抚州商帮以及建昌药帮等方面，阐述抚州古代经济发展的历程，并认真总结传承千年的"抚商文化"。

第一节 抚州古代经济概况

抚州商贸起源甚早，代有兴衰。据史料记载，早在秦汉时期，区域内粮、油、棉、陶瓷、铁器等农副产品以物易物，交换频繁，秦汉以后日渐兴盛。东汉和帝永元八年（96），豫章郡建临汝县后，商业贸易开始取得新的发展。隋开皇九年至大业十二年（589—616），抚州府竹、木、陶器、铁器业等手工工艺生产发展迅速，产品投向农村墟市。唐开元十四年（726），南城邓紫阳真人酿制麻姑酒献皇家寿酒后，私营酒贩开始活跃，临川、南城等地伙店、客栈逐渐发达。南唐时期，临川一带出现了一种新产品，号曰"醒骨纱"。宋代《清异录》记载："临川上饶之民，以新智创作醒骨纱，用纯丝蕉骨相兼捻织，夏月衣之，轻凉适体。陈凤阁乔始以为外衫，号太清氅。"据说，醒骨纱是由江西临川巧匠将芭蕉茎丝与蚕丝"合成"的长丝织成的轻纱，具有轻薄、透气的特点，故被古人作为夏服使用。

南宋末绍兴初年，南城、广昌、金溪等地，茶、丝买卖初兴。陆游曾有"驾犁

图 3-1　醒骨纱

双犊健，煮茧一村香"（《金溪道中》）、"村虚卖茶已成市，林薄打麦惟闻声"（《小憩前平院戏书触目》）之说，充分表明该时期抚州地区稻、桑、麦、茶均已齐全。宋代抚州地区绢帛产量丰裕、久销不衰，其中麻纺新出的产品"莲花纱"，誉满汴京（今河南开封），尤以佛寺尼姑擅长纺织，并作为自身夏天的衣服。另外，南宋时期抚州造纸业发达，临川滑薄纸、抚州茶杉纸和牛舌纸等商品已成为贡品而闻名天下。元代时期，江西抚州经营瓷器、毛笔商人，生意直抵北京。元代中叶始，东乡产蔗糖。到明代，砂糖产量颇丰，县城年销不下三四百万斤。

抚州经济在宋、元快速发展的基础上，到明清两代，无论是人口、耕地、还是税赋，均有更大程度的提升。明代时期，抚州府宜黄、崇仁、乐安、临川、广昌等县皆盛产夏布。夏布产业始于明代中叶，兴盛于清乾隆、嘉庆年间。鼎盛时期，仅宜黄县棠阴镇年产夏布40万匹，产品行销闽、徽、沪、鲁等地，出口朝鲜及东南亚各国。《崇仁县志》记载"清末，每年经崇仁至郡城粮有二三十万石之多"[①]，《乐安县志》记载："忠义乡之曾田墟，云盖乡之南村，万崇水南等墟妇女皆织麻布，销售芜湖、镇江各处。"[②]《东乡县志》记载，"茶、布、砂糖，多市之鬻于外省，余不甚多""东北源里多蓝靛，比户皆种。"[③]《宜黄县志》记载"女织麻枲，商通褚布于四方"[④]。可见当时抚州经济盛况。

[①] 同治《崇仁县志》卷一《物产》，江苏古籍出版社1996年版，第17页。
[②] 何德刚：《抚郡农产考略》卷下《附跋》，江苏古籍出版社1970年版，第2页。
[③] 乾隆《东乡县志》卷三十七《物产》，上海古籍书店影印1982年版，第256页。
[④] 同治《宜黄县志》卷十一《风俗》，江苏古籍出版社1996年版，第120页。

正是农业和手工业的发达以及便利的交通，促使各地商贩来往频繁，促进大量农民亦农亦商或弃农经商。宋元时期，坐落在抚河东岸的文昌里作为沿河而建的街区，只有一条横街、一条直街，到了明清时期，码头增多，每一个码头都是某一类商品的运输通道。竹木制品、金银铁器、茶叶、纺织

图 3-2　棠阴夏布（江西晨报／供）

品、粮食产品、药材等，都分属不同的街区，其作坊、仓库随街巷延伸，使文昌里的街区结构纵横交错，相互勾连，成为抚州市商品物资集散的中心。而且每一条街巷都直通河道，会馆、商铺、作坊、仓储满街都是，船舶码头，商旅辐辏，贸易渐兴。夏布、土布、手工制品、纺织品、粮食和建昌药帮的兴盛，带动了本地客栈业和民间运输业的迅速发展。清末到民国初年，文昌里仍有商户700多家，涉及30多个行业。

抚州商帮的贸易范围很广。至今在云南普洱的茶马古道上，仍矗立着十几座商帮的会馆，江西商人的代表性建筑——万寿宫即是其中规模最大的一家。在这座万寿宫中，除了供江西籍商人共用的主楼外，还单独兴建了一座供抚州商人用的辅楼，名字就叫"抚州阁"。仿佛这样还不能完全显示抚州商人的特殊地位，就在万寿宫旁五十米处，还另外建有一座"抚州会馆"。

第二节　抚州古代产业的发展

一、千年传承"夏布纺织"

抚州地区自古气候温和、土地湿润，为盛产葛、麻、桑、棉等纺织原料提供了条件。宋代开始，抚州作为国内著名的夏布产区和江西最早的产棉区，利用野葛纤维纺织葛布。该时期抚州出现大量的个体丝织户，如霞山周瑞娘"生时，自织小纱

三十三匹,绢十七匹,绸一百五十六匹"①。明代之后,随着棉花的大量种植,棉布纺织技术也得到很大的改良,促使棉麻纺织在产量、规模上均有很大提高,其中尤以宜黄最为突出。《抚郡农产考略》记载,"宜黄有名棠阴者,巨镇也,其水尤佳,漂出之布,洁白夺目,邻邑广昌、宁都等邑均举布往漂"②。宜黄棠阴镇也成为当时的夏布漂染和集散之地,明中叶民谚"小小宜黄县,大大棠阴镇",体现了当年"商贾往来不息"的繁荣景象。另外,东乡的万石塘也是非常繁荣的棉布集散地,当时朝廷每年向江西征收10万匹棉布,其中将近半数出自抚州。而且抚州的棉纺织技术也在全国领先,苏州、杭州等地的纺车还只是三维(锭),而乐安县竟有五维纺车。《农政全书》的作者徐光启大为惊奇,曾赞叹说:"更不知五维向一手间,何所安置也!"清代何刚德编著的《抚郡农产考略》也比较了当时各地夏布质量,认为抚州府所属临川、崇仁、宜黄所产夏布与湖南永定夏布大约处于同一水平,为海内所推。

二、迹遍中华"工匠商贾"

宋朝时,抚州不仅农业、手工业跨入了全国的先进行列,商业贸易也非常繁荣。如南宋淳熙年间,抚州布商陈泰每年年初会向崇仁、金溪、乐安以及吉州属县的织户,发放作为织布本钱的生产性贷款。到夏秋之间再去这些地方讨索麻布用于贩卖。而且随着生意逐渐扩大,这些地区相继出现"驵主""甲首"作为陈泰放钱敛布的代理人。这种经营方式在当时国内非常新颖。③ 明朝时期,抚州商人的足迹不仅遍及"湖广"("江西填湖广",湖南一带至今还有"无江西人不成市场"的说法),而且远抵云南、贵州等地区。据说明万历年间,云南居民"十有五六"原籍在江西抚州,就连缅甸一带村落中的首领、头人也大多数是抚州人。另外广东、福建等省也是抚州商人活动的重要区域。位于南昌,始建于东晋的万寿宫也是古代抚州商人重要的中转、聚散的场所,或称"江西会馆""江西同乡馆""豫章会馆""江西庙"等,一直发挥着联系乡谊、调解纠纷、商业中介和融资场所等四大

---

① 〔宋〕洪迈:《夷坚志》补卷第十《周瑞娘》,中华书局1981年版,第1642页。
② 〔清〕何刚德:《抚郡农产考略》卷下《附跋》,江苏古籍出版社1970年版,第171页。
③ 〔宋〕洪迈:《夷坚志》支癸卷第五《陈泰冤梦》,中华书局1981年版,第1254页。

功能。① 另外，位于抚州市文昌里的一座古建筑玉隆万寿宫，号"玉隆别境"，建于明代洪武年间，名文兴庵，乃正觉寺所属的下院，经过几次修缮，现总占地面积为4320平方米，后来随着时间的推移也被作为商会的会馆使用，因此又被称为"抚州会馆"。

三、自古享名"赣抚粮仓"

抚州的农业史与先民开发史的历史同样悠久。秦汉时期，整个豫章郡已成为全国的主要产粮区和储粮基地。早在汉代境内已设县治（南城），建县于三国时期的南丰，因当地多次出现一杆数穗的"嘉禾"，而被称为丰县和嘉禾县。赣抚平原的粮食和其他农副产品成为历朝贡赋的重要来源，并源源不断地运销到江苏、浙江、福建、广东等地。隋唐期间，抚州人口大量增加，带来粮食、水利、林业的快速发展。到宋代开垦荒山为田地，出现"盱江南北，地方千里，田如锦绣，树如烟云"的景象。明清时期，抚州的粮食生产进一步受到重视，占城稻被进一步推广，稻谷品种多样化，土地得到较为充分的利用。除种稻谷等主要粮食作物之外，还利用沙田旱地种植其他杂粮。尤其清代，抚州农民更注意改良土壤，勤于施肥、注重管理，从而提高了单位面积产量，有的亩产甚至提高五六石。在满足当地百姓的温饱之外，仍有大批米谷外运出境，成为江西一重要商品粮基地。② 清光绪年间，抚州每年至少要出售谷六七十万石粮食。其行销范围也很清晰。崇仁、乐安、金溪、临川之谷物通过抚河运销南昌、九江、饶州各地，乐安之谷物西售吉安的永丰，东乡之谷物"西南乡售于金溪之浒湾及郡城，东路则售于安仁之邓家埠，北路则售于余干、进贤交界润溪，外省人亦有来郡购谷者"③。抚州商品粮之多和行销范围之广于斯可见。

四、名扬四方"中医药业"

抚州历代名医灿若群星，名列中国医学家词典的就有100余人。其中，江西历史上的10大名医中，抚州占到7人，比例非常之高。临川籍的南宋名医陈自明是中

---

① 章文焕：《万寿宫》，华夏出版社2003年版。
② 〔清〕何刚德：《抚郡农产考略》，载李文治《中国近代农业史资料》第一辑（1840—1911），生活·读书·新知三联书店1957年版，第470页。
③ 〔清〕何刚德：《抚郡农产考略》，载李文治《中国近代农业史资料》第一辑（1840—1911），生活·读书·新知三联书店1957年版，第470–471页。

国最早的妇产科专家；南丰籍的宋代骨科专家危亦林创立的脊柱骨折复位悬吊法比英国的达维斯早600多年，使用的麻醉药比日本华岗青洲早450年。同时，抚州中药业与中医学拥有同样丰富的历史。明清时期，南城的"建昌药业"和清江的"樟树药业"并肩共扛中华药业的大鼎。而建昌药业最早源于东晋，至今已有1700多年的历史。宋朝时期，建昌镇已成为江西药材的重要集散地，官府在当地设立"建昌军药局"，规范成药配方、管理药材市场。明清两代，建昌镇和樟树镇同为江南药业都会，镇内加工药材的作坊鳞次栉比，药摊、药铺、药行、药栈遍布街市。长期兴盛的建昌药业造就了数以千计的药业人才。他们闯湖广，走福建，去南洋，把"建昌帮"的炮制方法与调剂理论传到国内外，对祖国医药业的发展产生了巨大而深远的影响。

五、久负盛名"木刻印书"

江西自古就流传有"临川才子金溪书"的说法，而金溪书能与临川才子相提并论，与一座名叫"浒湾"的古镇密不可分。因为享誉古籍收藏界的"金溪书"的制版、印刷、交易的主要集聚地就在浒湾。许湾刻印技术最早始于明代中期，兴盛于清代，在清中后期成为江西的印书中心，是当时我国最大的刻版印刷基地之一，汤显祖的作品也多由此刊刻，书籍数量之大、范围之广、质量之优都到了空前的程度。旧版《辞源》有"浒湾男女善于刻字"的记载。浒湾木刻印书工艺流程烦琐而复杂，分工精细，非能工巧匠不能刻，又称"江西版"（图3-3）。线装精良的书籍

图3-3　浒湾雕版（赣东学院吴伊萍/摄）

吸引着四方文人商贾，自然也就流传到了皇宫。乾隆皇帝翻阅书籍的时候说："许湾书籍著中华！"新版《金溪县志》记载浒湾作坊店铺六十余家，其中比较出名的有大文堂、两仪堂、三让堂、四友堂等十多家书坊，逐渐发展形成江西独一无二、又具有很高文化品位的前书铺街和后书铺街，鼎盛时期有刻字和印书工匠3000多人，分布于全镇与附近中洲等村庄。同时，也出现了一批专门从事书肆经营的商人，尤其以抚州东乡、临川、金溪商人为多。如金溪人杨随在四川泸州开设药铺，有从兄同在此地经营书店但常年亏损，杨随则以自己药铺让给从兄，而自己经营书肆，没想到年终结算时书肆盈利远大于药铺，人们对此非常不解，杨随曰："书可资博览，且祖业也。"①

六、历史悠久"临川毛笔"

据说，西晋末年，有山东邹县笔商，避祸至临川文港镇收徒制笔，推动了临川毛笔制作业的发展。到明代末年，文港制笔业迅速扩大。清初，李渡镇周姓制笔商到苏州开店，经过几代人的自产自销，到清乾隆间业务已扩展到上海，并独拥三家笔店。因乾隆帝甚爱周家所制的毛笔，赐其店名为"周虎臣"，由此"周虎臣"毛笔占据京师市场而举世闻名。清咸丰年间，临川文港邹家笔商拓展业务到汉口，开设紫光阁笔店，并且为了争夺京城文化市场，邹家派邹文浩携十万支毛笔到京师开辟市场。然而，此时京城人士只认周虎臣笔，而不认识紫光阁笔，导致销售惨淡。邹文浩心生一计，其将十万支毛笔连夜撒遍京城街巷。第二天，各家门前皆笔，用笔之人无不称奇，毛笔销售商亦争相订购紫光阁笔，一时供不应求。至此，浙江王一品笔、临川周虎臣笔、临川紫光阁笔并称"中国三大名笔"。从临川笔商京城大战可以看到，抚商谋略高超，极善经营。李渡和文港从1983年始划

图3-4 国家级非物质文化遗产之周虎臣毛笔制作技艺

---

① 张海鹏、张海瀛：《中国十大商帮》，黄山书社1993年版，第389页。

入南昌市管辖,目前仍然是中国规模最大的笔具生产和销售基地。

第三节 抚州古代商帮的发达

中国经济发展的历史长河中,曾有一支纵横南北、通达边障的商业帮派,即为史称中国十大商帮之一的"江右商帮"。"江右商帮"萌芽于唐朝,唐张九龄凿梅岭(大庾岭)驿道,《候使登石头驿楼作》诗云"万井缘津渚,千艘咽渡头",可见当时商业繁荣。盛唐时期,江西九江、南昌已有外来商帮,还有阿拉伯胡商滞留。宋朝时期,北人南迁,经济中心南移,"均田制"被破坏,土地高度集中,兼并严重,迫使很多农民弃农从商。徐珂《清稗类钞》云:"客商之携货远行者,咸以同乡或同业之关系,结成团体,俗称客帮。"① 随着经商的人越来越多,商贸业务逐渐由粮食扩大到茶叶、药材、纸张、竹木、陶瓷等。明朝中后期及清朝前期,"江右商帮"与晋商、徽商成鼎立之势,以其人数之众、操业之广、渗透力之强为世人瞩目。②社会上也有了"无江(西)不成市"的说法。

一、抚州商帮的兴衰

占据赣商半壁江山。抚州商帮,是指古代抚州府、建昌府府籍的商人或商人集团的总称。作为"江西右帮"的重要一支,抚州商帮曾经占有江西总资产的4/7。抚商萌生于东晋、南朝,成长于唐宋,盛于明清,传承至今。抚商头脑灵活,吃苦耐劳,通江达海,商路渐开,经营业务包含粮食、夏布、瓷器、木竹、纸张、蓝靛、苎麻、茶叶、毛笔、鞭炮、油料、西瓜、灯芯草等,几乎涉及江右商帮的所有经营项目,活动范围遍及城乡,东抵淮南,西达云贵川,北至如今东北,南到福建广东等地。抚商足迹还远至日本、东南亚各国。抚州的"富商大贾,皆在滇云";"云南客商莫如江右,而江右商客莫如抚州"③,说明抚州商人因文化层次高,曾经被滇云商贾视为领袖。除云南之外,贵州、四川、广西都有抚州商帮活动的身影。东乡经商之人"牵车者遍走通都大邑,远逾黔滇不惮焉"④。东南亚诸国亦有"无抚不成镇"

---

① 徐珂:《清稗类钞》第五册《农商类》,中华书局1984年版,第2286页。
② 贺三宝:《"江右商帮"兴衰与赣商重塑》,《江西社会科学》2012年第4期。
③ 艾南英:《天佣子集》卷十三《白城寺僧之滇黔募建观音阁疏》,第60页。
④ 同治《东乡县志》卷八《风俗》,第63页。

之说，可见抚州商帮为推动内地与边疆少数民族的文化交流及经济贸易作出了重要贡献。

唐宋时期初步发展。抚州地区农业和手工业在唐、宋时期已经有了很大发展。如临川、金溪出现"女手桑叶绿""煮茧一村香"①的盛况，蚕丝开始转变为商品。五代十国官员危全讽进驻为刺史，主政抚州数十年，采取保境安民、劝课农桑、招保商旅的政策，使得抚州呈现出"既完且富"的局部繁荣景象，成为远近闻名的"名邑"，吸引了大批中原人士竞相投奔。

明清逐渐兴起。明朝建立以后，当政者为了巩固新政权和恢复经济发展，短短50余年间，组织了8次大规模的移民活动，其中就有历史上著名的"江西填湖广"等运动。明代嘉靖时期，曾在江西任职的海瑞这样描述：江西流民以吉安、抚州、南昌、广信（上饶）为多，到赣南的仅十分之一，十分之九游食于他省。②这种地区间大规模的人口流动直接促进了商业发展。明代临海人王士性曾说："江（西）、浙（江）、闽（福建）三处，人稠地狭，总之不足以当中原之一省。故身不有技则口不糊，足不出外则技不售。惟江右尤甚。……故作客莫如江右，而江右又莫如抚州。"③艾南英也说吾乡"民稠而田寡，不通舟楫贸易之利。虽上户所收，不过半亩数钟而已，无丝枲、竹木之饶，故必征逐于四方。凡其所事之地，随阳之往北不能至，而吾乡之人都成聚于其所"。光绪《江西通志》也表明抚州府"土狭民稠，为商贾三之一"④。以上记载，均说明由于土瘠民稠，导致当时弃农经商成为抚州地区比较普遍的社会现象。由于明朝奉行了比前代更为严酷的高赋税、强征差的赋役政策，迫使当时的土地所有者不胜负担，不得已而弃田避赋，弃农经商。⑤同治《宜黄县志》记载，明朝时期宜黄"税额视他县三倍"⑥。到了清朝"其赋则五倍于昔，履其亩则独狭于他邑，是以民散田荒，死亡相继"⑦。正是由于当时繁重的农业赋税迫使大量

---

① 转引自杨宇清：《唐至近代江西经济作物的发展》，《江西农业历史研究》1990 年第 1 期。
② 〔明〕海瑞：《兴国八议》，载《海瑞集》，中华书局 1962 年版，第 203 页。
③ 〔明〕王士性：《广志绎》卷之四《江南诸省》，中华书局 1981 年版，第 80 页。
④ 光绪《江西通志》卷四十八《风俗》，成文出版社有限公司影印 1989 年版，第 334 页。
⑤ 刘志琴：《商人资本与晚明社会》，《中国史研究》1983 年第 2 期。
⑥ 同治《宜黄县志》卷四十五《文艺》，江苏古籍出版社 1996 年版，第 257 页。
⑦ 同治《宜黄县志》卷四十五《文艺》，江苏古籍出版社 1996 年版，第 257 页。

农民相继破产失业。洪武元年（1368），为了保证税收来源，规定农民可以用苎布交纳税粮，"准官来折纳土色苎布，每布一匹，折米七斗"①，永乐元年（1403）则实行"全折绢苎布匹"②。这种以苎布交纳税粮的政策很大程度上刺激了夏布商业化的生产和销售，而且明朝商业税收相对较轻，"凡商税，三十而取一""赋繁役重，商人有税粮者，尚能支之，农民骚苦矣"③。种种因素导致部分农民弃田从商，间接促进了商贸经济的发展。

经营范围不断拓展。抚州地区自古以来物产丰富，所以很多经商活动都是以本地资源为依托，如"金溪棉花之聚万石，石塘出，东乡葛布与火纸、牛舌纸俱出，崇宜宋人墨刻以用抚州押纸者为贵，今绝无矣。石炭，出临川北乡之王，崇仁之宝石，论约地道，资生益取"④。除此之外，抚州商人还经营江西本土的手工业制品，如竹木制品、瓷器、夏布等。总的来说，抚州商人的经营活动多以农业产品为主，但同时也涉及利润丰厚的盐业、典当等行业。另外，抚州人经商范围之广、根植能力之强，也与其地方特产及民习百工之技分不开的。据史记载：抚州人不分男女都善织夏布、制作毛笔和烟花。如遇灾荒，举家外徙，就地取材，以技授徒，可丰衣足食。而抚州盛产灯芯草，为制蜡所不可缺之物，肩之一担外出，可售三年，归者皆有余资置房地产。由于灯芯草运输轻便，在运输业落后的偏远山区，抚商仍如履平川，这是各大商帮无法与之竞争的重要原因。

抚州名商世代相传。抚州

图3-5 临川灯芯草市场

---

① 同治《宜黄县志》卷十四《田赋·户口》，江苏古籍出版社1996年版，第121页。
② 同治《宜黄县志》卷十四《田赋·户口》，江苏古籍出版社1996年版，第122页。
③ 同治《宜黄县志》卷十四《田赋·户口》，江苏古籍出版社1996年版，第122页。
④ 同治《抚州府志》卷二《物产》，江苏古籍出版社1996年版，第23页。

自古享有"半城才子半城商"的美誉,定居外地的抚商世代相承。据史料记载:江西在北京建有70余家同乡会馆、文人会馆,而抚州一郡六县(临川、南城、南丰、黎川、宜黄)的会馆竟有13家。有史可查的商人有100多人,遍及抚州各地:如金溪县傅谦、姜虞佳、聂宗亮、陈佩玉、王嵩一等;临川县周虎臣、汤云佩、郑理等;崇仁县黄诗训、黄二严、吴禹、谢延思、谢兰阶等;东乡县饶嗣陆、余承恩等;黎川县黄宣礼、饶大俊、涂琏等;广昌县毛普圣等。明崇祯年间,商界巨子者,有文宝斋笔庄、元亨盐栈、利贞粮行、可引年药店等104户。还有建昌商人,赴建、邵及汉口一带经营者甚众,大商户资金达百万银元。在这些商人中,涌现出很多义商,如傅谦重信誉,又懂经营之道,成了商界领袖,在四川重庆,由八省商侣所推荐,一直充任客总,为商人解决各种纠纷。他修城垣、筑堤岸,费数万金,并出资收殓逝者,分省安葬,砌石立碑,又捐资生息为祭扫费。

二、抚州儒商文化精神

(一)义利兼顾的价值观

抚州商帮大多敬奉许逊[①],推崇义贾,强调"百年世事有天罗,休把心机太用过;莫道苍天无报应,十年前后看如何?"在经营作风、价值观念上都以儒家思想严格要求自己,"讲信义、重贾德、俭守业"。抚商身上充分体现着深厚的文化底蕴和中华民族的传统美德。抚商讲诚信。同治《建昌府志》记载云南经商几十年的南丰赵希安"索以信义为滇客重,市事资裁决,卒不得归"[②]。在汉口经营纸张生意的张氏兄弟在交易过程中多收了银两,认为"此非份之财,必还之",让货主感到十分地佩服。[③]抚商重贾德,讲究以"和"为贵,为人处世宽容大度。如遇到饥荒年,则主动降低物价,如南丰县程世延"捐赀卖谷减价平售"[④];如新城(黎川)邓兆龄借给黄某三百缗,但黄某碰到翻船,还不上钱,邓某"尝置产,某绅居间,为所绐,空费千金,或劝之讼,辞曰:'吾但破钞而已,讼即累某绅名也'。其雅度如

---

① 许逊(239~374),字敬之,豫章郡南昌县长定乡益塘坡慈母村人。晋朝著名道士,道教净明派祖师,与张道陵、葛玄、萨守坚并称道教四大天师。
② 同治《抚州府志》卷六十八《善士》,江苏古籍出版社1996年版,第478页。
③ 同治《临川县志》卷四十六《善士》,江苏古籍出版社1996年版,第690页。
④ 同治《南丰县志》卷三十一《善士》,江苏古籍出版社1996年版,第269页。

此"①。金溪县苏以义"挟赀游楚,突闻负者父疾,焚其券"②。商人吴皋自幼随父服贾贵州,颇有资产,及父年高,不愿再在外地冒风险,吴皋挈家而归。族人"睨视之,屡生衅侮",吴皋广散钱粮,恭敬待人,凭借多年来父子经商所积蓄的财力,施惠于族人,亏己厚人。正是由于这些良好的商业道德形成的无形资产,使江右商人立足于十大商帮之一。

(二)亦儒亦商的人生观

抚州商人之所以选择经商,大部分都是由于生活贫困,为了维持生计不得已而为之,从事商业活动也是作为农业之补充,在经营上观念比较传统保守,带有较强的小农意识,所以常表现为"知足者常乐""能聚能散"。很多抚州的商人在稍有成就后,往往浅尝辄止,不愿拓展自己经营行业和范围,最终又重走"以末致富,用本守之"的老路,因此时常看到商人返农或从儒。如抚州赵雪涛"贾滇黔,多技能",但最终还是退商从儒,"计所谋足一日之费,即闭门赋诗书"③。还有的经商者从事授学活动,如抚州商人黄良卿博学能诗,临川商人熊周贾于曲靖,"淹贯书史,兼工书画,从学为文者知法度。由是生徒日众,遂家焉。提学范元临见其文,奇之,有学冠全滇之目"④。有的经商者富有仁义精神,如金溪刘光昌晚年居家,从事典当生意,当地很多农民用衣裳典贷粮食,但是因年景不好导致粮食歉收,乡民无法赎回自己的衣物,天气变冷以后,刘光昌将这些乡民招来,让他们将衣被全部取回,所贷粮食均不再索,说"天气凛冽,族邻号寒,吾忍厚绵独拥乎",并且将所有债券合数千两尽数烧毁。

(三)回馈社会的责任观

抚州商人致富之后,不仅惠及子孙,让他们接受教育,取得功名,同时还惠及同族乃至同乡。为此,创立义塾、建书院、助科举,使得无数人得以分其余润而入学读书,大大提高了当地人口的文化水平。如崇仁谢廷恩"捐资四千金,约三岁,得息千缗,以助族人参加乡试、会试"⑤,同邑谢兰阶"为廷恩子,郡县试院、学官

---

① 同治《新城县志》卷十《善士》,江苏古籍出版社1996年版,第191页。
② 同治《金溪县志》卷二十七《义行》,江苏古籍出版社1996年版,第308页。
③ 转引自方志远、黄瑞卿:《明清江右商的经营观念与投资方向》,《中国史研究》1991年第4期。
④ 转引自方志远:《明清江右商的经营观念与投资方向》,《中国史研究》1991年第4期。
⑤ 同治《崇仁县志》卷八《善士》,江苏古籍出版社1996年版,第134页。

皆出重赀倡修，又修学使署，捐二千金，文庙殿将圮，捐一千六百缗，并主持修复，工将完而费用尽，又捐数百缗"①。金溪艾景闻"修学宫捐银百两，知府董斯福奖以匾额"②，同邑胡仰震认为"贫不可失教，乃捐田五十顷，建经义家塾以课族中子弟"③，临川的周绍廉"重建仰山书院，捐白银一千两助工督学"④，熊士林"以卖致富，捐四百金置产业，赞助科举和修建学校"⑤。商人这种助学之举，有力推动了当地民众的教育普及。同时，抚商还积极加入地方赈济队伍。临川的郑理"幼年随父经商，蜀中疫疾大作，死者数千人，理买棺葬之，棺尽继以布，布尽继以草毡"⑥。金溪黄瑜"岁饥，买谷数百石减价售本里，有贫而卖妻，皆以钱赎回，让其团聚"⑦，李道诠"大饥，捐米百石以倡乡人，流离者为营生计，归则助以赀，施药施棺以为常"⑧。金溪县的唐享荣"捐一千七百余金，倡建育婴社"⑨，商人金大成"商于楚，虽擅善厚资积而能散，遇亲族婚葬事捐赀，倡建义仓"⑩。商人的这种赈济行为，除了基于家乡情感之外，大多数是一种善行，出于好心会有好报的想法，同时希望这种善行可以惠及子孙后代，给后代带来福祉。

（四）义无反顾的爱国观

抚州商人不但善于理财，而且爱国，最为著名的是明代临川商人朱均旺。史书记载：明神宗万历五年（1577），朱均旺赴广州经商，途遇倭寇，被劫至日本九州萨摩国为奴，其在此幸遇萨摩国王岛津义的医生许仪，许仪是吉安人，其念及同乡之情，而将朱均旺救出。明万历十四年（1586），羽柴秀吉征服日本诸部，天皇赐其姓为"丰臣"。次年，九州大名岛津义投降丰臣秀吉，并积极参与策划丰臣侵朝的阴谋。许仪作为岛津义的侍医，在得知日本侵朝计划后密告朱均旺。为了阻止丰臣

---

① 同治《崇仁县志》卷八《善士》，江苏古籍出版社1996年版，第132页。
② 同治《金溪县志》卷二十六《孝友》，江苏古籍出版社1996年版，第284页
③ 同治《金溪县志》卷二十六《孝友》，江苏古籍出版社1996年版，第283页。
④ 同治《临川县志》卷四十六《善士》，江苏古籍出版社1996年版，第698页
⑤ 同治《金溪县志》卷二十七《义行》，江苏古籍出版社1996年版，第302页。
⑥ 同治《临川县志》卷四十六《善士》，江苏古籍出版社1996年版，第696页
⑦ 同治《金溪县志》卷二十六《孝友》，江苏古籍出版社1996年版，第268页
⑧ 同治《金溪县志》卷二十六《孝友》，江苏古籍出版社1996年版，第271页
⑨ 同治《金溪县志》卷二十六《孝友》，江苏古籍出版社1996年版，第273页
⑩ 同治《金溪县志》卷二十六《善士》，江苏古籍出版社1996年版，第283页

侵朝计划的实施,朱均旺不顾生命危险,三次渡海回国,将情报报送明朝政府。明朝政府迅速备战,并于明万历二十年(1592)派明军入朝,于平壤一战击败日军。明万历二十六年(1598),中朝海军再次联手沉重打击了日寇,使其不敢轻举妄动,朱均旺的功绩不可没也。

历史进入民国时期,中国的十大商帮或兴或衰,而抚州商帮仍趋上升阶段,其中,有纺织巨子朱仙舫、西南金融领袖汤子敬、中国笔王桂梦逊等,在同行业排名榜上均列居前茅。抚州商帮随着历史的脚步,已跨入国际市场参与竞争,抚州会馆亦伸延至港台,遍及东南亚诸国,抚州商人的拼搏精神,谱写了一首商业民族壮丽的史诗,他们对社会的进步作出了巨大的贡献,将永载史册。

第四节 抚州建昌药帮的传承

自古便有"药不过樟树不灵,药不过建昌不成"之说。建昌帮与樟树帮是江西两大药业流派,闻名全国。历史上,抚州"建昌帮"曾为全国13个大药帮之一,与江西"樟树帮"同属于盱江医学①。盱江医学名医辈出、医著宏富、医学繁盛,中药业十分发达,形成了一枝独秀的地方医学群体。江西古代十大名医中,盱江医家有陈自明、危亦林、龚廷贤、李梴、龚居中、喻嘉言、黄宫绣、谢映庐八位,其中七位都是抚州籍。

"建昌"作为一级行政区划名,古代屡变其名,所辖地域也不断变化。现存最早的《建昌府志》卷一"沿革"记载,"建昌"含义为"建,树也;昌,善也、盛也"。其建置从汉代开始,历经县、军、路、府的不同阶段。"建昌"作为一种区域划分始于五代末,史料记载,唐开宝二年(969)李煜以南城置建武军,太平兴国三年(978)改建昌军,下辖南城、南丰、广昌和新城等县,元代改为"建昌路",明代又改为"建昌府",清代承袭明制,直到民国元年(1912)才被废府。其中明末清初,建昌这个重镇成了益王藩封之地,一府辖五县,经济文化比较繁荣,甚至有"上有苏杭,下有建昌"之称。"建昌帮"是建昌府民间药业的俗称,这一"帮"所指群体,包括药材贸易与药物炮制技术人员。

---

① 盱江医学是我国古代四大地方医学流派之一,分布于江西省盱江流域(即现抚河流域)。

建昌药帮历史悠久。建昌药帮起源于被称为"三十六洞天、七十二福地"之一的南城县麻姑山,至今已有1700多年的历史。麻姑山历来为众多术士栖身"炼丹"的福地。东晋时期,道门四大天师之一葛洪的祖伯父葛玄,就曾在此炼丹习道,后来葛洪也在此活动。道光《南城县志》有载:"葛洪,字稚川,丹阳句容人也,自号抱朴子。究览典籍,尤好神仙道养之法。洪见天下已乱避地南城麻姑山。有葛仙丹井相传,洪于此炼丹故名。"葛洪作为我国历史上中药化学制药的创始人,其著作《肘后备急方》及其在南城的医药活动,为建昌帮的兴起奠定了坚实的基础。除葛洪外,正德《建昌府志》还记载:唐代的东南道教主邓紫阳、邓延康等其他多位道士在此炼丹制药,对建昌药业的兴旺起到了重要的推动作用。

建昌药帮千年传承不断发展。中药业建昌帮,作为中国南方的古药帮之一和中药炮制的主要流派之一,在宋、元、明、清等各朝代不断得到发展,积累了近千年的药物加工制备和经营销售经验,逐渐形成优势与特色,最终臻于成熟状态。清乾隆时期,建昌药业发展进入最为鼎盛时期,恰逢江右商帮大兴,南城人直接或间接从事药业的人数众多,人称"南城只只大屋有吃药饭的人",药帮成了商帮中的

图 3-6 "师带徒"开展"建昌帮"非遗传承(南城县融媒体中心 / 供)

大户头，药商被尊为"红顶商人"；青年药工相亲，也享有"吃药饭的郎可以不看相"的厚遇。又，明末清初建昌朱氏后裔及药商豪富为躲避清兵的洗劫，纷纷隐姓埋名逃亡福建，以感药立业。自此，建昌药业同仁踏上了"扎红头绳出去，缠丝线归""走福建吃药饭"的谋生道路，代代相传，在闽入籍者亦不计其数。江西会馆（亦有建昌会馆）遍布福建，成了药商水客洽谈生意、同乡联谊的场所，从而促使建昌药商、药工大量移居福建，客观上拓宽了建昌药业的流传地域。为了逐渐适应日益激烈的药材交易竞争，避免药材运输过程中的抢掠困扰，为了共同的利害关系，建昌药业同仁自然凝聚成一个有明显地方特色的药帮——建昌帮。

建昌药帮的中药炮制自成体系。"樟树个路道，建昌个制炒"，突出了建昌帮与樟树帮两个药业流派的特点，"制炒"表明建昌帮在炮制方面有许多独特的技艺，其炮制加工自成体系，颇具特色。建昌帮素以"工具辅料独特，工艺取法烹饪，讲究形色气味，毒性低疗效高"的传统炮制风格著称，其切药刀与众不同，手柄甚长，刀面宽大，吃硬省力，因而有利于切出"斜、薄、大、光"的饮片。在火制法方面，建昌帮建树尤多，其中用"蜜糖"炒制的药材色香味俱佳，是其特色。另外，建昌帮的"炆法"早在明代南城籍医家王文谟《济世碎金方》中就已多见运用，炆熟地、煨附片等著名炮制品种享誉内外。随着建昌帮的不断发展，对药材的质量、加工、药性及临床应用等方面的要求也逐步提高。宋朝时期，建昌官府设立药局，袁燮所撰《建昌军药局记》记载，该时期建昌人对药物的认识和实践已有了较大的进步，"追求良药，反对药不及精、增损剂量、牟求私利"已成为建帮人的共识。其对药物的要求除讲求药物质量和药效精良、能改变药性以制备药物之外，还能有目的地使用药物以适应临床治疗的需要。

图 3-7 药工用建刀对中药材进行切片（南城县融媒体中心／供）

第四章
抚州古代教育与书院

抚州自古人文昌盛、英才辈出，这与抚州古代教育的兴盛密不可分。"崇文重教"在赣抚大地上蔚然成风，世代相传。至宋明，抚州教育达到了鼎盛。"科举繁盛，书院林立"，官学与私学并行发展，奠定了临川文化绵延辉煌的基石。本章主要梳理宋元明清时期，古代抚州教育发展概貌和基本线索，阐释古代抚州教育的地位、个性和功绩，重点介绍本土教育名流以及他们的教育思想、教育实践，以及抚州古代书院的发展。

第一节 抚州古代教育概述

历经五代大乱，官学尽废，至宋初，抚州教育恢复并逐渐勃兴，两宋期间发展鼎盛，元明清接续不衰。宋元明清四朝，抚州孕育出2450多名进士，众多卿相官吏、文人士子、行业翘楚闪耀华夏。本节介绍自宋开始至元明清，抚州古代教育两种比较重要的办学形式，即延绵千年、薪火相传的官学"州（府）学"和教育改革、学术创新的大本营"书院"。

"天下学废，兴自殊始。"自五代以来，官办的学校屡遭禁废。宋初，官办教育在全国范围内全面恢复并掀起热潮，这得益于宋代朝廷的重视以及优良的"顶层设计"和强有力的"推行落实"，其中有一位关键人物起了至关重要的作用，那就是从抚州走出的第一位宰相——晏殊。庆历三年（1043），晏殊在宰相任上时，与枢密副使范仲淹一起，倡导州县立学、改革教学内容和官学设教授。自此，京师至郡县，都设有官学，这就是有名的"庆历兴学"。晏殊的大力推动和积极作为对宋代乃至后世的教育蓬勃发展起到了积极的作用和影响。

一、教育重镇，千年州（府）学

州（府）学为州、郡地方政府官立学校，属中等学校性质。自宋至清，因行政区划的原因，今抚州区域存在着两所州（府）级学校，时间均长达千年。其名称随着行政建置变化而变化，宋称抚州府学、建昌军学，元称抚州路学、建昌路学，明清称抚州府学、建昌府学。这里州（府）学为简称，包括抚州府学、建昌府学。

庆历三年（1043），抚州新任知州马寻因抚州士绅强烈的办学热情，选址当时的文庙来创办抚州军州儒学，简称州（府）学。文庙由唐末抚州刺史危全讽于唐天复二年（902）创建，原址为东晋时期临川内史王羲之旧宅。在此之前，临川城内只有一所官学，即创办于咸平三年（1000）的临川县儒学。庆历四年（1044）秋，抚州州（府）学第一届学生行释菜之礼，抚州近千年的州府本级官学教育正式拉开序幕。抚州州（府）学的创立符合朝廷旨意，更顺应抚州民意，历经千年风云变幻从未停顿，并随着历史的脚步稳步向前发展。至光绪三十一年（1905），废除科举，抚州州（府）学正式退出历史舞台。州（府）学旧址上现为临川三小，所处街道称为"州（府）学岭路"，正所谓"州（府）学岭上书声千年，抚州教育悠远绵长"。

建昌府学建于宋太平兴国四年（979），时间比抚州州（府）学创办要早，初名建昌军学，明清称建昌府学。学址在府城之西，历经千年修葺、迁址、发展，建昌府学一度为江南著名学府，明成化年间（1465~1487），知府谢士元修缮学宫，厚置典籍，兴学改革，从而学府享誉江南。

除了州（府）本级的官学，还有县级官学称为县学，乡镇设立的官立小学，以启蒙教育为主，称为社学，相当于今天的县中学和乡镇小学。

（一）州（府）学的运行

从教育经费投入来看，抚州、建昌州（府）学自宋朝仁宗后，形成了一种以学田制为核心的多形式、多来源的官办民助特点的教育经费筹措制度。学田主要由朝廷赐给，学田出租获得的收益，如收取的租谷、租物、租金，用来维持官学正常运行。明弘治《抚州府志》写道，宋学田岁收米二千四百八十八石有奇，绢一百一十九匹有奇，钱七十八万三千三百文，茶二百三十一斤，麦一石一升。按照宋代度量标准推算，宋代抚州州（府）学学田是有充分规模的，由学田提供的办学经费比较充足。南宋绍兴十三年（1143）之后，州县增办学田，可由地方官自行决定，不必报请朝廷批准，因而南宋学田的增扩速度比北宋快得多，经费愈加充盈。元代学田规模稍有减少。明代的办学经费按照朝廷的规定，已纳入国家财政的正常开支范围之内，规定州（府）学学田为 1000 石，其中 800 石由官府拨给，较之宋代大为减少。到了清代，支持州（府）学办学除了有学田，还将州（府）学教职员工工资和廪生的廪银都单独列入官府的财政预算。

从教职设置来看，州（府）学设有教授、学正、教谕、训导等职。教授兼顾学术和管理，相当于业务型校长，品级为八品到从九品。教授之下设有学正二员、学录二员，承担教学任务，负责协助教授管理学生。教授除了负责管理教学等事务、制定和监督执行学规、掌管学校的学田和财产等事务外，还参与地方文化活动和政务，具有重要的社会地位。抚州、建昌州（府）学历代教授 1 人、学正 1 人。明清两代，教授、学正之下增设副职，称训导，以协助教授、学正督促学生完成课业。明抚州府学和建昌府学均设训导 4 人，清训导减为 2 人。宋代抚州、建昌州（府）学教职工阵容强大，总数最高时多达 120 人。元明清三个时期较之宋代，阵容大幅萎缩，元代 11 人，明代 6 人，清代 7 人。

从教职员工选拔上看，宋初教授采取举荐制，由地方长官挑选在职州县官员充任，官员不足时，也从乡里选取道德与学问兼具的未仕儒生担任。熙宁六年（1073）开始，抚州、建昌州（府）学教授由中央委派，之后的教授基本上都是外地调入。元丰改革后采取学官试制，即考试选拔教授。明代教师以举人和贡生为多，没有进士出身。清代对教职官员的出身要求更为严格。《同治临川县志·职官》记载，从清初到咸丰年间，抚州（州）府学共有 28 位教授，其中进士出身 10 人、举人出身 11 人，训导也普遍为贡生或举人。

（二）抚州州（府）学的办学成绩

宋元明清四朝，抚州的 2450 余名进士中，有相当一部分是抚州州（府）学或建昌军（府）学中的生员，《江西乡试录》记载，从明天顺三年至万历七年（1459~1579），抚州府学生员考取举人 49 名，当时抚州府六县共考取举人 160 名，占比 30.6%，有相当的比例。州（府）学科考取士的成绩傲人，从抚州州（府）学中走出大批临川才子、各界名流。如南宋探花、不畏强权的义臣陈孺，东乡人，一生慷慨有大节，著述为多，有《陈正字文集》《新建提举司记》《放生池记》等。南宋榜眼、威严耿直的忠臣罗点，崇仁人，曾师从陆九渊，政绩显著，关心民生疾苦。明代开明实学、真知有识的学者章衮，临川人，开为王安石全面辩诬的先河。明代忠于职守的刑部尚书舒化，临川人，刑法专家，重修《问刑条例》，补充完善了《大明律》，强化了律例合编的刑事法律体系。汤翁恩师、孤傲脱俗的徐良傅，东乡人，明中期诗人、古文家、名士，毕生研究《尚书》。他仕途不顺，被冤革职后，在抚州拟岘台筑室而居，收徒授课。汤显祖跟随其读书近两年，对其敬重爱戴，情真意切，写下《挽徐子拂先生》《哭徐先生墓归示其季子一议》痛挽恩师，并撰写《徐子弼先生传》。明代辞赋家帅机，与汤显祖、邱兆麟、祝徽齐名，被誉为明代临川前四大才子，与邱兆麟、祝徽并称为临川"三大名士"，在河南汝宁府学当教授时，创办大梁书院，"抡秀讲义"，选聘能师，使得当地文风斐然，与汤显祖唱和赏音，高山流水，千古永存。还有明末江西豫章社领袖、江右四家、临川四才子"陈、罗、章、艾"，即陈际泰、罗万藻、章世纯、艾南英。再如建昌地区的陈彭年在北宋不仅官至参知政事，还是一位杰出的音韵学家，著有《广韵》，而南丰的曾巩名列唐宋八大家中，文学成绩斐然。明代罗汝芳"以学为政"，在各地留下政声，培养了汤显祖、杨起元等一大批高足。明代广昌县何文渊、何乔新父子，均为进士，何文渊官至吏部尚书加封太子太保、子何乔新官至刑部尚书。清代黎川中田村的陈氏、鲁氏两大家族登进士者10余人，府、县志有传者近50人，他们或以文名世，或以艺名世。

二、书院林立，激荡思想

古代抚州书院的发展，最早可以追溯到唐天祐年间（904—907），由宜黄棠阴罗坚、罗信赠田所创的湖山书院和三湾书院，这是抚州最早见诸史志记载的书院。

宋代抚州书院教育鼎盛。一方面，宋代抚州书院数量多。两宋时期抚州新建书院40余所，是抚州书院发展史上的一个高峰。据邓洪波在《中国书院史》中的统计，宋代全国书院总数为651所，其中江西占34%，有220所。而抚州占江西书院总数的18%，占全国书院总数的6%，这无论是在江西还是在全国均居前列。北宋初，抚州先后兴建了11所书院，如慈竹书院（乐安）、南丰书院（南丰）、华林书院（南丰）、鹿冈书院（宜黄）、盱江书院（南城）、兴鲁书院（临川）等。南宋时期，抚州先后兴建了子男书院（乐安）、环溪书院（崇仁）、梭山老圃（金溪）、杏坞书院（乐安）、曾潭书院（南城）、碧润书院（临川）、心斋书院（乐安）、武夷讲堂（崇正书院）（新城，今黎川）、峨峰书院（临川）、渔墅书院（文溪书院）（崇仁）、槐堂书屋（金溪）、文林书院（崇仁）、临汝书院（临川）、古梅书院（乐安）、红泉精舍（临川）、汝水书院（乐安）、石林书院（金溪）、道山书院（乐安）、沂水书院（乐安）、龙眼书院（南城）、庵山书院（资溪）等23所书院。其中临川的兴鲁书院、南城的盱江书院、金溪的槐堂书屋等在全国享有很高的声誉。另一方面，宋代抚州书院质量也很高。宋代抚州书院多由名师主持主讲。如乐史、曾致尧、陆九渊、曾巩、李觏、傅梦泉等名儒大师在家乡创办书院，收徒授业。宋代抚州书院培养与造就了王安石、晏殊、曾巩、李觏、吴澄、乐史、吴曾、饶庭直等一大批经世致用之才。据统计，宋代整个抚州地区共出了1396名进士，占当时江西全省的26%，而鼎盛的抚州书院教育厥功至伟。

元代抚州书院的发展较宋有所衰落，但仍勇立潮头，共建复24所书院，处于全省乃至全国发展前列。元代抚州书院发展经历了两次高潮时期和一次低谷时期。世祖至元十六年（1279）至成宗大德（1297~1308）年间，由于朝廷对于书院创办采取积极的保护政策，加之抚州社会经济的恢复与发展，抚州共新建10所书院，这是元代抚州书院发展的第一个高潮。武宗至大至文宗天历年间，由于政权更迭频繁、吏治腐败，抚州书院发展陷入低谷，21年间仅新建书院2所。至顺至后至元期间，抚州共新建书院7所，迎来了抚州书院发展的第二个高潮。纵观整个元代抚州书院发展，由于朝廷对于书院逐步加强管理与控制，包括设立专立官员、委派山长、管控书院经费等，元代抚州书院呈现官学化的特点。

明代抚州书院发展经历了沉寂、复苏而后再次萧条的过程。明初由于朝廷极力推行官学、提倡科举，洪武元年（1368），明太祖朱元璋下令"改天下山长为训导，书院田皆令入官"，将书院降级的同时使书院失去了生存的物质基础。洪武五年（1372）下令"革罢训导，弟子员归于邑学"，书院被彻底剔除出官学系统，失去生源，从而彻底沉寂。成化至正德年间，由于科举制的弊端日益显露、官学日益腐败，书院自由讲学之风再次兴盛起来，此间抚州书院的发展进入高潮，共新建、重建书院9所。正德至嘉靖期间，江西省新建书院108所。其中，抚州新建了前锋书院、石岗书院、紫阳书院、象山书院等13所，并复建了鳌溪书院、盱江书院和临汝书院。然而嘉靖至天启年间，由于统治阶级内部矛盾日益加重、明廷腐败程度日益加深以及社会矛盾的逐渐激化，书院经历四次禁毁。嘉靖皇帝两次下达禁毁"天下书院"的诏令，万历年间张居正为推行变法，振饬学校，保证科举，要求"尽改各省书院为公廨",天启年间魏忠贤更是矫旨明令"毁首善书院","拆毁天下书院"。① 综观整个明代,抚州书院虽然多次遭到废毁与严重打击,但其发展仍然保持着勇往直前的势头。整个明代抚州先后建有书院40余所,数量仍在江西书院中居于前列。

清代书院经历了复苏、繁荣、衰落的发展进程。顺治年间,抚州先后新建了吴氏书舍、程山学舍、涂氏书舍、文昌书院、兴贤书院,修复了紫阳书院、石鼓书院、贤溪书院;康熙年间,清廷开始对书院的发展有所关注,此间新建了凤岗书院、竹林书院、桂园书院、义云书院、澄心书院等5所书院,修复了水云书院、桂山书院、黄山谷书院、崇儒书院、鹤城书院(养正书院)等,成就可观;而后雍正、乾隆、嘉庆时期,抚州书院发展繁荣,其间抚州新建了青云书院、黎川书院、崇文书院等7所书院,还修复了兴鲁书院、盱江书院、草庐书院、鳌溪书院等。整个清代抚州共建书院60余所,直至1901年新兴学堂的兴起与西学东渐,新文化运动之后书院被完全废除,抚州书院与全国其他地区的书院一道完成了它的历史使命。

第二节 抚州古代杰出教育家

古代抚州鸿儒迭出,英才济济,文教昌明,钟灵毓秀。一代代名师大儒传承千年文脉,为教育事业作出重要贡献,他们往往既是政治家、文学家、医学家、书画家、佛学家,更是桃李满园、身正学高的杰出教育家。他们办院讲学,收徒授课,著书立说,孜孜不倦,求索不舍,在中国文化史、教育史上功绩赫赫,名垂千古。以下按年代先后介绍几位在古代抚州教育史上乃至全国范围内都有影响和贡献的抚州籍教育家。

一、晏殊

晏殊(991~1055),字同叔,谥元献,临川人,北宋文学家、教育家。他一生忧心国事,教育功绩斐然。他勤恳为民,荐贤举能,知人善任,办教育做实事。欧阳修高度评价晏殊在教育上的功绩:"自五代以来,天下学废,兴自公始。"② 天圣五

---

① 张发祥:《明代抚州书院述略》,《东华理工大学学报(社会科学版)》2013年第4期。
② 〔宋〕欧阳修:《观文殿大学士行兵部尚书西京留守赠司空兼侍中晏公神道碑铭》,《欧阳修全集》卷二十二,中华书局2001年版,第352页。

年（1027），晏殊从刑部侍郎知宗州（今河南商丘），奏应天府书院事请赐院额，极力延聘范仲淹主管书院，"观书肄业，敦劝徒众，讲习艺文"，培养了大批人才。应天府书院与其他三大书院（白鹿洞、石鼓、岳麓）合称宋初四大书院。庆历三年（1043），晏殊拜相，与范仲淹一起推动了"庆历兴学"，倡导州县立学和改革教学内容，设立教授职位。庆历四年（1044），宋仁宗下诏"令州各县皆立学，本道使者选部属官为教授"。至神宗，"自京师至郡县，即皆有学"。在宋仁宗之前，州县地区官办学校寥寥无几。"庆历兴学"为北宋时期的教育改革奠定了坚实的基础，使得从京师到州县都设有官学，有力促进了中国的官学教育发展。另外，晏殊善识才，对人才的引荐和任用重本事轻门第、重客观轻主观、重大局轻小节，知人善任，为朝廷发掘、举荐了范仲淹、欧阳修、孔道辅、韩琦等一大批贤能之才，留下"门墙桃李重欧苏，堂上葭莩推富范"的美誉。

二、李觏

李觏（1009~1059），字泰伯，号盱江先生，北宋建昌军南城人，思想家、教育家、文学家。他的一生"安贫乐道、桃李芬芳"。他终生以教授为业，庆历三年（1043）创办盱江书院，书院位于抚州南城县（古称建昌）城北登高山下。同治《南城县志》记载："李觏倡立盱江书院，乡曲俊异，从而师之，东南闻风而至者尝数千人。"[1] 盱江书院是江西古代书院史中记载的有"门徒千人"规模的三所书院之一，成为当时东南学子向往的著名书院。

李觏提出了一系列的教育思想主张。一是"化民成性"，强调成性必须通过智育才能达到，提出"立人以善，成善以教"，通过教育培养使人们向"善"。二是"效实致用"，主张学习要联系实际，学以致用。"有名而无实，天下之大患也"[2]，强调人的思想、品德、知识等不是先天固有的，而是后天学习实践的结果，只有将感性认识上升到理性认识，才能掌握客观世界普遍性的规律。"夫心官于耳目，耳目狭而心广者，未之有也。耳目有得则感于心，感则思，思则无所不尽矣。""性不能自贤，必有习也；事不能自知，必有见也。习之是，见之广，君子所以有成也。"[3]

---

[1] 〔宋〕李人镜：《南城县志》，清同治十二年（1873）刻本。
[2] 〔宋〕李觏：《李觏集》卷二十七，中华书局 2012 年版。
[3] 〔宋〕李觏：《李觏集》卷六，中华书局 2012 年版。

三是"德育为先",李觏按先后次序传授给学生"六德"(知、仁、圣、义、忠、和)、"六行"(孝、友、睦、姻、任、恤)、"六艺"(礼、乐、射、御、书、数)。育才首先必须培养思想道德品质,在此基础上,才能授予具体的技能,即"六艺"。

李觏教绩显著,为当时士子拥戴和推崇。"醇明茂美,通于经术,东南士人,推以为冠。自佐学政,逾年于兹,孜孜渠渠,务恪厥守。"[①]李觏的弟子中姓名可考者有38人。《建昌府重修李泰伯先生墓记》记载:"郡治北有凤凰冈,先生创书院其下,学者千余人,南丰曾子固,其高弟也。"[②]曾巩曾在盱江书院学习过,是李觏的高足。著名弟子还有邓润甫,北宋名臣,字温伯,别字圣求,抚州黎川人,在王安石执政时被任为检正中书户房事,后改知谏院、知制诰,又升为御史中丞。

三、王安石

王安石(1021~1086),字介甫,号半山,以爵封荆国公,世称荆公,临川人,北宋政治家、思想家、文学家、教育家。他一生革故鼎新、勤政务实,是中国历史上对教育改革贡献最多的人物之一,他的教育思想在理论著述中深化,在改革中发展。王安石认为,教育要"经世致用、唯才是举",国家兴学办教的根本目的在于培养学用合一人才,"学以致用,学用结合",为学为文要有补于世,既要懂得"经术"理论知识,又要有解决纷繁复杂社会问题的能力;主张文武并举,反对"文武异道",既能做到通晓"朝廷礼乐刑政之事",也能做到十八般武艺样样精通。在"举才济世"的教育理念下,王安石把"兴教办学"作为变法的一项重要内容,推行一系列教育改革,史称"熙宁兴学"。其举措,一是改革太学,创立"三舍法",推行学校教育与科举并行以选拔人才。二是恢复和发展州县地方学校,从熙宁四年(1071)至元丰元年(1078),州县之学有更加显著发展,官办教育得到了普及。三是恢复与创设武学、律学和医学等专科学校,培养实用型人才。四是编撰《三经新义》,设经义局,王安石亲自修撰《诗经》《尚书》和《周礼》三经义,作为官学统一教材。"荆公新学"通行于学校,施之于科举取士。

王安石教育思想及其教育改革,开启了一代崇尚实用的新风,使宋代教育事业攀上了一个新的高峰,为我国古代教育发展写下了光辉篇章,对后世教育发展产生

---

① 〔宋〕李觏:《盱江外集》卷一《告词》,第336页。
② 〔清〕罗伦:《建昌府重修李泰伯先生墓记》,《江西通志》卷一百三十。

了深远影响。

四、陆九渊

陆九渊（1139~1193），字子静，自号存斋，世称象山先生，南宋金溪人。其学继承孟子、程颢，为"心学"创始人，既是哲学家、思想家，又是杰出教育家。他一生"以身任道，为世儒宗"。他淡科考，兴"心学"，积极从事讲学和学术创新活动。乾道年间，辟槐堂书屋设馆讲学；淳熙年间，应吕祖谦之邀，与兄陆九龄会朱熹于信州铅山鹅湖寺，就治学方法与朱熹辩论，史称"鹅湖之会"，其中"尊德性"与"道问学"教育观之辩是重要的方面。此次会面激辩思想，为世人所称道。

陆九渊的讲学有几个突出的特点：一是切中时弊，因人而教，善于活说，极富感染力。淳熙八年（1181），42岁的陆九渊应邀率门徒访朱熹，登白鹿洞书院开讲，讲《论语》"君子喻于义，小人喻于利"，提出以"义利"观判别君子小人。陆九渊讲得生动感人，听者感动至泣。朱熹称道："熹当与诸生共守，以无忘陆先生之训"，"至其所以发明敷畅，则又恳切明白，而皆有以切中学者隐微深痼之病，盖听者莫不竦然动心焉"。[①]二是教学重讲授，也重课堂互动，教法灵活，纪律严谨。48岁时，陆九渊离开京师，返回故里，建象山精舍，创象山书院。讲学时，"每诣城邑，环坐率二三百人，至不能容，徙寺观。县官为设讲席于学宫，听者贵贱老少，溢塞途巷"[②]。他还将所有听讲者姓名、年甲，登记小牌上，以年龄先后，依次入座，秩序井然，整肃无哗。三是以明"本心"为主，弃文本教框，要求学生"求放心""切己自反"。正如叶适所说："陆子静晚出，号称径要简捷，或立语已感动悟人。为其学者，澄坐内观。"[③]象山讲学时期是他"心学"最后完善期，以整个宇宙为其思索背景，"宇宙便是吾心，吾心即是宇宙"[④]。他遵循"心学"，深化了教育思想理论，增添了"剥落""减担""自立自得""优游读书"等教学原则和方法。陆九渊的教育思想是其"心学"的一个重要组成部分。

陆九渊弟子数千名，多集中于江西和浙东两地。江西以傅梦泉、邓约礼、傅子

[①]〔明〕朱熹：《朱文公文集》卷八十一，上海商务印书馆《四部丛刊》本。
[②]《年谱》，〔宋〕陆九渊：《陆九渊集》卷三十六，中华书局1980年版，第499页。
[③]〔清〕黄宗羲：《象山学案》，《宋元学案》卷五十八，中华书局1982年版，第1918页。叶适（1150~1223），字正则，浙江永嘉人，世称水心先生。
[④]〔宋〕陆九渊：《杂说》，《陆九渊集》卷二十二，中华书局1980年版，第273页。

云等为首,史称"槐堂诸儒";浙东则以杨简、袁燮、舒璘、沈焕为代表,他们活动在四明山、甬江流域,史称"甬上四先生"或"四明四先生"。陆学弟子们秉承师训,积极创办书院,授徒讲学,将陆氏心学发扬光大,形成了明代独树一帜的学术流派——心学,也直接影响了阳明学派。

五、吴澄

吴澄(1249~1333),字幼清,晚年自号伯清,崇仁人,世称草庐先生,元代最为著名的理学家、教育家。他一生"正学真传、深造自得"。他曾拜朱熹再传弟子饶鲁的学生程若庸为师,后又师事程绍开,研读朱熹理学,其学说直承南宋理学学统,博大精深,其教育思想与哲学思想紧密相连,是承宋启明的重要学术人物,是"全能型"的教育家,既有长期的教育教学实践,更在丰富的教学实践中形成了完整的教育思想。

吴澄的教育实践贯穿其一生。他不求出仕,筑庐授徒,潜心著述,从事讲学六十年,讲学遍及乐安、崇仁、宜黄、龙兴、福州、扬州、袁州、真州等地。《元史·吴澄传》记载,吴澄"出登朝署,退归于家,与郡邑之所经由,士大夫皆迎请执业,而四方之士不惮数千里,蹑屩负笈来学山中者,常不下千数百人"[①]。吴澄讲学也颇具特色:一是善用"诘难答问",要求学生举疑质问,他据才质高下,一一释惑,做到因人解答、因材施教。二是讲授"倾倒至尽",对待学不通的学生总能不厌其烦地反复教导,能从方法、内容上引导学生理解吃透讲授。三是常办"大型会讲",吴澄在龙兴讲学《修己以敬》一章"指画口授,反复万余言,听者千百人,有尝用力于斯者,多所感发"[②]。除了自建草庐讲学外,他还积极帮助他人筹建书院,四方讲学,乐安"鳌溪书院"、南京"江东书院",吴澄均费心出力。延祐元年(1314),66岁的吴澄应好友之请,到岳麓书院讲学,并撰写《岳麓书院重修记》和《百泉轩记》,提出了书院的办学宗旨,就是要将已经废绝的"先正""真儒"的讲道传统继承下来,发扬光大,培养生徒的"仁"心,从洒扫应对、事亲事长等点滴小事开始,使之成为人才,以传道济民。

吴澄的教育思想具有哲学思辨性。他的教育思想主旨就是"尊德性而道问

---

① 〔明〕宋濂等:《元史》卷一百七十一《吴澄传》,中华书局1976年版,第4014页。
② 〔元〕虞集:《先生吴公行状》,《道园学古录》卷三十七,华文书局1912年版,第2123页。

学""学必以德性为本"。"心正而量远""正学真传","正"和"真"是吴澄治学和传道的二字真言。从吴澄的教育理论著述中可以窥见他对人性论、教学论、知识论、修养论诸方面的独到见解,所著《学基》《学统》两篇,论述为学之本、为学之序,是教育理论专著。他同时还写有大量学记和书院记,为官学教授、书院山长以及私家讲学的"堂""斋"所作的序铭记跋。这些理论文章在当时直接推动了地方教育实践。他的整个教育思想理论从内容上可以分为两大类来梳理:一类是论述教育与外部的联系,从哲学思辨的角度看待宏观的教育现象,教育与社会的发展,学校、科举、书院与社会的联系,学官、师儒的社会地位及其变迁等;一类是论述教育内核问题的关系,论述教育与人的发展,德性与学习的关系等。吴澄被誉为"皇元受命,天降真儒,北有许衡,南有吴澄"(揭傒斯《吴文正公神道碑》)。他一生诲人不倦,著名弟子有虞集、元明善、贡师泰、危素等,《宋元学案》特辑《草庐学案》,有《草庐吴文正公全集》传世。

六、吴与弼

吴与弼(1391~1469),字子傅,号康斋,崇仁人,明代教育家,崇仁学派的创始人。他一生"以德传世、启明教育"。吴与弼在家乡沉心教育五十载,设馆授徒,创小陂书院,以讲授理学为任。他治学严谨,学识渊深,见解精辟,善于循循诱导。吴与弼的教育思想主张:一是认为通过教育可以教化人,涤除心理上的污垢,达到思想净化、道德至善,使人焕然一新;二是要躬行实践,主张以"理"作为衡量、分析、判断处理一切是与非、正与反、善与恶、得与失、忧与乐、生与死的标准,在日常生活中时时反观自己的言行,谨小慎微,以"圣贤之言"修养自己的身心,规范自己的行为;三是非常注重劳动教育,在教学中以劳动教育、道德教育与自我修养三者结合为中心,以躬行践履、率己化人为根本,以灵活多样的方式方法培养学生。

吴与弼门下弟子多有成就,形成崇仁学派,在《明儒学案》中被列为第一学案。其门下弟子最著名的有余干胡居仁、新会陈献章、上饶娄谅,次为金溪胡九韶、祁门谢复、常州郑仇及车泰、饶烈等,稍后的哲学家王阳明、湛若水以及昆山魏校、波阳余佑、永丰夏尚朴、广丰潘润等,均是其再传弟子。吴与弼所创崇仁学派,在传播和发展程朱理学方面起了重要作用,为繁荣理学作出了重要贡献。有《日录》《康斋先生文集》《吴与弼语录》等传世。

七、罗汝芳

罗汝芳（1515~1588），字维德，号近溪，南城人。明中后期著名哲学家、教育家、文学家、诗人，泰州（府）学派的代表人物，被誉为明末清初黄宗羲等启蒙思想家的先驱。他一生"教化益行、赤子之心"。他热衷讲学，在从姑山创办"从姑山房"，接纳四方学子开始讲学，不论是出任官职还是返乡探亲，都未曾停下"传道授业"的脚步。万历五年（1577），罗汝芳辞官返乡，致力于教育事业，举办讲会、兴复书院，在抚州的南湖书院（后来的临汝书院）、崇儒书院开讲会，长则一月，短的也有十天半月。他兴复抚州的盱江书院、南城会馆、前峰书院，并率众弟子往各地讲学。他口才雄辩，在朝官员、名士文人、弟子学友莫不为他的生动讲学折服。

在教育目的上，罗汝芳认为要重视教育、教化社会风俗、个人修身，然后才能明明德于天下，"道德一而风俗同"，而天下得大治。在教育内容上，他认为主要有四个方面：一是"求仁"，教育的关键是学做"人"，从小就应"亲其亲，敬其长"，从而成"人""亲亲为大"；二是"孝悌慈"，仁义之实，人人孝悌慈，则家家相亲相爱相敬相安乐，从而可天下太平；三是"赤子之心，不学不虑"，这是罗汝芳问学思想的要旨；四是宣扬圣谕六言，罗汝芳在他所任官之处经常讲"圣谕"，教化风俗，重视对平民百姓的教化，重视社会教化的推行，以形成良好社会风气。在学习方法上，罗汝芳要求学生"多思""发愤""时习""作疑""常悟"。罗汝芳对教师也做高标准的规范要求，认为教师是"善之至""立人之极""以学为师"。他的弟子中著名者有汤显祖、杨起元、邹元标、吴道南、董裕、占事讲、邓元锡、姜鸿绪、左宗郢、王一言、胡清虚、周汝登、沈懋学、李登、王环、徐允儒等。

八、李瑞清

李瑞清（1867~1920），字仲麟，号梅庵，晚年又号清道人，临川人。著名书画艺术家、教育家。历任翰林院庶吉士、江宁提学使兼两江优级师范学堂总办（校长）、江苏布政使等职。他一生"倡教育救国、开放包容"。他尊师重教，认为教育是拯救中国唯一可行的途径；主张兴办新学，由他创立并担任第一任校长的两江师范学堂是现南京师范大学、东南大学、南京大学的前身；提倡艺术教育，开中国现代美术教育之先河。他是一位德艺双馨的艺术家，以"为国育才"为己任的教育家。在两江优级师范学堂任职时，他改革体制，筹措资金，扩建校舍，添设备，增设学科，精心培训师资，专程赴日本选聘专家学者十余人来校执教。学堂设分类科、选科、补习科等，附设中小学堂。在管理学堂和教学时，他重视劳动实践和技术技能训练，提出劳育对于培养学生大有裨益。在师范学堂开设实践实训课程，将博物科及农科合并为农博科，购置农田一百余亩，畜耕牛十头，供学生实践操作，又设手工（工艺）、绘画专科，校内的画室、工场也建设较完备。

他视教育为生命，视学校如家庭，视学生若子弟。他主张教师教书育人要以爱国爱民之心作为出发点，不应错误地把教育仅仅视为是个人的职业，处处计较个人的利益，与社会、国家的关系割裂，唯有动机明确，理想伟大，才能把教育事业彻底办好。他爱生如子，在两江优级师范学堂解体后，退居上海，以鬻字课徒为生。离校前，他将车马变卖，把所得之资散给学生做回家路费。民国四年（1915），两江优级师范学堂改为国立南京高等师范学校。校长易固谦在校内建"梅庵"，以缅怀李瑞清的办学功绩。

张大千、张善孖（张大千之兄）、胡小石、秉志、吕凤子、姜丹书、经亨颐等国画家和金石学家都是李瑞清的高徒。

抚州古代的教育家还有许多，有元代"居家设馆教授生徒"的何中（乐安）；有"陆门高第"的南宋傅梦泉，世称"曾潭先生"，远道负笈从学者不绝于途；有元代理学大儒虞集（崇仁），"师道自任，治学严谨"；有创办三所书院的汤显祖（临川），"与诸生讲德问学"；有明代八十高龄仍抱病讲学的汤来贺（南丰）；有清代鹅湖书院山长吴嵩梁（东乡人），先后任教于临川书院、白鹿洞书院等。

第三节　宋元明清著名书院

书院是中国古代士人围绕着书，开展包括藏书、读书、教书、讲书、著书、刻书等各种活动，进行文化积累、研究、创造与传播的文化教育组织。纵观历史，宋元明清以来，抚州的书院经历了兴盛、衰败、沉寂直至消亡的历史进程，类型众多。从创办者看，有民办、公办、私办公助；从经费来源看，有官府赐拨，有官员、士绅、社会捐赠，有自主经营所得；从教育功能看，有服务科举、修身立德、传道树人；从教学活动看，有讲学、会讲、考课等；从教学形式看，有教师讲授、学生自学、师生质疑问难、学友相互切磋等。历经千载沉浮，古代抚州的书院虽大多已淹没在历史的浪潮中，但作为古代教育的重要组织形式之一，它不仅影响了无数教育者和受教育者，更向后世传承了兴教、重教以及广教的优良办学及执教传统，留下了宝贵的文化遗产。本节着重介绍盱江书院、兴鲁书院、临汝书院、康斋书院、雯峰书院、仰山书院6所古代抚州较著名的书院。

一、盱江书院

盱江书院，由北宋著名思想家、哲学家、教育家、诗人李觏于庆历三年（1043）创办，位于南城县城北登高山下。

李觏，宋建昌南城人（今资溪高阜人）。自幼聪慧过人，五岁知声韵，十岁通诗文，然十三岁丧父，家境贫寒。虽满腹经纶、博学通识，但科举仕进之路屡战屡败，后退居乡里，传道讲学，著书立言，开创盱江学统，世称"盱江先生"。李觏倡立盱江书院，讲学自给，以供生计。他不拘泥于汉唐诸儒的旧说，敢于抒发己见、推理经义，成为"一时儒宗"。李觏是北宋哲学唯物主义学派的先导，他的主要思想一是在哲学上，持"气"一元论观点，认为事物的矛盾是普遍存在的；二是在认识论上，李觏承认主观来自客观。李觏还提出了功利主义的理论，具有较进步的社会历史观。李觏著有《盱江文集》，其中《礼论》《庆历民言》《周礼致太平论》是阐发其学术思想的主要代表作。

同治《南城县志》载："李觏倡立盱江书院，乡曲俊异，从而师之，东南闻风而至者尝数千人。"由此可见，盱江书院影响力之广，为有记载的三所"门徒千人"的书院之一。盱江书院以讲学为主，接纳郡内外学子，生徒众多，曾巩、邓润甫、李山甫、陈光道、廖平、邓立节、徐唐等都曾受业于李觏。盱江书院有900多年的历史，历经五朝，曾多次兴废。李觏之后盱江书院仍有史可寻。靖康年间（1126~1127），盱江书院因战争被毁。宝祐二年（1254），知军杨镇重修，立兴文堂，祭祀李觏。开庆元年（1259），知军曾埜又重建，并建有明伦堂、思贤堂、洙泗堂及格物、致知、正心、诚意等斋。景定二年（1261），知军钱应孙再次扩建，增设殿宇、讲堂，新增学田3000亩。元末，盱江书院毁废于战火。明正德七年（1512），江西提学副使李梦阳将南城东岳庙改建为书院。正德十一年（1516），知府韩辙、同知何恩增建学舍20间。嘉靖三年（1524），盱江书院的房地被益王所并，只得改建于清源庙阴阳医学废址，于六年后又改为小学，因此被废。万历三年（1575），罗汝芳征得益王朱厚炫同意重建盱江书院，然因资金不足未果。万历三十七年（1609），推官陆建在巡道王永宁、知县李同芳的捐助下在府学之射圃改建书院，明末又毁于兵火。康熙二十四年（1685），知府于翔汉将其改名"凤冈书院"，建至提学署内。雍正七年（1729）复名。乾隆九年（1744）知府杨宏志复修。乾隆

图4-1 南城盱江书院

二十年（1755）在武冈山上改建。乾隆二十二年（1757）迁回府学右。咸丰六年（1856）第四次毁于兵乱。同治八年（1869），知府达春布率五县乡绅捐资修复。光绪末年，改为建昌府中学堂。民国初年改为"考棚小学"。后经多次合并、改名，直至1962年最终改名为盱江小学，但原盱江书院遗址尽毁。2010年10月，南城县政府于登高公园建设盱江书院仿古建筑并立李觏雕塑。[1]

二、兴鲁书院

兴鲁书院（又名"兴鲁坊"），由北宋著名文学家曾巩创办于宋嘉祐元年（1056）。曾巩祖籍山东（简称鲁），其祖先曾参曾是孔子得意门生，故取名兴鲁书院，意在"兴五帝三王之道""上承曾子之家学，以继周公孔子之传者"。宋仁宗至和二年（1055），37岁的曾巩因进士落榜而四处游历，萌生了办学授业的念头，从而创办了兴鲁书院，在此讲学，并亲自制定学规。清代著名学者李绂在《复建兴鲁书院记》中写道："抚城中香楠峰为先生兄弟故居，有书院曰'兴鲁'，先生尝讲学其中。东近盐埠岭建坊，亦以'兴鲁'名，今石础犹存。余少时以试事至郡城，必登香楠峰，慨然望古，徘徊遗迹而后去。"

据史料记载，兴鲁书院坐北朝南，规模宏大，建有讲堂、学宫及高明楼。楼下设有祭祀曾巩牌位，楼右侧建有抚州先贤祠。欧阳修、王安石皆曾受邀讲学于此。明清两代，兴鲁书院是抚州府属的临川、崇仁、宜黄、乐安、金溪、东乡等6县讲

---

[1] 李才栋：《中国书院研究》，江西高校出版社2005年版，第343-349页。

图 4-2 临川兴鲁书院

学之所,为当地培育出了大批人才,著名戏曲家、文学家汤显祖曾在兴鲁书院求学。宋代以来抚州人文鼎盛、英才辈出,有了临川"才子之乡"的美名,曾巩和兴鲁书院功不可没。

兴鲁书院自建立以来,历经兴废。清乾隆四年(1739),知府刘永锡重建书院并延请清代文学家、理学家、大臣、政治家李绂担任山长,并亲自讲学。45年后,也就是1784年,时任抚州知府的陈朗再次重修书院,由李绂之孙李适园任山长。道光二年(1822),抚州知府郑祖琛和临川知县刘绳武等人又捐资重建。1856年,书院因战乱被毁,停止办学。同治元年(1867),知府吴祖昌饬潘贻恩及郡绅等清复故田,且并入刘公义学租息,始得开馆课士。1901年,知府何刚德遵照清廷书院改学舍的诏令,将兴鲁书院改名抚郡中学堂。这便是如今抚州一中的前身。800多年的风雨沧桑,如今的兴鲁书院基址仅残存一栋160平方米的矮房。兴鲁书院原址即今临川六中校址，为纪念曾巩，校门口小街被命名为"兴鲁坊路"。①

三、临汝书院

临汝书院，又名南湖书院，由江南西路提举常平茶盐司冯去疾建于宋淳祐九年（1249），位于江西抚州。

古临川曾被称为临汝，取自临水和汝水，后临汝书院之名也由此而来。书院内设尊经阁储藏经书，设有祭祀朱熹祠。饶鲁、程若庸曾任山长，著名学者程钜夫、吴澄等曾求学于此。元延祐二年（1315），尊经阁等毁于火。延祐七年（1320），山长黄镇与同知总管马合睦修复。至正元年（1341），照磨王坚孙同山长张震重修殿宇、讲堂、门庑、斋舍。明嘉靖三十七年（1558）七月，同知蔡元伟复修。书院居中为5间讲堂，后为宴息之堂。有学舍40间。

临汝书院历经损毁，于2018年启动复建工程，历时三年有余。临汝书院于2021年8月28日正式开院。书院新址位于临川区上顿渡镇河西街，占地面积约94.7亩，总建筑面积4.7万平方米，计有文成宫、书院、大门、商业建筑四大建筑群落，是迄今为止江西省最大的宋式书院。

图4-3 临川临汝书院（抚州市融媒体中心陈强/摄）

---

① 江西省地方志编纂委员会办公室：《江西书院》，武汉大学出版社2018年版，第227-228页。

四、康斋书院

康斋书院，又名小陂书院，明洪熙宣德至正统年间（1425~1449）由理学大师吴与弼建于崇仁县河上镇小陂村。

吴与弼，初名梦祥、长弼，字子傅，号康斋，明朝理学家、教育家、诗人。因偶然受宋代理学创始人朱熹影响，潜心钻研朱熹学说、一生不应科举，曾留下应召入京却三度请辞的传奇故事。吴与弼21岁开始讲学，倡导"天人合一，万物同体；知行合一，仁信礼义"，开创了享誉中外的"崇仁学派"，从其学者数百人，"江门学派"创始人陈白沙、一代理学大师王阳明的老师娄谅都是吴与弼的学生。他的理学思想主要包含天道观、践行观、苦乐观、性善观。他是第一个提出"读书与劳动相结合"的教育家，追求"有教无类""师生平等"，主张因材施教、言传身教、教学相长、为人师表，提倡"劳动中悟道""静观中体悟"。

为管理弟子，康斋书院制定了严格的学规。基本内容有：熟读《小学》、四书本文、五经本文，可以成诵；讲明义理、修身慎行；读书需专心致志，坚持三五载方得根本。康斋书院办学特色鲜明，以耕助学不收学费，学生自主入学，不限年龄、身份、地位，来去仅凭自愿。教师躬行践履、率己化人，师生同吃同住、同劳动同学习，注重寓教于乐、因材施教，引导学生自我修养与体悟。书院教育理念与办学特色至今仍影响着一代代学子。

五、雯峰书院

雯峰书院由明代史学家、教育家饶秉鉴（号雯峰）建于成化六年（1470），位于广昌县甘竹镇龙溪村饶家堡。雯峰书院占地5032平方米，为明代江西有影响力的书院之一。书院分上、中、下三厅，另有花楼、养正斋，以及士子读书号房56间。雯峰书院有大小庭院3处，院中有院，园中有园，有池有楼。雯峰书院居中为教学区，侧为生活区。书院正后方的榜眼第是清朝乾隆十六年（1751）榜眼饶学曙的省亲别墅。书院背靠青山，面临龙溪，北望军锋，西瞰金嶂，青砖黑瓦、飞檐翘脊、高墙深院，为典型的赣派建筑。书院整体建筑风格古朴典雅、简约大方，结构严谨、设计精妙，让人流连忘返。

饶秉鉴（1413~1486），明正统九年（1444）举人。历任广东肇庆同知、廉州（今广西合浦）知府。因性格刚直不阿、不愿同流合污，为朝中权贵所害而被罢职。明成化元年（1465），饶秉鉴在弟弟资助下筹建雯峰书院。明成化六年（1470）雯峰书院始成。明代教育家、理学家、状元罗伦常寓居雯峰书院，登坛讲学，并写有《雯峰别墅记》。雯峰书院在明末至清发展鼎盛，声扬里乡，培育了一大批广昌籍人才，如中书魏菁、吏部侍郎魏定国、礼部侍郎魏方奉等。雯峰书院在清代屡经修葺。在广昌保卫战中，红三军团指挥部曾设于此，彭德怀军团长与杨尚昆政委曾在此指挥红军将士进行第五次反"围剿"战争。抗日战争时期，教育家陈鹤琴率上海国立幼稚师范学校师生迁于此办学三年。2019年起，雯峰书院正式启动修缮工程。目前，雯峰书院已被打造成集国学文化、红色党培、绿色农耕为一体的文化综合体，是现今保存最好的抚州古代书院，被列为江西省级重点文物保护单位。①

图 4-4　广昌雯峰书院（赣东学院程娟 / 摄）

六、仰山书院

仰山书院位于金溪县春熙巷（今秀谷镇王家巷），始建于清乾隆二年（1737），知县阎廷佶倡捐，购学岭右桂氏房屋，改义学。乾隆三十五年（1770），在知县杨唐佑倡议下，新建讲堂三间，后工未成而调任。嘉庆二十一年（1816），知县万国荣倡率城内善士李庭藻等人，除旧布新，重建房屋四十余间。为表示对心学奠基人陆象山等先哲景仰，书院被命名为"仰山书院"，并延请江西学政王鼎亲自题写门额"仰山书院"，保存至今，王鼎还为之作《重修仰山书院新建象山先生祠记》。咸

---

① 邬小辉：《江右书院行之图文》，江西美术出版社 2015 年版，第 214–219 页。

图 4-5　金溪仰山书院

丰十一年（1861），书院焚于战火。同治八年（1869），城西善士王氏三兄弟倡率金溪籍旅湘商人共同捐资近 6000 串，其中王履亨、王履泰、王履恒三兄弟捐资 3600 串，所筹资金用以束脩膏火、兴复书院。书院学子以本地人为主，金溪籍进士黄丹桂，举人王元挺、余天随等名儒雅士皆曾讲学于此。书院经费主要由金溪民众捐赠，余存的钱款，所捐田地、房屋租金用以支付教师工资及日常开销。清道光元年（1821年），知县杨献弼定有章程，通详各宪。

光绪二十八年（1902），顺应"废科举、兴学堂"之变，知县杜麟光会同士绅改书院为金溪县官立小学堂；1912 年改县立高等小学，为金溪最高学府。民国时期为县公产，做过民众教育馆及县政府办公场所。新中国成立后，为第一届金溪县委、县政府办公场所，后来又先后为县委党校、县法院、报社、机关宿舍、金溪中学校舍等。1985 年获批县级文物保护单位，但为私人和房管所使用，1992 年乃归县文物管理所管理，挂牌"陆象山纪念馆"。1996 年 4 月于书院内成立金溪陆象山研究会。1992 年以来，书院多次修缮，但基本保存清代构架和格局。书院现有建筑面积 1078 平方米，是江西省内为数不多、保存完好的古代书院之一。2000 年 7 月，书院获批江西省重点文物保护单位。2004 年，仰山书院被列为抚州市爱国主义教育基地。

第四节　古代科举与抚州士子

古代抚州教育与学术风气浓厚，登科及第成绩骄人，在宋元明清时期取士 2450 多名，居于全省榜首，而其中临川和南城进士 1200 余人，占据抚州进士的半壁江山。两宋时期，抚州科举成绩空前闪耀，取士 1396 名，居于省内榜首，比有的地区甚至高出三番之多。两宋时期江西省区域内出现了 547 个进士家族，抚州占 176 家，仅临川区域就有 74 家，涌现了南丰曾巩家族 36 进士、临川晏殊家族 11 进士、南城陈肃家族 15 进士、临川王安石家族 9 进士、宜黄乐史家族 8 进士、乐安流坑一门多进士等令人惊叹的科考现象，蔚为壮观。

一、"一榜题名震四海，状元风采动乾坤"

四朝科举中，抚州登三鼎甲的有 16 人，其中状元 5 人，榜眼 9 人，探花 2 人。5 名状元分别是宋代张渊微，明代吴伯宗、张昇，清代邓钟岳，还有一位恩榜状元、南宋时期的董德元。

张渊微（1182~1247），字孟博，号平斋，南宋黎川人，为人纯真性直，崇尚礼义，是南宋抚州籍第一位状元，官至吏部侍郎。他天资聪颖，勤奋好学，作诗文操笔立就，言简意深，文风雄浑，严谨缜密，情真意切。六十三岁赴京参加殿试，廷试洋洋万言，宋理宗赞赏有加，被钦点为状元，作《胪传写兴》诗云："读尽诗书数百担，绿袍今始换蓝衫。嫦娥问我年多少，二十年前四十三。"中状元后，历任昭庆军（今河北隆尧）判官、秘书省著作郎、崇政殿司封，后授任起居郎，随即升迁礼部侍郎，再调任吏部侍郎。因得罪权臣贾似道，贬为集英殿修撰、知饶州（今鄱阳），未赴任即去世。

吴伯宗（1334~1384），名祐，以字行于世，明代金溪人。吴伯宗从小聪敏，洪武三年（1370）首次举行科考，他乡试、会试、殿试皆是第一名，是抚州古代科考历史上唯一一位"三元及第"的人，成为明代的第一个状元，被授礼部员外郎。后任国子司业、翰林检讨、武英殿大学士等。他博学多才，通天文历学，在文学上多有成就，一生著述甚多，有《南宫集》《使交集》《成均玉堂集》，可惜这些集子多已散佚，仅存《荣进集》4 卷。

张昇（1442~1517），字启昭，号柏崖，南宋南城人，为人刚正不阿，敢于直谏。成化五年（1469）中状元，历任修撰、左赞善、右谕德、左庶子兼侍读、南京工部员外郎、少詹事兼侍读学士、礼部左右侍郎、礼部尚书、太子太保。正德十二年（1517）卒于家中，朝廷为此休朝一日，并赐太子太傅，谥文僖。著有《柏崖文集》14卷、《张文僖公文集》14卷、《诗集》22卷，另有《和唐诗》10卷。

邓钟岳（1685~1750），字东长，号畏庐，清代南城人，寄籍于山东东昌卫（今山东聊城）。为人正直担当，为官敢作敢为。康熙六十年（1721）状元，历任翰林修撰、侍学士、江苏学政、少詹事、广东广韶学政、内阁学士、浙江学政、礼部左侍郎等职。其诗风敦厚温和，著有《知非录》《寒香阁诗集》等。书法造诣很高，康熙称赞他"字甲天下"。

董德元（1107~1174），字体仁，南宋乐安人，为乐安流坑村董氏第八世。北宋政和六年（1116），20岁的董德元中乡试魁首，一举成名，年轻得志，之后累试不第，绍兴十八年（1148）方中进士。在殿试策论答题中，他迎合了宋高宗和太师秦桧"柔道"御天下的主张及对金主和不战的路线，皇帝本欲点其为第一，以有官之故，改为进士第二名，赐"恩例与大魁等"，时称"恩榜状元"。

抚州四朝考中榜眼有9人。宋代3人：崇仁罗点，淳熙二年（1175）第，官至参知政事；南城曾渐，绍熙元年（1190）第，官至工部侍郎；临川吴文荐，淳祐元年（1241）第。元代2人：金溪吴裕，至正十一年（1351）第，官知州。金溪曾竖，至正十四年（1354）第，官翰林学士。明代2人：金溪徐琼，天顺元年（1457）第，官至礼部尚书；崇仁吴道南，万历十七年（1589）第，官至礼部尚书、东阁大学士。清代2人：广昌饶学曙，乾隆十六年（1751）第，官日讲起居注；宜黄谢阶树，嘉庆十三年（1808）第，官至监察御史。考中探花的有2人：宋代南丰陈宗礼，淳祐四年（1244）第，官参知政事；清代黎川陈希增，乾隆五十八年（1793）第，官至刑部右侍郎。

二、"笃实为官善益政，清高宰相春秋赞"

抚州籍士子任宰相的有6人，他们是宋代的晏殊、王安石[①]和曾布，明代的吴道南、何宗彦和蔡国用。

晏殊从小天资聪颖，才气过人，5岁能诗，7岁能文，素有"神童"之称。景德

---

① 因王安石在本书中列有专章，且在本章教育家部分有所介绍，此部分不作赘述。

初年，14岁的晏殊被以神童的资格推荐给朝廷。在与一千多名进士在朝廷进行廷试中，小小年纪的晏殊却稳重自若，毫不怯场，文惊四座。宋真宗对他非常欣赏，赐他同进士出身。庆历二年（1042），37岁的晏殊官拜宰相。他一生尽心国事，力主兴学，开启宋代大兴教育之先河。晏殊虽被称为富贵宰相，但是生活中却节俭，不骄纵。他的人生态度就是做官守住本分，不奢求高官厚禄，不追求奢华，节俭够用就行。晏殊宦海沉浮五十载，兼具政治才干与文学才华。他能诗善词，文章典丽，书法皆工，而以词最为突出，有"字相词人"之称。其词吸收了南唐"花间派"和冯延巳的典雅流丽词风，开创北宋婉约词风，被称为"北宋倚声家之初祖"。

曾布（1036~1107），字子宣，南丰人。曾巩同父异母的弟弟。嘉祐二年（1057）进士。曾布为政，勇于有为。王安石变法时期，曾布是积极参与者和主要推动者，与吕惠卿共同参与制定青苗、助役、保甲、农田之法。宋夏战争时，曾布与章惇采用"浅攻挠耕"和"进筑"的方法，有效钳制了西夏的进攻。纵观曾布一生，功过两依，在北宋后期党争中他政治立场中立，也曾排挤同僚，打击政敌，但在维护新法中作出了一定贡献。

吴道南（1547~1620），字会甫，号曙谷，明代崇仁人。万历十七年（1589）进士，万历四十一年（1613）为礼部尚书兼东阁大学士（宰相）。他清廉淡泊，任东阁大学士时，行装简朴，即使按规定应有的供给、护从等，均一律拒绝，不附权贵，不徇私情，历官三十年，其家产还不及中等之家。他为人平易近人，秉性善良，广交良友，常和芝麻九品、布衣平民乐天谈笑世间事，促膝共叙俚俗情。著有《河渠志》1卷，另有《秘笈新书》13卷，《别集》3卷，《日讲录》《巴山草》《曙谷集》《奏议》《语录》等，存目于《四库全书总目》，有《吴文恪公文集》32卷传世。

何宗彦（1559~1624），字君美，一字若善，号昆柱，金溪人。他为人淡泊名利，为官勤勉奉公。万历四十八年（1620）八月，何宗彦被授为礼部尚书兼东阁大学士（宰相）。天启元年（1621），何宗彦慨然进京就职。天启三年（1623），晋少保兼太子太保、户部尚书、少傅兼太子太傅、太子太师、吏部尚书，建极殿大学士。四年正月卒于任上，朝廷赠太傅，谥文毅。他是明代著名的勤谏宰相，为万历、泰昌、天启三朝元老，德高望重。著有《何文毅公集》10卷、《春曹疏草》2卷。

蔡国用（1579~1640），字正甫，号静原，金溪人。他为官清廉清正，不畏权贵。万历三十八年（1610）进士。天启五年（1625），上疏十条陈时政，触怒魏忠贤，矫旨夺官。崇祯当政17年，蔡国用历任礼部尚书兼东阁大学士、太子少保、吏部尚书、太子太保、户部尚书、文洲阁大学士、武英殿大学士。崇祯十三年（1640）卒于官邸。

从抚州古代千年教育史画卷中折射出来的，既有抚州古代教育家的个性光芒，也有苦读士子的群像特质：年少聪颖、不怠求索的进取之道；教研相长、名节无疵的为师之道；涵养风骨、守节贤德的士人之道；天下己任、恪尽职守的为政之道；宁静淡泊、取法自然的处世之道；博学多才、思辨问道的圣人之道；宽厚坚韧、道艺合一的贤人之道。抚州教育历经千年，扎实严谨的官办教育、创新活力的书院文化，寒窗苦读的临川学子共同勾勒了抚州古代教育的繁盛图景，在抚州底蕴深厚的教育土壤上孕育了众多彪炳史册的大咖人物。他们在思想、文学、科技、文艺等各领域都取得令人瞩目的成绩，促进了临川文化的繁荣与发展，刻画了临川才子独有的精神谱系。

第五章
伟大的改革家王安石

王安石是北宋杰出的政治家、思想家、文学家，被列宁称作"中国十一世纪的改革家"。他的变法思想在中国古代政治思想史上占有重要地位，对于后世政治思想的发展有着深远的影响。作为文学家，他所作诗歌长于议论、精于修辞，对宋代诗风有影响；散文峭直刚劲、深婉温醇，跻身"唐宋八大家"。他开创"荆公新学"，促进了宋代疑经变古学风的形成。本章主要介绍王安石的生平经历、变法思想、诗文成就和荆公新学的创新特质，以及王氏兄弟的主要成就。

第一节 伟大的政治改革家

王安石（1021—1086），字介甫，号半山，抚州临川人，世称"临川先生"，封荆国公，故又称"王荆公"。

聪颖好学，胸怀大志。 王安石家在抚州临川盐埠岭，由其曾祖父王永泰从太原迁至此。宋天禧五年（1021），王安石出生于临江府（今江西樟树市）治内的"维嵩堂"，当时他的父亲王益任临江军判官。王安石自幼聪颖好学，博览群书，才气纵横。

图5-1 王安石画像

《宋史》云："安石少好读书，一过目终身不忘。其属文动笔如飞，初若不经意，既成，见者皆服其精妙。友生曾巩携以示欧阳修，修为之延誉。"① 王安石自己说："某自百家诸子之书，至于《难经》、《素问》、《本草》、诸小说无所不读，农夫、女工无所不问，然后于经为能知其大体而无碍。"② 王安石年少时随父亲游历各地，耳闻目睹百姓疾苦、民生百态，开阔了眼见，增长了见识，也使他早年便立下"矫世变俗"的宏图大志。

经过数年苦读，王安石学问大成，于仁宗庆历二年（1042）应试汴梁，一举提名金榜，中甲科进士第四名。据说，王安石原本排名第一，宋仁宗亲自阅看王安石的试卷，虽十分赞赏其才华，但其中有一句话引起了他的不悦。这是《尚书》中的一句话——"孺子其朋，孺子其朋，其往"，意思是说天子要将大臣当作朋友一样诚心相待。但这句话是周公教导其侄子周武王所说，"孺子"亦是长辈对晚辈的称呼。宋仁宗感觉受到冒犯，遂由第四名杨寘取代王安石为状元，王安石屈居第四名。

仕途历练，为民谋福。仁宗庆历二年（1042）始，王安石先后出任签书淮南节度判官厅公事（扬州）、鄞县知县、舒州通判、群牧司判官、常州知州、提点江南东路刑狱公事、三司度支判官等官职。他每到一处，均关心民瘼，兴利除弊，为民谋福祉，赢得广泛好评。按照北宋官场惯例，王安石进士高第，于扬州签判任满后，可以献文求试馆职，通过捷径获得晋升。但他却主动放弃，宁愿赴地方为吏。庆历七年（1047），他出任鄞县（今属浙江宁波）知县，起堤堰、决陂塘，为水陆之利；贷谷于民，立息以偿，俾新陈相易；兴学校、严保伍，邑人便之。皇祐三年（1051），他再次推辞馆职召试，通判舒州（今安徽安庆）。在任三年，他恪尽职守，严明吏治，抚恤百姓。适逢大旱，民不聊生，他协助知州开仓赈济灾民。丰富的从政经历，使王安石熟悉了民情，历练了才干，逐渐成为北宋政坛的新星，并为后来他推行变法积累了丰富的经验。嘉祐四年（1059），王安石回到朝廷，担任三司度支判官。其间，他结合长期的思考，撰写了《上仁宗皇帝万言书》。这是他对国家改革的最早构想，在文中，他恳望仁宗不要因循"祖宗之法"，大胆改革时弊，努力变法图强。王安石最讲究士人的担当，他说："盖无常产而有常心者，古之所谓士也。士诚有常心，以操圣人之说而力行之，则道虽不明乎天下，必明于己；道虽不

---

① 〔宋〕脱脱等：《宋史》卷三百二十七《王安石传》，中华书局 1977 年版，第 10541 页。
② 〔宋〕王安石：《答曾子固书》，《王安石文集》第四册，中华书局 2021 年版，第 1281 页。

行于天下，必行于妻子。内有以明于己，外有以行于妻子，则其言行必不孤立于天下矣。此孔子、孟子、伯夷、柳下惠、扬雄之徒，所以有功于世也"。① 他认为，孔孟等圣贤之人有功于世，就是他们能尊崇儒道并身体力行。以天下为己任，是王安石最突出最鲜明的人格特色。

主持变法，富国强兵。北宋时期，国库空虚，入不敷出，百姓负担沉重。为巩固中央政权，北宋实行恩荫制和一职多官制度，导致"冗员"严重；实行募兵制导致"冗军"严重，"养兵之费，在天下据七八"（《张载集》）；再加上大兴土木、修建寺观，导致不必要的财政开支严重增加，"冗费"严重。还有为保和平，每年对北方的辽（契丹）和西北的西夏（党项）缴纳岁贡，朝廷财政日渐空虚，到了宋神宗赵顼继位时，"百年之积，惟存空簿"。

为摆脱宋王朝所面临的政治、经济危机以及辽、西夏不断侵扰的困境，宋神宗欲推行变法。熙宁元年（1068）四月，王安石越次入对，勉励神宗效法尧舜，简明法制，并随后上《本朝百年无事札子》，阐释宋初百余年间太平无事的情况与原因，指出当时危机四伏的社会问题，认为"大有为之时，正在今日"，期望神宗在政治上有所建树。熙宁二年（1069），神宗任命王安石为参知政事。王安石提出"变风俗，立法度，最方今之所急也"②，为神宗所赞同。"于是设制置三司条例司，命与知枢密院事陈升之同领之。安石令其党吕惠卿任其事。而农田水利、青苗、均输、保甲、免役、市易、保马、方田诸役相继并兴，号为新法，遣提举官四十余辈，颁行天下。"③ 这场震撼历史的变革，也称"熙宁变法"。

王安石变法的目的在于富国强兵。他把理财视为执政者的头等大事："今所以未举事者，凡以财不足故，故臣以理财为方今所急"，认为"政事所以理财，理财乃所谓义也"。更为可贵的是，王安石始终认为只有在发展生产的基础上，才能解决好国家财政问题，要"因天下之力以生天下之财，收天下之财以供天下之费"。他提出"论理财以农事为急，农以去其疾苦、抑兼并、便趣农为急"，意图破除种种不合理的制度，提升劳动者生产积极性。在王安石上述思想的指导下，变法派制定

---

① 〔宋〕王安石：《王逢原墓志铭》，《王安石文集》第五册，中华书局2021年版，第1669页。
② 〔宋〕脱脱等：《宋史》卷三百二十七《王安石传》，中华书局1977年版，第10544页。
③ 〔宋〕脱脱等：《宋史》卷三百二十七《王安石传》，中华书局1977年版，第10544页。

和实施了诸如农田水利、青苗、均输、免役、市易等一系列的新法,从农业到手工业、商业,从乡村到城市,展开了广泛的社会改革。与此同时,王安石改革军事制度,以提高军队的素质和战斗力,强化对广大农村的控制;为培养更多社会需要的人才,对科举、学校教育制度也进行了改革,王安石带领王雱、吕惠卿编撰了《三经新义》,为教育改革提供了新教材。

变法使北宋国家财政收入大幅增长。通过一系列理财新法的实行,国家增加了"青苗钱""免役宽剩钱""市易息钱"等新的财政收入项目,财政收入有了明显的增加,国库充裕,以致宋神宗年间国库积蓄可供朝廷二十年财政支出。变法的强兵措施扭转了西北边防长期以来屡战屡败的被动局面。北宋熙宁六年(1073),在王安石支持下,熙河路经略安抚使王韶率军进攻吐蕃,收复河、洮、岷等五州,拓地两千余里,受抚羌族三十万帐。这是北宋军事上一次空前的大捷,也是两宋时期汉民族与周边少数民族政权作战时,北宋朝廷开疆拓土、大展神威而大获全胜的唯一战例。

变法废止,功绩永存。王安石变法遭到保守派的反对。变法派与反变法派的对立主要是政见分歧。司马光、韩琦、文彦博、富弼等人认为青苗法、免役法、市易法、保甲法等新政,是变乱宗族法度,是与民争利等等。初始,宋神宗坚定支持变法,后由于用人不力和执行出现偏差,变法带来了一些负面效果,让宋神宗有所动摇。熙宁七年(1074)春,天下大旱,饥民流离失所,任开封安上门的郑侠(1041~1119),乘机绘制流民旱灾困苦图献给神宗,并上疏论新法过失,力谏罢相王安石。同年四月,曹太皇太后(慈圣皇后)、高太后(宣仁皇后)亦向神宗哭诉"王安石乱天下"。神宗对变法也逐渐产生了怀疑,罢免了王安石的宰相职务,改任观文殿大学士、知江宁府等职。熙宁八年(1075)二月,王安石再次拜相,但复相后王安石得不到更多支持,加上变法派内部分裂严重,新法很难继续推行下去。熙宁九年(1076),长子王雱病故,王安石极度悲痛。十月,王安石辞去宰相之职,外调镇南军节度使、同平章事、判江宁府。元丰二年(1079),王安石再次被任命为左仆射、观文殿大学士,改封荆国公。

王安石的变法是中国古代社会一次前无古人的巨大改革。王安石以"舍我其谁"的历史担当,给渐入沉疴的北宋王朝注入一剂"强心剂"。他豪迈地宣称,"天命不足畏,祖宗不足法,人言不足恤",这是在封建社会发出的振聋发聩的声音。

尽管元朝人编修的《宋史》，是依据《神宗实录》《四朝国史》等对王安石变法作全盘否定的评价，但无法否定王安石变法的巨大功绩。返回历史现场，变法在政治上被南宋统治者和理学家否定，并且遭到史无前例的污名化，但是变法派以货币、市场为手段增加工商税收来缓解财政支绌的施政理念，依然被南宋朝廷承袭，直接影响了南宋152年的财经政策。王安石的方田均税、免役、保甲、科举、青苗、均输、市易等新法主张，前五项尽管形式已有所变化、内容也有所增损，但都为后世所沿行。就连明清之际持反对意见的著名思想家王夫之也说："其元祐废之不能废，迄至于今，有名实相仍行之不革者，经义也，保甲也；有名异而实同者，免役也，保马也。"① 清人颜元说王安石"所行法如农田、保甲、保马、雇役、方田、水利、更戍、置弓箭手于两河，皆属良法，后多踵行"②。在北宋后期，经济总量、学校教育、城市繁荣、社会救济等都取得前所未有的成就，从张择端所绘《清明上河图》、孟元老所撰《东京梦华录》就可窥见一斑。这些成就与王安石变法有着直接的历史继承和发展关系。王安石新法控制和稳定社会基层的措施保甲法、免役法从南宋一直沿袭到晚清，保甲法甚至影响了民国的新政，而免役法则是明清一条鞭法和摊丁入亩的先河。王安石变法的历史遗产，依然是我们今天国家治理、社会治理的宝贵借鉴。

辞去宰相后，王安石归隐江宁，选择了城外一处叫白塘的地方，请人开渠泄水，培土造屋。因主宅距江宁城东门七里，距钟山主峰也是七里，所谓半途之上，故将居室命名为半山园。在园内，他结交了米芾、李公麟和苏轼等高逸之友。元丰八年（1085），神宗去世，宋哲宗即位，由太皇太后高氏垂帘听

图 5-2 半山园

---

① 〔明〕王夫之：《船山全书》第十一册《宋论》卷六，岳麓书社2011年版，第163页。
② 〔清〕颜元：《颜元集》，中华书局1987年版，第799页。

政。高太后起用司马光为相。司马光提出"以母改子",全面废除新法,史称"元祐更化"。元祐元年四月初六(1086年5月21日),王安石郁然病逝于钟山,享年六十六岁,获赠太傅,葬于半山园。

第二节 杰出的诗文成就

王安石不仅是经世治国的改革家,也是伟大的文学家,有着卓越非凡的文学贡献。他是"唐宋八大家"之一,一生笔耕不辍,著述颇丰,诗文集今存《临川集》一百卷。王安石的诗文创作与其政治生涯密切相关。他早年诗歌多针砭时弊,广泛抒写社会现实,追求直露峭刻之风。晚年诗歌多寄情山水,表现出恬淡自然的心境,以丰神远韵向唐诗复归。王安石的散文,在理论主张上,强调文章的实用性,重视表里相济和文道统一;在实践创作上,内容充实,形式多样,文章总体呈现出简洁峻切而又峭厉劲拔的特色。

一、诗歌创作:从直截刻露到深婉不迫

王安石的一生因推行新法改革而跌宕起伏、波澜壮阔,他的诗歌创作以其退居江宁、隐居钟山为界线,可分为前后两个时期。

早期诗歌从思想内容上看,多关注现实,针砭时弊,揭露社会政治弊病。早期的王安石多读书应举、宦游四方,故其常在诗歌中反映现实生活,或抒写民生疾苦,抒发对天下苍生的同情;或书写北宋王朝的内忧与外患,以揭露政治弊病;或书写济世救民的伟大胸襟和抱负。如"丰年不饱食,水旱尚何有。……州家闭仓庾,县吏鞭租负"(《感事》),以质朴恳切的语言,真实地展现了在残酷的赋税剥削之下,广大农民走投无路的悲惨场景。"老小相携来就南,南人丰年自无食。悲愁白日天地昏,路旁过者无颜色"(《河北民》),既揭露了边境地区因为常年战祸而哀鸿遍野,也层层铺叙了因向辽与契丹缴纳"岁币",河北之民流离失所向南逃荒的悲惨境遇,深刻揭露了北宋王朝用屈辱的妥协换取苟安局面的事实。又如《日出堂上饮》中的"为君重去之,不使一蚁留。蚁力虽云小,能生万蚍蜉"等句借用寓言的形式揭露北宋王朝弊病丛生之状况,表达了以自己微薄的力量挽狂澜于既倒,为国家革除弊端的理想。

早期诗歌从艺术特点上来看,多追求直露峭刻之风,以议论精辟新奇制胜。王安石早期志高气盛，颇露锋芒，以激流勇进的态度，大刀阔斧地进行改革，为了反映深刻的思想认识，其诗歌往往笔力纵横、峭厉劲拔。如其《与舍弟华藏院忞君亭咏竹》一诗"人怜直节生来瘦，自许高材老更刚。曾与蒿藜同雨露，终随松柏到冰霜"几句，托物言志，以"竹子、冰霜"等高洁、坚硬的意象来象征自己高尚的情操，笔力劲健，语言峭刻，与其早年心境相吻合。可以说王安石早期诗歌，凡涉及政治或者议论便峭刻生风，思致深刻，如"将更百年弊，谓民知可否。出节付群材，询谋欲经久。朝廷每若此，自可跻仁寿"（《酬王詹叔奉使江南访茶法利害见寄》）。又如"区区岂尽高贤意，独守千秋纸上尘"（《读史》），为他早年读书应举时所作，以敏锐的眼光道出读史必须以批判性的思维，创造性地领会旧说的精神实质。王安石早期尤为引人注目的当是他的咏史诗《明妃曲》二首，这两首七言诗被称作是吟咏王昭君最好的诗篇，议论新奇精切。《明妃曲》其一，开头刻画了绝代佳人离乡去国的哀怨，暂不离传统写法，随后则独抒新见，将矛头直接指向皇帝，说其心悦昭君美貌枉杀毛延寿，语言直白刻露。接着又宽慰昭君，远嫁匈奴总好过红颜命薄而老死宫中。结尾借陈阿娇的历史典故抒发议论，道明人生的失意时时皆有，不必过于凄怨。《明妃曲》其二中"汉恩自浅胡自深，人生乐在相知心"两句之议论更是新奇，一扫昭君客居异域的哀怨，直言汉朝天恩浅薄还不如胡人，人生的欢乐在于心相知，较之同时期其他同名诗作，可谓立意高远，峭拔开张。

王安石晚年诗歌与早年诗歌形成了迥然不同的风貌。经历了变法的挫败，他退隐山林，诗歌的整体风格和他个人的心境都发生了很大的变化。诗歌内容也由原来的针砭时弊和描述社会现实转为寄情山水、借物喻志。他晚年的写景诗精工闲淡，常以工巧的语言、白描的手法，勾画出恬淡幽静的自然风光，读来令人觉得意境幽远、怡情悦目。如其《书湖阴先生壁》"茅檐长扫净无苔，花木成畦手自栽。一水护田将绿绕，两山排闼送青来"，拟人和描写浑然一体，交融无间，其中"排闼"二字宛如神来之笔，将山水写得活灵活现，写出了山色不只是深翠欲滴，更仿佛从远方奔来，诗句无凿斧之痕，清新隽永而韵味深长；又如"月映林塘澹，风含笑语凉。……延缘久未已，岁晚惜流光"（《岁晚》），景物优美，用笔平实，但露有含蓄不尽之意；再如"暗香无觅处，日落画桥西"（《南浦》）、"背人照影无穷柳，隔屋吹香并是梅"（《金陵即事》）无不写尽诗人悠然的情致。

王安石晚年诗歌即使是写政治的失意、人生的悲愤也不再像早期那样直白刻

露,他往往是托物言志,寓悲壮于闲淡。如其《北陂杏花》:

<blockquote>
一陂春水绕花身,花影妖娆各占春。
纵被春风吹作雪,绝胜南陌碾成尘。
</blockquote>

同样是写其耿介刚强、孤芳自赏的高尚人格,诗歌语言和气韵皆不似早年"人怜直节生来瘦"那般峭刻刚健,而是借虚静恬淡的景物生发议论,且议论不浅白直切,而是含蕴有味,以北陂杏花喻自己,以南陌的杏花喻谄媚奉承、党同伐异的得势权臣,指出北陂杏花即使零落了,尚可在一泓清波中保持素洁,而南陌的杏花要么任人攀折,要么凋零路面、碾成尘土,表明自己虽然已经退出政治舞台但高洁的人格操守是不会变的,悲壮无奈也渐渐在幽静恬淡的景物中消解。而"墙角数枝梅,凌寒独自开。遥知不是雪,为有暗香来"(《梅花》),更是歌咏了寒梅倔强不屈的傲然风骨,也是王安石人格的形象写照。

二、散文创作:简洁峻切而又峭厉劲拔

作为眼光独到的改革家,王安石看到了北宋社会太平气象下的隐患,他的散文创作是直接为政治主张服务的。在理论上,王安石强调文章的实用性,主张"务为有补于世"。他说:"且所谓文者,务为有补于世而已矣……要之以适用为本,以刻镂绘画为之容而已。"① 在文道关系上,他主张文道兼顾。他批评当世的文章文辞不顾及文理,把堆砌典故、雕琢字句当成精辟新颖。他说:"某尝患近世之文辞,弗顾于理,理弗顾于事,以襞积故实为有学,以雕绘语句为精新。"② 王安石的散文创作贯彻了他的理论主张,也深受当时文人的认可及后人的赞赏。明人茅坤将他列为唐宋八大家之一,梁启超也称王安石能自成一家,他在《王安石传》中说"公与欧公同学韩,而皆能尽韩之技而自成一家"③。

王安石的散文内容充实,形式多样,无论是议论说理,还是叙事抒情,都是有为而作、有感而发。他的政论文议论周密,紧紧围绕他的变法主张,行文往往词气凌厉,语言又朴挚峭厉。如其《上仁宗皇帝言事书》,虽为万言长文,但结构严谨,行文脉络有条不紊,就事论事指出北宋王朝内部的矛盾与政治危机,并乘势提出自

---

① 〔宋〕王安石:《上人书》,《临川先生文集》卷第七十七,中华书局1959年版,第811页。
② 〔宋〕王安石:《上邵学士书》,《临川先生文集》卷第七十五,中华书局1959年版,第799页。
③ 梁启超:《王安石传》,江西教育出版社2019年版,第184页。

己的变法主张。又如《本朝百年无事札子》，开头采用委婉的措辞以颂扬为铺垫，先扬后抑、寓贬于褒，紧接着以犀利透辟的语言剖析了四十多年来的种种弊病，透过百年无事的表面现象揭示出当前面临的种种危机，指出因循守旧的危害，从而深刻阐明变法的紧迫性。他的书札文也多以议论说理为主，总是以理服人，不以酣畅淋漓的情感进行渲染，但能做到旗帜鲜明、逻辑缜密。如其《答司马谏议书》行文理足气壮。文中首先辨别名实，以缜密的逻辑准确地反驳司马光所抨击他的"侵官、生事、征利、拒谏"等罪名，语言简洁犀利，全文笔力峻拔，回荡着一股倔强不平之气。其他如《回苏子瞻简》《答曾子固书》语言皆简练精明，说理透辟，皆可见王安石高超的散文技法。王安石记叙文也不刻意铺陈事件，往往借事明理，将叙事与议论相结合，使得文章立意深远。如其《游褒禅山记》，文章因事见理，夹叙夹议，题虽为游记文，但不是模山范水，而是结合游览山水的经历，阐述治学之道在于不畏险远；《伤仲永》记叙了抚州金溪横空出世的早慧儿童方仲永因后天教育不当由天才变庸才的事迹，事件固然令人惋惜，但王安石能够由感性升华理性，阐发自己的深刻见解。王安石哀祭文也哀乐由衷，情文并至，他的《祭欧阳文忠公文》情意真挚，哀思婉转，文章文笔纵横、词采斑斓，以"江海""日星""疾风骤雨""轻车骏马"四个比喻句，赞誉欧阳修文章学术上的成就与功绩，言其散文之圆融轻快、纤徐有致，接着又以感喟语气转入对欧公仕途崎岖的记述，凸显其晚而不衰的"果敢之节，刚正之气"，褒扬其政治道德，文章的向慕瞻仰之情也就油然而生。

  王安石的散文总体呈现简洁峻切、峭厉峻拔的特色。他的散文不以绚丽的语言和字句的雕琢见长，而是以精练简洁、劲健朴实著称，行文也条分缕析。长文经纬分明，如前文提到过的《上仁宗皇帝言事书》《本朝百年无事札子》以及《上时政疏》等。短文也不枝不蔓，言简意赅。这一特色也与他创作的理论主张相呼应。正如刘熙载在《艺概》中所说："半山文善用揭过法，只下一二语，便可扫却他人数大段，是何简贵。"[①] 如《读孟尝君传》：

  世皆称孟尝君能得士，士以故归之，而卒赖其力，以脱于虎豹之秦。嗟乎！孟尝君特鸡鸣狗盗之雄耳，岂足以言得士？不然，擅齐之强，得一士焉，宜可以南面

---

① 〔清〕刘熙载：《艺概注稿》，袁津琥校注，中华书局2009年版，第154页。

而制秦,尚何取鸡鸣狗盗之力哉?夫鸡鸣狗盗之出其门,此士之所以不至也。①

全文甚至不满百字,却能横扫众议,推翻传统旧论,即孟尝君并未招纳到真正的人才,真正的人才需要有雄才大略,要能够济世救民。篇幅虽小,议题却宏大;语言简练,但直白峻切、富有气势,展现了王安石作为政治家的非凡气魄和深远的见识。

第三节 荆公新学的创新特质

所谓"新学",是以王安石等主持修撰《三经新义》(王安石撰《周官新义》,吕惠卿、王雱撰《毛诗义》《尚书义》)而得名;因王安石曾于元丰二年(1079)封荆国公,故后世亦称"荆公新学"。又因王安石是该学派的创始人和学术领袖,故又称"王学""王氏之学""王氏新学";因王安石是江西临川人,故又称"临川之学""临川学派"等。学派成员除了核心王安石之外,还有王雱、陆佃、蔡卞、吕惠卿、龚原等人。在北宋中后期,荆公新学与理学、苏氏蜀学相互鼎峙。由于新学依靠王安石在朝廷的独特地位,以"官学"形态颁行天下,荆公新学成为宋廷南渡之前居于意识形态领域主导地位的思想学说。它形成于嘉祐、治平年间,兴盛于熙宁年间,演变于元丰年间,陆陆续续统治北宋中后期思想文化界达六十年之久。

荆公新学的代表著作主要是王安石所著《易解》《淮南杂说》《洪范传》《老子注》《周官新义》《诗经新义》《尚书新义》《字说》等。此外,王安石弟子的一些学术著作,亦为新学增光添彩,主要有王雱所著《老子训传》《佛经义解》《庄子注》《孟子解》,吕惠卿所著《论语义》《周易大传》《尚书义》《周礼义》《毛诗集传注》《孝经传》《老子道德经传》《庄子义》,陆佃所著《尚书解》《礼记解》《尔雅解》,蔡卞所著《毛诗名物解》,龚原所著《周易新讲义》,以及王昭禹、郑宗颜的《周礼详解》,马希孟、方悫的《礼记解》等。

宋史专家邓广铭先生在《略谈宋学》一文中指出:"北宋一代的儒学家们,尽管绝大多数还都尊奉儒家学说为正宗,然而他们的思考方法及其所钻研的课题,都已与由汉到唐的儒生们大不相同。他们所具有的共同特点是:1.都力求突破前代儒家

---

① 〔宋〕王安石:《读孟尝君传》,《临川先生文集》卷第七十一,中华书局1959年版,第756页。

们寻章摘句的学风,向义理的纵深处进行探索;2. 都怀有经世致用的要求。"① 新学不仅具有宋学重视义理、通经致用的共性,同时还具有融会创新、关注性理的鲜明特性。

一、否定章句、重视义理

自汉代以来,学者解经大多拘泥于章句训诂,对于经书中的义理未有大的发明,宋初学者也基本上延续章句训诂的治学路径。到了宋仁宗时期,社会矛盾日益复杂尖锐,国力积贫积弱,政治消极怠惰。为消除社会积弊、实现富国强兵,一些有识之士提出变法主张。要变法,首先要找到理论依据。而当时的儒士拘泥于汉儒的章句之学,无法为统治者提供有效的治国良方。这就要求破除汉儒的章句之学,发掘儒家经典的义理。在冲击章句训诂之学的过程中,荆公新学发挥了巨大作用。

在治经上,王安石与汉代以来学者是不同的。汉代以来学者拘泥于章句训诂,对于经典大义很少过问,王安石针对这种弱点指出,"章句之文胜质,传注之博溺心。此淫辞诐行之所由昌,而妙道至言之所为隐"②,明确提出治经的目的应该是发明其中的妙道至言,而不是拘泥于章句,把注意力放在名物制度等的训释考辨上。③ 王安石反对章句注疏之学,提倡义理之学,注重从宏观上、主旨上把握儒家经典的内涵,注重儒家经典服务于社会需要。尽管王安石重开义理之学,但是他并不废训诂,而是主张义理之学与训诂之学并重,以训诂佐义理。这与二程、陆九渊等不经过文字训诂阶段,凭借主观的见解去解释古人不同。

王安石不仅以义理解经,而且还通过科举手段把义理之学推向全国。隋唐以来,科举考试制度在取士时,用经学考察士子对经学传注是否记诵准确,或者用诗赋考察士子的文辞。这样一来,使得士人们专习于章句之学,而忽视了经学义理。宋代建立后,依然延续了这种体制。神宗即位后,也深切感受到了章句记诵的弊端。王安石被神宗任命为相后,着手扭转学者"弊于传注之学也久矣"的现象。王安石对神宗说:"宜先除去声病偶对之文,使学者得专意经术。"在神宗的支持下,王安石进行变革,"于是改法,罢诗赋、帖经、墨义,士各占治《易》《诗》《书》

---

① 邓广铭:《略谈宋学》,《邓广铭治史丛稿》,北京大学出版社1997年版,第164—165页。
② 〔宋〕王安石:《除左仆射谢表》,《临川先生文集》卷第五十七,中华书局1959年版,第619页。
③ 李胜垒:《荆公新学之"新"》,《西安文理学院学报》2018年第1期。

《周礼》《礼记》一经,兼《论语》《孟子》。每试四场,初大经,次兼经,大义凡十道,次论一首,次策三道,礼部试即增二道"①,通过科考的方式使士人不得不学习经书义理,章句之学受到打压。尽管后世在科考上屡有变动,但王安石以义理取士的做法却从未改变,被一直保持了下来。

二、兼容并包、融会创新

自先秦起,儒家学者就自觉不自觉地吸纳老、庄、墨、申、韩、阴阳五行之学,以使儒学不断丰富和发展。魏晋以来,又侧重吸收释、老二氏之学,以提高儒学的哲学思辨能力。进入宋代,如何重新认识诸子百家之学,尤其是如何借鉴佛教和道教的心性之学,是儒者直面的问题。一批有识之士打起复兴儒学的大旗,主张排斥佛老,力图通过拒斥佛老来恢复儒学的地位,如范仲淹、欧阳修、曾巩等。但以王安石为代表的荆公新学学派主张以儒为本,援佛入儒、援道入儒、援法入儒,乃至援诸子百家入儒,兼取诸家之长,表现出兼容并包、融会创新的特点。

一是援佛入儒。王安石自青年时期起,就苦读儒家经典,深受儒家思想影响,立志做一个"致君尧舜上,再使风俗淳"(《奉赠韦左丞丈二十二韵》)的人物。王安石是坚定的儒者,但是对佛教采取了宽容的态度。他游佛寺、读佛经、注佛经,与佛徒交往,对佛教展现出浓厚的兴趣。王安石发现佛教中的辩证法和性情论比之儒学更发达,要使儒学最终取代佛学占据意识形态的统治地位,不能像韩愈那样"人其人,火其书,庐其居"(韩愈《原道》)。韩愈排佛实际上是排其迹,未能收到排佛的真正效果。鉴于此,王安石倾向"取佛之长,补儒之短",通过完善儒学来最终战胜佛学。

二是援道入儒。在对待佛教和道教的问题上,王安石与二程采取了截然不同的态度,二程反佛道,王安石好佛道。晁公武《郡斋读书志》云"介甫平生最喜《老子》,故解释最所致意"。王安石大量吸收消化了《老子》哲学中的朴素辩证法思想,用来观察自然及社会现象,丰富了儒家的天人观、命运观、有无观、法则观。他的最高哲学范畴"道"显然源于《老子》。王安石不仅引道家思想以释儒,而且还援引儒家学说以释老。如王安石引用《周易说卦》中的"穷理尽性以至于命"来解释《老子》的"无为"学说,从理论上把老氏之学解释为宋学家可以接受的学说。

---

① 〔元〕脱脱等:《宋史》卷一百五十五《选举志一》,中华书局1977年版,第3618页。

三是援法入儒。荆公新学还受法家思想影响。《上仁宗皇帝言事书》是王安石阐述其变法主张的纲领性文献。在这篇文献中，他就时论势，力陈当时天下之患，在于"不知法度"，极力提倡"改易更革"。并指出改革的首要任务是"变风俗、立法度"，所有这一切都贯穿着法家的思想。王安石不仅强调变革，将创法立制视为人才培养、富国强兵、道德教化、移风易俗的前提，而且为法度提出多层维度的合法化论证，并大规模地付诸变革实践。

三、知行合一、经世致用

先秦以来儒学有两个基本的特征：一是理想主义，二是经世传统。理想主义儒学重视伦理，经世传统的儒学注重实用。在理想与经世之间，王安石更注重实用。知行合一、经世致用是荆公新学区别于同时代其他学派的一个显著特点。

一是为实现新政统一经术。王安石认为导致北宋积贫积弱的根源在于国力穷困。他主张从理财入手实施变法（针对这一点，苏轼认为王安石没有抓住问题的关键，苏轼主张从扭转社会风俗入手，解决社会积弊）。然而北宋早期是一个"罕言利"的时代，要理财必须打破传统的"重义轻利"的观念，提倡义利并重。北宋时期，社会思潮激荡，新旧价值失衡，人们陷入深深的道德困惑，以致"学术不一，一人一义，十人十义"。王安石继承发展了《孟子》的"义利观"，认为"利吾国""利吾身"属于利的范畴，而"利吾民"则属于"义"的范畴，提出"理财，仍所谓义也"的改革指导思想，主张"财"和"义"并重，"强其国"和"美风俗"两手都要抓，不可偏废。尽管荆公新学与二程洛学都特别重视《孟子》，但是对《孟子》的义利观解读存在显著差异。二程的义利观概括起来就是"窒欲存理""不论利害"，即"存天理，灭人欲"，认为"义"和"利"是不能统一的。其所谓"不论利害"就是遇事只看"义当为不当为"，不考虑有利还是有害。相比荆公新学，二程的义利观显得狭隘逼促，冷落人心。

二是为实施新政培养人才。王安石认为改革的目的在于富国强兵，前提是培养人才。他指出，"徒教化不能使人善"，更不能解决北宋内忧外患的危机。鉴于北宋的教育"学非所用，用非所学"，王安石主张以"经学"为教学中心内容，并提出要广涉学校、严选教师、学以致用的教育改革策略。在变法期间，王安石设置了律学、医学、武学等专门学校，以培养有一技之长的实用型人才。这与二程洛学也形成鲜明对比。对于改革，尽管荆公新学和二程洛学都打着"法先王"的旗帜，但是二者对"先王之道"的理解见仁见智。王安石所说的"先王之道"是经世之道，而二程所谓的"先王之道"是正心诚意的性命之学。因此，在改革的具体举措上，洛学则侧重于道德教化，而王安石则强调经世致用。

第四节　王安国、王安礼

临川王氏家族，自王安石叔祖王贯之（967~1028）进士入仕，到王安石兄弟出将入相，不到50年的时间，兴旺发达，声震朝野。王家一直秉持诗礼耕读传统，读书上进，人才辈出。本节主要介绍王安石两个胞弟王安国、王安礼。

一、王安国

王安国，字平甫，生于天圣六年（1028），王安石大弟，小王安石7岁。王安国从小聪明好学，13岁时写下的《题滕王阁》，被人称颂。《宋史·王安国传》云："（王安国）幼敏悟，未尝从学，而文词天成。年十二，出所为诗、铭、论、赋数十篇示人，语皆警拔，遂以文章称于世，士大夫交口誉之。"[①] 王安国敏而好学，博闻强记，才华出众。朝廷的大臣们因之都举荐他，把他的文章缮写好献于朝，建议对于这样的人才应特别召见和测试。由是，王安国受宋神宗召试，赐予进士及第，步入仕途，先是被任命为武昌军节度推官、西京国子监教授，不久调任崇文院校书，后改郎秘阁校理，人称王校理。熙宁七年（1074），王安国坐郑侠《流民图》反对新法下狱事被削职归乡里。不久，复其官，命下而王安国因病去世，年四十七岁。

王安国诗文兼工，一生写下了大量诗文。正如其兄王安石所言："盖于书无所不该，于词无所不工。"而在曾巩看来，很多人能文而不工诗，工诗而不善文，但王安国既擅文又工诗。他说："古今作者，或能文不必工于诗，或长于诗不必有文。平甫独兼得之，其于诗尤自喜，其忧喜、哀乐、感激、怨恚之情，一于诗见之，故诗尤多也"，并评价说："其文闳富典重，其诗博而深。"[②] 王安国去世后，他的家人集得遗文100卷，定名为《王平甫文集》，但今天只留传下来1卷，人们称之为《王校理集》。

---

① 〔元〕脱脱等：《宋史》卷三百二十七《王安国传》，中华书局1977年版，第10557页。
② 〔宋〕曾巩：《王平甫文集序》，《曾巩集》卷第十二，中华书局1984年版，第202、201页。

王安国现存诗不足 40 首。从诗的内容看，主要有写景诗、咏古诗、咏怀诗、赠答诗等。较出彩者有《春阴》《缭垣》《夏日独居》《游庐山宿栖》《金明池》《中夏》《雨余》《梅花》等。写景诗如《池上春日》云："一池春水绿于苔，水上花枝间竹开。芳草有时依旧长，文禽无事等闲来。年颜近老空多感，风雅含情愧不才。独有前人修禊在，荒亭终日此徘徊。"①这首诗写池上春色，开篇写春阳之下有青苔、翠竹、芳草、靓鸟，接着笔锋一转，写自己的衰老和荒凉的亭宇，以一"老"一"荒"，令苍凉之气从笔底袭来。该诗意象突出，构思巧妙，在鲜明的对比中强化了诗歌的情感表达。他的诗寓情于景，其情充沛、真挚动人，不似一般宋诗多议论，而多以意境取胜。

王安国亦能词，如《减字木兰花》（春情）词："画桥流水，雨湿落红飞不起，月破黄昏，帘里余香马上闻。徘徊不语，今夜梦魂何处去，不似垂杨，犹解飞花入洞房。"词写暮春景色，流水画桥，雨丝纷纷，落花片片，流水落花让人暗生惆怅。月上中天，帘里余香，勾起了人们无限的思念。现实中无人可以细语，只待在梦中相会。杨花可入洞房，而人却远在他乡……将思念爱人的情绪写得缠绵悱恻，楚楚动人。

王安国原有文集 60 卷，而今传下来有《王校理集》1 卷。今人编《全宋文》将王安国文章编为 2 卷。《举士》是他写的一篇政论文，重点是讨论当下举士之法不当，法不"足以得人"，进而提出了应该如何"举士"，怎样使"四方万里之材，一切无所遗逸"。从写作艺术上看，先摆出客观现实，指出科举考试之弊，并对弊端进行逐一剖析。又以子产为例，从历史的角度分析其弊端成因。在细致剖析的基础上，提出自己的观点，显得深刻有力，易于被人接受。全文先"破"后"立"，事实清楚，说理透彻，语言简练明白。曾巩在《王平甫文集序》称其文"明于是非得失之理为尤详"。除了政论文外，还有序文。如《后周书序》，为整理后的《周书》所写的序文，整篇文章，由一事生发开去，步步深入地进行阐发，层层推进，条理清晰，论证周密，说理有力。序跋还如《送光禄郑寺丞序》，是一篇送给弟子的临别赠文。王安国还写有一些"记"文，在《全宋文》中收录有 6 篇。《池轩记》一文写宣城池轩，作者在文中不仅写了宴饮之乐、观美景之乐，更写了神志之乐："吾

---

① 陈思编：《两宋名贤小集》卷六十一，钦定四库全书本。

所以乐于耳目之玩者,岂独快须臾行役哉,盖俯仰间有见万物之理而乐也。"① 为什么会有如此之乐,那是因为杜君治邑有方,是贤者之治,"夫熟虑于治,而使吾民衎衎于下,然后得宴休于上,而无愧孟子所谓'贤者而后乐'者欤,则君懿不有志是哉"②。作者在此歌颂了杜君的德政。《清溪亭记》也是王安国的一篇美文,乃应弟弟王安礼之约为安徽池州清溪而作。

王安国的文章受到人们的喜爱与推崇,陈师道在《王平甫文集后序》里评论了其诗与文,称"人闻其声,家有其书,旁行于一时而下达于千世"。曾巩亦言:"平甫乃躬难得之姿,负特见之能,自立于不朽,虽不得其志,然其文之可贵,人亦莫得而掩也。"③ 这些评价,恰如其分地体现了他文章的价值。

二、王安礼

王安礼,字和甫,王安石的三弟,小安石14岁,小安国4岁。嘉祐六年(1061),进士及第,任莘县主簿,再调任安徽池州司户参军。此后历任并州总管司管勾机宜文字、著作佐郎、崇文院校书、秘书丞、崇文殿校书、馆阁校勘等。熙宁八年(1075)后,王安礼历任润州、湖州知州,直集贤院兼直舍人院、同修起居注、尚书右丞等职。元丰六年(1083)八月,转尚书左丞。在元丰朝任职期间,王安礼以自己的智慧与胆识,做了许多令时人与后世赞颂的事,特别以营救苏东坡与开封府断积案为人称道。元丰二年(1079),苏东坡因"乌台诗案"下狱,张方平等许多重臣出手相救效果不佳,形势已是"众危之,莫敢正言者",正在这时,王安礼出手相救,减轻了苏东坡的处罚。元丰四年(1081),王安礼以翰林学士知开封府。当时开封府积压了数以万计的案件,他加班加点,不畏权贵,顶住压力,认真剖析案情,秉公执法,在不到三个月的时间里,把积案审理完,受到皇帝的嘉奖。

在熙宁、元丰年间,王安礼充分显示了自己的才华,为国家为朝廷做了大量工作,取得不斐的成绩,产生了重要影响。然而他为人刚毅耿直,勇于直言,公正处事,得罪了不少人。加之他在私德上颇有瑕疵,被人称"狎游无度",亦给人落

---

① 〔宋〕王安国:《池轩记》,曾枣庄、刘琳《全宋文》第七十三册,上海辞书出版社2006年版,第57页。

② 〔宋〕王安国:《池轩记》,曾枣庄、刘琳《全宋文》第七十三册,上海辞书出版社2006年版,第57—58页。

③ 〔宋〕曾巩:《王平甫文集序》,《曾巩集》卷第十二,中华书局1984年版,第201页。

下了不少口实。张汝贤、满中行等对他进行了弹劾,王安礼遂以端明殿学士身份知江宁府。后又历任扬州、青州、蔡州、舒州、宣州等知州。哲宗时期重起变法派人士,王安礼被起用。绍圣二年(1095)知太原府,次年因病逝于任上。去世后,被赠右银青光禄大夫。

王安礼有《王魏公集》传世,初编有 20 卷,现存 8 卷,为四库馆臣从《永乐大典》中辑出。王安礼诗现存 43 首。从内容分,以赠答诗居多,其次为纪事诗,再次为抒怀诗。赠答诗,如《常州寄吕进之》诗云:"峨峨霍邱上,可以望九州。衮衮蔡河底,日夜无停留。子与山水近,官冗亦少休。登高望我居,寄书托东舟。非唯慰我思,亦以解子忧。我欲问子讯,冰泥塞邗沟。又欲识子处,东山岂高邱。惜哉所处异,会合宁易求。何时春风来,从我繁台游。"①嘉祐二年(1057)四月,王安礼随哥哥在常州,写下了这首诗赠送朋友吕进之。诗的开篇写巍峨雄壮的霍邱山、奔腾不息的蔡河,为写思友铺垫。接着写山高水长,两人分处异地,难得相见的遗憾和无奈。最后写对相见的期盼。此诗层层递进,情感线索分明。赠别诗还有《送别范希声》《赠别君重安抚太尉》《寄君重安抚太尉》《送吕陶赴阙》《送卢大雅赴阙》等。

纪事诗在王安礼诗中占有一定比例,这些诗多写日常生活中的人事或物什,如宴饮、出游、夜值等。宴饮诗如《春日即席有题》:"早是天涯多病客,可堪春末少年时。风流任使花王笑,欢乐除非酒伯知。荆岫定为郊社器,渭川终作帝王师。琅玕未实烟空老,不恨年来紫凤饥。"这首诗写宴饮,却少有一般宴饮的快乐与欣喜,而是多了一份伤感与无奈。纪事诗再如《捧香人》《梦长》《宿直》等。但宝贵的是,在纪事诗中,不乏关注民生的诗。如《曲院输麦二十二韵呈开父》,这首长诗对农民与官人(我)进行对比:农民顶着六月炎日辛辛苦苦地耕作,所收获的粮食送给官府去偿官债,"谁人坐华堂,玉簟罗婉娈。清樽近美竹,冰纨依素扇",官人坐华堂,过着轻松闲适的生活,不知农民的辛苦……表达了对劳动者深切的同情。

王安礼还有纪游诗。如《游集禧中元东轩分题得东字》:"策马从仙子,探春游帝宫。爱此高尚志,开轩池水东。鸭绿漾残日,树碧留清风。生我潇洒思,超然尘世中。"这首诗虽然是大家游观后的戏作,但描绘了观中之景,表达了超然物外的

---

① 王安礼诗均引自陶福履、胡思敬《豫章丛书·集部一·王魏公集》,不再注明出处。

舒放心情。王安礼虽是一位官员，可也有文人的浪漫，会在雨中与友人登古寺，赏寺景，及至诗兴盎然，便援笔赋诗。

王安礼的诗具有清新明快、通俗易懂的特点。如"池塘脉脉春泉动，亭馆阴阴夏木凉"，春夏之景跃然纸上。又如《为爱》："为爱诗家景，分题昼幕骞。寒生洞庭石，翠滴华峰莲。刷羽天门过，潜鳞海窟眠。未饶元白辈，争购百金传。"这是一首评画诗，但作者以诗为画，用文字勾勒出画中的生动图景，形成了诗画互文的效果。王安礼善于用典与用韵。其诗讲究音韵和谐，如"深沉智虑三冬学，磊落胸怀万卷书""古木带风号晚照，野花和雨泣秋云"。这些都是较为经典的用韵谐律的工整之作。王安礼还善于用典，如"醉有陶彭泽，狂如阮步兵""平生出处无心较，亦似庄周万物齐"，"赋比相如已绝伦，即论才识又名臣"等等。

王安礼的文章主要见于《王魏公集》，收录了近20种文体，总数320多篇。这些文章中有一类是应用文，如代拟的诏、制、诰等；还有一类是写人写事写物的散文，如书、记、启等。记，仅见《高唐县学记》，这是为高唐县（今属山东省）兴县学而写，全文约400字。作者对于万县令兴教之举很是钦佩，夸赞说："今万令为百里之政，而兴起弊废，开延诱掖而进之，与士子讲论夫子之道，而不为苟简之见，须迟久之功者，良有以也。"① 王安礼也借此表达了希望自己能够有机会施展才华，像万县令一样建立功业，实现自己的政治理想与抱负的期望。

王安礼的文章得到人们称许，南宋初楼钥在《王魏公文集序》里评价说："制诰温润丰美，得中和之气，而属辞赡洽，成于口授，上数称之。诰命有可以通行者，俾公为定辞以新之。"② 清代《四库全书》称："其中内外制草颇典重可观，叙事之文亦具有法度。"除了《王魏公集》外，王安礼还参与了《灵台秘苑》的编修工作。《灵台秘苑》不仅仅是对前代星象观测资料的整理，同时吸纳了宋代星象观测资料，在当时是一部具有时代意义的书籍，为后人研究天文学史提供了重要素材与宝贵资料。

---

① 〔宋〕王安礼：《高唐县学记》，曾枣庄、刘琳《全宋文》第八十三册，上海辞书出版社2006年版，第129页。

② 〔宋〕楼钥：《王魏公文集序》，《攻愧集》卷四十九，景上海涵苏楼藏武英殿聚珍本。

第六章
文章大家曾巩

曾巩（1019~1083），字子固，北宋建昌军南丰县（今江西南丰）人，在文学、经学、史学方面都有着极高的成就，他与其家族一起谱写了抚州文化史上绚丽夺目的篇章。从人格精神来看，他偃蹇不偶，但刻苦求学，久负才名；从文学成就来看，他追随欧阳修开展文学革新，是唐宋古文运动的骨干；从史学方面来看，他修撰国史，有丰富的史学实践和深厚的史学修养。

第一节 曾氏家族的文学成就

一、南丰曾氏的家族概况

南丰曾氏，起源于山东（曾子），后从中原迁徙到江南，晚唐时期南丰曾氏祖先曾略官至光禄大夫、节度使，迁徙到吉安庐陵，后又由庐陵迁至抚州南城。晚唐五代时期，曾氏后人曾洪立为金紫光禄大夫，任南丰县令，曾氏家族由此在南丰繁衍定居。据此，后世皆认曾洪立（生卒年不详）为一代祖。

南丰曾氏家族，世代耕读，经过几代人的刻苦与努力，至曾巩这一辈，曾氏风致，方得中流，而得以至位显通。正如曾敏行在《独醒杂志》里说："南丰之曾，曰巩、曰牟、曰宰、曰布、曰肇……皆以伯仲取科第，致位显通。南丰之最子固、子开，而子宣遂登相位。"[①] 故南丰曾氏的政治成就主要表现为其族人科举中举与做官的盛况。

[①]〔宋〕曾敏行：《独醒杂志》，上海古籍出版社1986年版。

图6-1 油画《曾巩像》（南丰曾巩纪念馆/作者封治国）

南丰曾氏家族世代学儒，以读书仕进作为其光耀家族的重要手段，曾氏家族子弟蟾宫折桂者接连不断。自曾巩祖父曾致尧起，南丰曾氏家族几乎是满门进士。曾巩祖父曾致尧于太平兴国八年（983）登科及第，任户部郎中赠右谏议大夫；从祖曾士尧、从父曾易从、父亲曾易占分别于淳化二年（991）、咸平元年（998）、天圣二年（1024）登科及第，其中曾易占官至太常博士、赠光禄卿。至曾巩这一辈，曾氏家族更是一门数杰，蔚然临于北宋，谱写了一则"兄弟人间盛事"。嘉祐二年（1057）曾巩与其弟曾牟、曾布及从弟曾阜同时金榜题名，成为一时美谈；曾巩幼弟曾宰与曾肇分别于嘉祐六年（1061）、治平四年（1067）登科及第。当然，南丰曾氏及第人数远不止这些，据廖应生、周世泉《北宋南丰曾氏考》①一文统计，南丰曾氏一族，自曾致尧起，仅三代，登科及第者共有20人，足以彰显曾氏家学之兴盛。也正如李俊标先生所言："钟灵毓秀，经数世之积蕴，至曾致尧，曾氏家族声势渐起，到其孙曾巩一代，则一门数杰，蔚然卓立于天水一朝，之后亦代不乏人，让世人每多赞叹。"②

南丰曾氏家族世代簪缨，然其中翘楚当属曾巩、曾布、曾肇三兄弟。他们兄弟三人，同时鼎峙为名臣，于诗坛大放异彩。曾巩作为一代醇儒，始终心系百姓，他官至中书舍人，爱民恤物，胸怀广阔。任越州通判期间，赈灾救民、治理鉴湖。任齐州军州事期间，除盗肃霸、兴修水利，深得百姓爱戴、亲友敬佩。苏辙就曾赞叹其"儒术远追齐稷下，文词近比汉京西"（《曾子固舍人挽词》）。曾氏三兄弟中，为官成就最高者当属曾布。曾布三任翰林学士，又在绍圣四年（1097）知枢密院事（位同宰相），他为人耿介正直，遗憾的是由于身前深陷新旧党争的漩涡，频频被后世打入"奸臣"的行列。幼弟曾肇亦为官正直，敢于直言，入官四十余年，数任府州之职，两度为中书舍人，在朝期间，政绩颇丰。

---

① 廖应生、周世泉：《北宋南丰曾氏考》，《抚州师专学报》2002年第3期。
② 李俊标：《曾氏文学家族研究》，江西高校出版社2021年版，第1页。

二、曾氏家族的文学创作

南丰曾氏自曾致尧始著名于世，曾巩、曾布、曾肇三兄弟文学创作最为耀眼夺目。曾布之妻魏玩，湖北襄阳人。当曾布官至执政时，她被封为"夫人"，人称"魏夫人"。魏玩的文学成就极高，如空谷幽兰，于众多男性文人之中独绽妍彩。当然，曾氏家族还有很多能文之士，而曾致尧、曾布、曾肇、魏玩四人的文学作品既呈现出与曾巩不一样的创作特点，也为曾氏家族增添了诸多色彩。故今择曾致尧诗文、曾布诗文、曾肇之诗、魏玩之词为代表，细为论述，以见其情。

（一）曾致尧

曾致尧，字正臣，太平兴国八年（983）进士，《全宋诗》现存其整诗6首，残诗3首。《全宋文》现存其文2篇，文虽不及"三曾"，但文心气凛多有变化。

文辞朴实无华、语言清新隽永是曾致尧的诗风特点。如其《东林寺》"渡口惊新雨，夜来生白苹。晴沙鸣乳雁，芳草醉游人"，写细雨落在渡口，白苹初生，乳雁在沙滩上鸣叫，芳草熏得游人微醉，以通俗浅近的语言，勾画了一幅明丽清新的野郊渡口春景图；又如"春风花对岸，夜月水当轩"（《题刘居士江楼》），可谓语言朴实，却意境动人，诗句虽写幽花对岸、水月当轩的清幽之景，实则暗含了淡淡的闲愁；同样摇曳生姿，清新动人的诗句还有"水深花影地莓苔，春色烘人若不开"（《崇觉寺》）、"隔山川隐映，近郭水萦纡"（《望京楼》）。

闳深秀美、长于讽喻是曾致尧的散文特点。即文章文笔质实，内涵丰富，语言清丽秀致，并且能善用讽喻，针砭时弊。[①] 由于曾致尧的文章散佚过多，后者已无从论证，但从其仅存的两篇散文《春日至云庄记》《齐云院碑》来看，曾致尧散文文笔清新优美，文章内涵丰富，语言前后映衬，灵转流动，富有情致。如《春日至云庄记》描绘的是曾致尧携亲友游览麻姑山别墅云庄路上所见之景，沿途"田如绮绣，树如烟云……花坡柳村"，文笔质实，清新明快，游记之中尽显人间美景与太平祥和。《齐云院碑》写南丰军峰山齐云古院，全文风致洒脱，律对工稳，如"幡花沉水，香灯不绝"之句，尽显翰苑英华。

（二）曾布

曾布，字子宣，嘉祐二年（1057）进士，由于身陷新旧党争的漩涡，在《宋

---

① 罗伽禄：《曾巩家族》，江西人民出版社2014年版，第17页。

史》中他被列入《奸臣传》，其诗歌与散文散佚在"三曾"中最为严重，《全宋诗》存其完整诗九题十首，残诗若干。《全宋文》存其散文71篇，但多为制诰表制文，文学色彩偏弱。

情景相融的意境、洒脱高远的情怀，可视作曾布诗歌的一大特点。这一特点可见于其代表作《灵泉寺》《表海亭》中。两首诗都是曾布留存于世的上佳之作。前者开篇由泉水着手，由泉水之洁白凛冽衬托出品质高洁的游者，遂生出抛却世间浮名的想法，紧接着又描绘了寺院之中"碧影涵金，环佩暗动"的清幽景致，末尾一句"白首何人共濯缨"更是诉说自己渴望脱离尘世，却难寻知音的感慨。后者如"极目烟岚九霄近，满州楼阁万家春"之句，兴象开阔，意境深远，表现出人世沧桑变幻后看透世间繁华的深刻感受。意境与之相似的诗句还有"遗迹至今空有桧，不知蝉蜕此山间"（《和刘谊留题融州老君岩》其二）等。

长于叙事、文风庄严肃穆是曾布制诰表奏之文的特点。曾布三任翰林学士，任枢密院事，位同宰相，他此类文章或嘉表先贤，或推行政令，或御前谏讽，故其文句式长短交错，抑扬有致，感情色彩也较为强烈，如其《贺册皇后表》《哲宗谥册》皆是如此。

（三）曾肇

曾肇，字子开，治平四年（1067）进士。诗歌方面，《全宋诗》收其诗歌二十八题三十首，其诗在造形写意方面颇有成就，写景诗秀丽清新，其思亲诗亦情真意切。散文方面，同其兄曾布一样，曾肇为官多年，其散文大多为诏令、制词等庙堂文章，文学色彩不及诗歌。

曾肇的写景诗往往清新秀丽，风韵婉约而又深远浑厚。如其《京口甘露寺》"江声逆顺潮来往，山色有无烟淡浓"只是粗画勾勒，便描摹出一幅江流山霭图。顺着江流看万山群峦，黄昏时分的光影与山中的烟岚交织在一起，景无穷且情无限，山水重重，粗笔勾勒间，流露出被贬谪的淡淡忧愁；又如其《海陵春雨日》"沉烟一炷春阴重，画角三声晚照微"，刻画的是官衙常见景色，虽暗含闲情却别有深意，官衙幽深、沉烟寂寥、夕阳晚照，清幽之境中，不仅有恬淡的闲适之情，更是一种忘却机巧的疏懒。

曾肇的思亲诗则往往情真意切，长于用典，抒情色彩浓厚。如其《上王荆公墓》"天上龙胡断，人间鹏鸟来。未应淮水竭，所惜泰山颓。华屋今非昔，佳城闭不开。白头门下士，怅望有余哀"，对王安石的辞世表现出无限沉痛的惋惜之情，"淮水竭、泰山颓"一句更是引经据典，立意高远，使得所抒哀痛之情真挚、凄绝；其"故人南北叹乖离，忽把清诗慰所思"（《次后山陈师道见韵》）一句亦流露出对友人陈师道的思念与依赖。

（四）魏玩

魏玩，字玉汝，曾布之妻，曾巩弟妹。魏玩出生于官宦世家，自幼聪颖，博览群书，满腹才情，是南丰曾氏家族中一朵靓丽的"女儿花"，她的文学成就主要体现在词作方面。朱熹曾将其与李清照并称，云"本朝妇人能文，只有李清照与魏夫人"[1]。杨慎也认为其不止擅长写闺阁之词，可与秦观、黄庭坚争雄，其《词品》云："李易安、魏夫人，使在衣冠之列，当与秦观、黄庭坚争雄，不徒擅名于闺阁也。"[2]魏玩著有《魏夫人集》，今已失传，《全宋词》中仅存其词14首。

意境凄婉而又显富贵气象是魏玩的词作特点。魏玩身为官眷，其夫曾布常年在外任职，故词作内容多抒发闺中女儿的相思之情，意境凄婉，但又因为其生活优渥，儿女争气，在叙写其雅致生活时常显露出富贵气象。如其《点绛唇》（波上清风）写明月清风相和之时，与友人在画船宴饮以排遣相思寂寞之情，着重刻画了宴散人离之后，独自凭栏回首往事的孤寂景象，意境凄婉，而"画船、残酒、淡烟、疏柳"等意象亦显现了词人雅致生活中的富贵气象；再如其"锦屏绣幌与秋期"（《系腰裙》）、"晓妆楼上望长安"（《江城子·春恨》）、"红楼斜倚连溪曲"（《菩萨蛮》）等词句，或写其闺中忧思，或写其凝妆思夫，或写其昔日与夫游玩的回忆，虽显露孤寂之意，亦不难看出词作中富贵悠闲的生活，可说一字一句间，皆有富贵闲愁。

擅长点化前人词句是魏玩词作的又一特点。魏玩存词不多，通过这沧海一蠡，看见其点化前人词句能不留痕迹又别出心裁。如"别郎容易见郎难"（《江城子·春恨》）化用李煜"别时容易见时难"（《浪淘沙》）；"晓妆楼上望长安"（《江城子·春恨》），亦有王昌龄"春日凝妆上翠楼"之韵味；"何处离愁，长安明月楼"（《菩萨蛮》）则化用张若虚"何处相思明月楼"（《春江花月夜》）之句。这些化用的词句既贴切自然，又流转自如地表达了魏玩的闺中思念，确实可见其文思聪颖，博览群书。

---

[1] 〔宋〕黎靖德：《朱子语类》卷第一百四十，中华书局1986年版，第3332页。
[2] 〔明〕杨慎：《词品》卷二，上海古籍出版社2009年版，第40页。

第二节 "曾子文章众无有"

一、曾巩的生平

作为文学史两宋期间承上启下的代表性人物,曾巩是"上续孟子,下启濂洛"的千古醇儒。他家学渊源深厚,出身于书香门第、官宦之家,得祖父曾致尧启蒙,自幼博览群书,得恩师熏陶照拂,师从抚州教育名家李觏、文章名家欧阳修,又随其父曾易占赴任信州、临川等地,领略过祖国大好河山与民间风物,诸多渊源,遂使其成为一代文章大家。

曾巩早年蹭蹬坎坷。他八岁丧母,少年时父亲官场遭诬,家道中落,一度生活窘困。在流寓南京期间,父亲不幸病故,家庭的重担压在曾巩一人身上。在穷困贫寒之时,曾巩靠着努力耕种和亲友资助,养活一家老小,亦形成了他自身耿介正直、坚贞不屈的品格。其幼弟曾肇在子固先生行状中说:"光禄不幸早逝,太夫人在堂,阖门待哺者数十口,太夫人以勤俭经理其内,而教养四弟,相继得禄仕,嫁九妹皆以时,且得所归,自委废单弱之中,振起而亢大之,实公是赖。"① 由此可见曾巩抚育家族之不易及幼弟对其敬爱之心。

曾巩虽生活困苦,然黾勉奋发,历经艰辛后终重振曾氏家业。曾巩第一次进京考试是在其十八岁,虽满腹经纶,但遗憾未曾高中。落榜后,他经历了家道衰微的困窘、父亲的病故。他回到乡间辛苦耕读,艰难养活胞弟胞妹之余,广泛涉猎经史子集、六艺百家,终于在三十九岁考中进士。为官期间,他先后辗转于各地,无不心忧民瘼创伤、恪尽职守,后来其幼弟曾肇等人也陆续中举,于是曾氏一族的辉煌在曾巩这辈重新被延续。

二、曾巩在古文运动中的理论贡献

文以载道,儒道为本。"文道观念"是唐宋古文运动中古文学家最关注的问题。自两汉时期儒学走上了章句训诂之路,孔孟儒道开始丧失其意义,至六朝文学发生新变,出现了"情必极貌以写物,辞必穷力而追新"和"性情渐隐,声色大开"的新特征,文人创作走向极端,忽视道德修养且轻浮靡曼的文风一直延续至唐初,故

---

① 〔宋〕曾肇:《行状》,〔宋〕曾巩《曾巩集》附录,中华书局1984年版,第796页。

以韩愈、欧阳修为代表的唐宋古文学家致力于肃清这种形式绮靡而内容空虚的文风，主张"气盛则言之长短与声之高下者皆宜"，在理论主张上强调作家本人的道德修养。

曾巩则直接师承欧阳修，强调文以载道和以儒为本，认为今世之儒者必须像儒家先贤们一样注重文章的道德功用，他曾云："坐而与之言，未尝不以前古圣人之至德要道，可行于当今之世者。"① 他在《寄欧阳舍人书》中也直言："然则孰为其人而能尽公与是欤？非畜道德而能文章者无以为也"②，指出文章大家必须是有德能文之人，文章必须蕴含作者深厚的道德修养。而作家的道德修养会对创作产生怎样的影响？曾巩则如是道："盖有道德者之与恶人，则不受而铭之……非畜道德者恶能辨之不惑，议之不徇。"③ 即道德修养深厚的人不容易迷失本心，而为一个品行败坏的人行溢美、夸赞之辞，道德修养深厚的人也更能透过事物的表象看清事物的本质，在创作中更能够秉持着不徇私情、不藏私利的态度秉笔直书，也就能使文章蕴含高尚的人格力量。

文当于理，功用之文。基于"文以明道，儒道为本"的观念，曾巩对文章的内容和形式都作了要求。他崇尚儒道，主张文以载道，但并不轻视文的作用。他认为文章不单是明道的重要手段，文章的内容必须"当于理"。他在《王子直文集序》中说："士之生于是时，其言能当于理者，亦可谓难矣。由是观之，则文章之得失，岂不系于治乱哉？"④ 这里的文"当于理"同宋明理学的"性理"并不相同，它指的是治乱得失之理，也就是治国理政的道理，强调的是文章的功用性。曾巩经历了长期的耕读生活，其心性修养得到了非常多的磨炼，这就使得曾巩不同于一般的"醇儒"。他对现实的记述往往冷静客观，并从为政实践中总结得失规律，又将之记录于文，其《越州赵公救灾记》《越州鉴湖图序》都是这样。曾巩的文章在内容上由于注重文当于理，所以很少有娱情遣兴之作，即使是亭台楼记类的文章，曾巩也能翻新而自有意趣。如《拟岘台记》虽为应酬文字，但其核心内容不是在于歌功颂

---

① 〔宋〕曾巩：《上欧阳学士第二书》，《曾巩集》卷第十五，中华书局1984年版，第233页。
② 〔宋〕曾巩：《寄欧阳舍人书》，《曾巩集》卷第十六，中华书局1984年版，第253页。
③ 〔宋〕曾巩：《寄欧阳舍人书》，《曾巩集》卷第十六，中华书局1984年版，第253页。
④ 〔宋〕曾巩：《王子直文集序》，《曾巩集》卷第十二，中华书局1984年版，第197页。

德，在记述山水风光之余，于末尾巧妙行道德教化之义，体现了曾巩对"文当于理，有用之文"的追求。

语博而精，伟丽可嘉。在文章的语言形式方面，曾巩没有留下专门的言论与著作，但通过其一些零星的言论，可以发现，他不但注重语言的形式美，也强调语言形式的精练。他在《答孙都官书》中言"其语则博而精，丽而不浮，其归要不离于道"①，指出文章只要在内容上不偏离"道"这一宗旨，文章内容不浮夸空洞，即使文章语言形式华丽也无伤大雅。他在《王子直文集序》中也写道："故学者虽有魁奇拔出之材，而其文能驰骋上下，伟丽可喜者甚众。"②这说明曾巩不仅是注意到了语言的形式美，更认为其"可喜"。而在具体的文学创作中，曾巩也很好地实践了这一点。除了像《祭欧阳少师文》这类骈体文外，曾巩其他的记叙类文章也能够在注重内容的前提下，把握住语言的形式美，其《读贾谊传》中"至于奇辞奥旨，光辉渊澄，洞达心腑……其高足以凌青云，抗太虚……其下足以尽山川草木之理，形状变化之情"③等语句，可谓是文采斑斓，语言波澜起伏间又有巨丽之美；其《拟岘台记》一文中"苍颜秀壁，巅崖拔出，挟光景而薄星辰""荒溪聚落，树阴暗暧"等语句，更是以清丽优美的文辞，写出了抚州城的自然景观与人文政治之美。

"文道并胜"的创作精神，在唐宋古文学家中是一脉相承的，曾巩不但传承这一精神，更加完善了这方面的理论。他一再强调，在内容上文章必须蓄含作者深厚的道德修养，蕴含作者高尚的人格力量，而在形式上文章语言则应该尽量简洁，在不伤害内容的情况下，兼顾形式美。

三、曾巩在古文运动中的实践创作

曾巩在两宋时期可谓闪熠于群星间，是耀人夺目的存在。王安石曾有诗赞云"曾子文章众无有，水之江汉星之斗"（《赠曾子固》），陈师道也有诗称道"向来一瓣香，敬为曾南丰"（《观究文忠公家六一堂图书》）。《宋史》也评价曾巩的文章"纡徐而不烦，简奥而不晦，卓然自成一家"④。可以说，在大家并屹的唐宋时期，曾

---

① 〔宋〕曾巩：《答孙都官书》，《曾巩集》卷第十六，中华书局1984年版，第260页。
② 〔宋〕曾巩：《王子直文集序》，《曾巩集》卷第十二，中华书局1984年版，第197页。
③ 〔宋〕曾巩：《读贾谊传》，《曾巩集》卷第五十一，中华书局1984年版，第700–701页。
④ 〔元〕脱脱等：《宋史》卷三百一十九《曾巩传》，中华书局1977年版，第10396页。

巩之文虽风流不及欧苏，亦自有意趣而卓尔不群，凛然成一家之言。

若论曾巩散文风格的师承渊源，远可及先秦两汉，近则追其先师欧阳修。他以儒道为旨归，心怀远大志向，常有一股傲视古今的气势，故其传记一类的文章常波澜起伏、变化多端，而在论说文中他又吸收汉赋的创作手法，层层铺开论述，其说理往往广征博取、透辟见长。而作为欧阳修的得意门生，他的文章亦经欧阳修指点而自成一家之言，欧阳修《送吴生南归》中云"我始见曾子，文章初亦然。昆仑倾黄河，渺漫盈百川。决疏以道之，渐敛收横澜"，亦说明曾巩文笔早期若江河倾倒，笔势奔放、雄浑峻伟，而经过了欧阳修的指点后，他的文笔则慢慢形成了典雅平和、纡徐婉曲的特点，后世学者也多说曾巩文章平正、典雅，如朱熹在《朱子语类》称"曾南丰文字又更峻洁，虽议论有浅近处，然却平正好"①。

综合来看，曾巩的散文风格总体典雅平正、立意深远，但也偶有雄健峻爽之作，这些特点都可以从其传世名篇中洞见，下面举《墨池记》《拟岘台记》《抚州颜鲁公祠堂记》分述之。

《墨池记》是曾巩杂记文的代表作，是他对"儒道为本，文当于理"这一文学理论主张的实践。这篇散文题似亭台楼记文，但却并不是叙写山水风月的娱情遣性之作，文章记事、议论错杂为用，文笔典雅简洁，立意深远，彰显了曾巩捍卫道学，注重文以载道的思想传统。《御选唐宋文醇》评价《墨池记》"寥寥短篇，而使人味之隽永"；沈德潜也评价这篇文章"用意或在题中，或出题外，令人徘徊赏之"（《八大家文读本》卷二十八）。

从思想内容上来看，这篇小记由小及大，文章先叙写墨池旧址的位置、形状特点，接着叙写墨池的历史渊源与发展概况，由王羲之的遗风余韵谈及为学修身之道。小记第一部分写临川郡城之东低洼处呈现一狭长的池子，荀伯子在《临川记》中称其是王羲之昔年仰慕张芝时临池学书的墨池；第二部分由物及人，记述了王羲之退离官场后肆意漫游、纵情山水的人生历程，也突出了王羲之超尘脱俗、高洁正直的思想品行，从而顺理成章地谈及若论书法上的超凡成就后世少有人能及羲之。该部分末尾，循意生发、由古及今，一层一层揭示文章主旨，以两个反问句"然后

---

① 〔宋〕朱熹：《朱子语类》卷一百三十九，中华书局 1986 年版，第 3309 页。

世未有能及者，岂其学不如彼邪？则学固可以少哉！况欲深造道德者邪？"①，将羲之专心致志、勤学苦练的为学精神引申至士大夫的思想道德修养上。而小记的题旨也并未就此而止，第三部分简要叙述自己写此小记是受教授王盛之托以彰显"墨池"为学之精神并勉励后学者。结尾随物赋意，推进论点，以一感叹"况仁人庄士之遗风余思，被于来世者如何哉"②煞尾，劝勉学者要缅怀先辈勤学苦练的遗风余思，也要加深自己的道德品行修养。

从艺术特色上来看，这篇小记兼容记叙议论，意脉连贯，又文笔精练，见解深长。小记意在写论，但空谈修身养性之类的道德教化之理，难免枯燥无趣、空洞浮泛，故曾巩先以简略、典雅的文辞交代清楚墨池的地理位置与形状，而后叙写墨池的历史渊源，接着笔发议论，大处落笔叙写王羲之墨池为学精神对后世学者的启发，抽丝剥茧般层层推进议论，但又不一议到底，偶在议论中夹以叙事，虽议多于叙，但浑然一体，无断线而游离意脉之弊。可以说这篇小记不同于唐宋古文学家中其他人以"记"为体裁的说理散文，这种以议为主、叙事为辅的写法，将论点的推进与叙事的古今转换紧密结合，既切合曾巩本人"儒道为本，文当于理"的创作主张，又使得文章议论浅近得当，文辞简洁精练。该篇小记可以说是不落窠臼而自辟蹊径。

《拟岘台记》是曾巩亭台楼记类文章的经典之作。历代文人墨客为拟岘台所作题记诗赋，难以悉数。这篇文章写于曾巩39岁进士及第之年，本是应酬文字，但经曾巩文采斑斓之笔后遂成为摹写山水风光的佳作。拟岘台，现位于抚州城东抚河畔，有抚州郡城第一胜景之称。它兴建于北宋嘉祐二年（1057），时任抚州太守裴君见此处地势景观与湖北襄阳的岘山颇似，遂于抚河高岸之地兴建楼台，并命名"拟岘台"。西晋抚州南城有名的政治家、军事家羊祜，做官襄阳时，为官清廉，深得百姓爱戴，又常登岘山游览山水风光，裴君追慕羊祜风度，自比于羊祜，欲造就"为官一方，造福百姓"的功绩，遂兴修拟岘台，又请了抚州本地才华横溢、文笔卓然的新科进士曾巩作记。全文描摹了拟岘台山峦连绵、气象开阔之奇景，刻画了抚州城内政通人和、百姓安居乐业的场景，赞美了裴君宽以治理、与民同乐的品

---

① 〔宋〕曾巩：《墨池记》，《曾巩集》卷第十七，中华书局1984年版，第279页。
② 〔宋〕曾巩：《墨池记》，《曾巩集》卷第十七，中华书局1984年版，第280页。

行。文章布局委婉周详、语言雍容典雅，情理明晰、境界混融，妙趣无穷。

纵览《拟岘台记》全篇，可以领会到曾巩散文之风韵，亦想见其独特的艺术魅力。

首先，从内容上来看，散文情理高妙，境界完美，当之无愧是"美"的篇章。文章的美可分为三层，第一层是为美景，这篇文章于动态中捕捉自然事物的光和色，在文章中表现出极丰富的色彩和层次感，又通过远近结合的方式融声音、色彩、画面之美于一体。如：

然后溪之平沙漫流，微风远响，与夫浪波汹涌，破山拔木之奔放，至于高桅劲橹，沙禽水兽，下上而浮沉者，皆出乎履舃之下。山之苍颜秀壁，巅岩拔出，挟光景而薄星辰。至于平冈长陆，虎豹踞而龙蛇走，与夫荒蹊聚落，树阴暗暖，游人行旅，隐见而断续者，皆出乎衽席之内。①

从远处看，青苍色的山峦、秀丽挺拔的岩壁、朦胧的树林阴影，一致的色调，仿若晕开的水墨，而奔走闪现的鸟兽、时隐时现的游客，构成了一幅迷蒙神秘的画卷；从近处看，曾巩以声音拉近景物与人的距离，微风中传来的风声、波涛滚涌带来的浪涛声、沙禽水兽奔走的鸣叫声，无不令观景者心潮澎湃，亦更增添了景象的奇绝与开阔。第二层是为美政，描述城内政治清明，百姓劳有所得，无战争徭役之苦。官员与民同乐，可谓政通人和。第三层是为人格品行之美，曾巩虽对裴君邀请其作记是为自我扬名的庸俗目的了然于胸，但他依旧秉持着"文以载道"的创作精神，并不曲意奉承在文中大肆赞扬裴君的功绩，而是巧妙地在结尾刻画抚州城内百姓富足安然的生活，点出裴君的为官政绩。而此三层"美"的内容，层层相接，使得文章情理浑融，境界高妙。

其次，散文一改昔日重义理多议论的笔法，以多姿之笔墨绘就拟岘台之盛景。文章从空间的横向延伸至时间的纵向变化，突出了裴君建台、构景的高雅情趣。时间的纵向变化体现在以建台前雨堕潦毁、雨林荒墟等落败之景，突出建台后平沙漫流、光影斑驳、烟云开敛的清幽雅静，亦体现在作者自由运用长短句写出拟岘台时异而景变的秀丽奇景。如：

若夫烟云开敛，日光出没，四时朝暮，雨旸明晦，变化不同，则虽览之不厌，

---

① 〔宋〕曾巩：《拟岘台记》，《曾巩集》卷第十八，中华书局1984年版，第292页。

而虽有智者，亦不能穷其状也。①

云蒸霞蔚之壮丽，光影明灭之朦胧，四季朝暮之变化，即使是文采超绝的智者也难以写尽此等美景。短短几句，以纵横开阖之笔、精纯独特的巧思，写出了令人惊叹的奇景。

此外，文章在语言的运用上也独具艺术魅力，其语言或夸张神奇，或侧写反衬，如"与夫浪波汹涌，破山拔木之奔放"写河水浪波汹涌时破山拔木之势，"山之苍颜秀壁，巅崖拔出，挟光景而薄星辰"以日光星辰映衬写山之高拔俊秀。而文章长句与短句相呼应、骈句与散句的结合，亦形成了铿锵有力的节奏，愈显曾巩为文之张弛开合。

《抚州颜鲁公祠堂记》是他的另一篇佳作。颜真卿，字清臣，世人多称其颜鲁公。颜鲁公曾宦游于抚州，故时任尚书都官郎中知抚州聂厚载等人在抚州修建颜鲁公祠堂，并请当时颇有才名的曾巩作记。曾巩的文章向来以含蓄节制的情感、典雅平和的语言、精深透辟的道理见长。这篇杂记文，在曾巩的散文中当属另类。文章重点记述了颜真卿不以个人祸福为虑，泰然面对生死的处世态度，取义成仁、忠君护国的光辉事迹，赞美了颜鲁公端庄遒劲、忠烈耿直的品行节操，文章字里行间充满了作者对颜鲁公的敬佩与追慕之情，全文洋溢着大义凛然的英雄气概。

从思想内容上来看，文章主要可以分为两个部分：第一部分通过对颜鲁公"忠烈"的形象进行渲染，记述颜鲁公被权臣杨国忠所构陷而被贬谪，面对权贵奸佞的无端指责始终不屈服、不计个人生死深入虎穴说服叛军归降的事迹。第二部分由写人叙事转入议论说理，写颜鲁公以平原太守的身份，在战场中英勇迎战，彻底挫伤了敌人的锐气，亦鼓舞了天下群雄争先起来斗争。这部分感情充沛，将颜鲁公的事迹写得神采飞扬，言语间流露出的追慕之意自是不必多说。独具特色的一点是感性地赞赏颜鲁公号令群雄、英勇劝降之余，作者亦理性分析了唐王朝在安史之乱中失利的原因在于天子外出避难、大臣畏缩观望、天下人大多苟且忍耐于盗贼之间。天下失去颜鲁公以后，没有像他这样能号召各方起来抵抗的英雄。可以说曾巩既从正面直接论证在国家风雨飘摇、大厦将倾之际，是颜鲁公力挽狂澜，维护住了暂时的稳定，发挥了中流砥柱的作用，也从反面论证了颜鲁公的功绩，因为自从失去颜鲁

---

① 〔宋〕曾巩：《拟岘台记》，《曾巩集》卷第十八，中华书局1984年版，第292页。

公后，天下几乎都归顺安禄山了。可以说，曾巩层层分析、正反映衬，刻画出了一个卓然于世、心怀天下的儒家名士形象。

从艺术手法上来看，曾巩这篇杂记文，融叙事、抒情、议论于一体，文章可谓情意深长、道理精透。文章叙事详略得当，从略处看，曾巩截取了颜鲁公"构陷被贬、不屈权贵、英勇劝降"等典型事迹，奠定了颜鲁公忠烈、正直的形象主调；从详处看，曾巩详细地写了六任权贵接连不断地对颜鲁公进行贬斥和打击，"斥去之""连辄斥""连斥之"等刻意重复的字句，用笔沉重，令人感慨，刻画出颜鲁公生存环境的恶劣，突出了其"疾风知劲草"的高贵品德。文章抒情色彩浓郁，全文语言写得激昂热烈，跌宕起伏，富有气势，真情流露于字里行间。如：

> 天宝之际，久不见兵，禄山既反，天下莫不震动，公独以区区平原，遂折其锋。四方闻之，争奋而起，唐卒以振者，公为之倡也。……及至于势穷，义有不得不死，虽中人可勉焉，况公之自信也与。维历忤大奸，颠跌撼顿，至于七八而终始不以死生祸福为秋毫顾虑，非笃于道者不能如此，此足以观公之大也。①

先以文笔精练的短句，叙写颜鲁公在安史之乱中的英勇事迹，形成激愤沉郁的氛围，加深语言的感染力，又以深沉舒缓的长句将一个奋不顾身、舍生取义的英雄推到我们面前，表现出对于颜鲁公不公正遭遇的激愤之情，更加流露出一种沉重无奈的叹息。

第三节　曾巩史学与后世抚州史学成就

一、曾巩的史学活动与史学思想

曾巩出身于儒学之家，自幼博览群书，一生笔耕不辍，其文学建树可谓巍然卓立于天水一朝，然其史学成就却常常被文学光芒所掩盖，后人提及曾巩也往往称其"文章大家"，却不知其史学活动之丰富、史学思想之深邃。曾巩的史学思想可以说在两宋时期都是极具代表性的，而其史学思想中所折射出来的理性思维和人文精神对当代大学生树立正确的历史观、人生观也是具有重要意义的。

宋仁宗嘉祐五年（1060），曾巩被恩师欧阳修举荐为馆阁校勘、集贤校理，负

---

① 〔宋〕曾巩：《抚州颜鲁公祠堂记》，《曾巩集》卷第十八，中华书局1984年版，第293—294页。

责校订与整理前朝史籍、古代典籍,而朝廷亦因其"以史学见称士类,宜典五朝史事"而专召其典修国史。长期的磨炼使得曾巩培养了深邃的史学思维和卓越的校勘能力,也在史学上留下了灿烂的成就。具体来说,曾巩的史学活动主要分为三个方面,分别是整理编校古代书籍、纂写《英宗实录》、典修《五朝国史》。从整理编校古代典籍方面的贡献来看,曾巩所领导的古籍整理运动时间长达9年,使得包括《战国策》《礼阁新仪》《说苑》在内的典籍恢复了原貌,亦使得许多罕见的典籍得以流传下来;从撰写史著的贡献上来看,《英宗实录》为后人研究英宗朝提供了丰富且真实的史料,它虽不是由曾巩完全负责完成的,但他在前期广收博采原始资料,有着开局之功;从典修《五朝国史》这一贡献来看,曾巩在担任典修国史的重任后,便制定了编写条例与要求,广泛搜集各类资料,为史著的撰写提供了大致方向,作品虽未完成,已撰成的部分底稿最终汇成了《隆平集》二十卷,流传下来。

曾巩因其丰富的史学实践,留下了大量的史作序论、历史评论、人物评论,而这些篇章则反映了其深邃而丰富的史学思想,具体表现为内涵丰富的良史观念、秉笔直书的著述原则、以史资治的治史旨趣。

内涵丰富的良史观念。 曾巩对著史相关问题多有评论,也留下了许多独到的见解,其中最引人注目的是他针对著史要求所提出的"良史观",这一观念体现了曾巩深远的史学意识、深邃的史学眼光,极大地完善了刘知几所提出的"史才三长"观点。而曾巩的这一思想亦集中于其《南齐书目录序》,他在序文中如是说道:

> 古之所谓良史者,其明必足以周万事之理,其道必足以适天下之用,其智必足以通难知之意,其文必足以发难显之情,然后其任可得而称也。①

曾巩认为如果一个史学家不具备这四个条件,他所撰写的史著"或失其意,或乱其实,或析理之不通,或设辞之不善,故虽有殊功韪德非常之迹,将暗而不章,郁而不发,而梼杌嵬琐奸回凶愿之形,可幸而掩也"②,也就没有办法实现史著"彰善瘅恶"的教化之意。所谓"明必足以周万事之理"指的是史书必须要能明察定天下万事万物的道理,"理"之一字于曾巩散文的重要性前文已多有论述,但其实于著史而言,"理"更为重要。曾巩对于"理"的阐述是深刻的,他这里所谓的"周

---

① 〔宋〕曾巩:《南齐书目录序》,《曾巩集》卷第十一,中华书局1984年版,第187页。
② 〔宋〕曾巩:《南齐书目录序》,《曾巩集》卷第十一,中华书局1984年版,第187页。

万事之理",即要求著史者必须有丰富的史学知识,才能够洞悉万事万物的道理。"道必足以适天下之用"则是指史著所秉持的道必须要适用天下,曾巩所生活的时代,表面虽为太平之世,实则内忧外患,于内积贫积弱、冗兵冗费,于外边防不稳、战乱时发,故当时有气骨的文人皆有着极强的忧患意识,曾巩也不例外。他曾云"千载以来,大道郁而未彰,莫承于古;王者疏而不作,无甚兹时"(《亳州谢到任表》),始终以天下为己任,时刻铭记重振道统的责任,故也要求史学家必须在史著中明儒家之道而用于天下。"智必足以通难知之意"即史学家的才智必须要能够通晓难以理解的意思,也就是说史学家除了具有丰富的史学知识外,还需要具备汇通古今的历史视野、严谨的史学思维以及卓绝的历史见解,这事实上是对刘知幾"才、学、史"史学三才的继承。"文必足以发难显之情"要求史学文章能够以恰当的文辞去阐发难以显露的感情,史家之作往往要求客观真实,不任情褒贬,不显文辞。然作为一位古文学家,曾巩并不排斥文辞,他将史著视作当代之文,既要注重文辞又不能专务文辞,史学著作唯有灌注"道"之内涵,加上文辞的点缀才能够合理阐述难以显露的感情。

曾巩所提出的"明理、适用、通意、发情"良史观可谓独具特色,丰富了历代以来的著史观念,于我国史学之林卓有贡献。就连史学大师章学诚也称赞曾巩的这篇序文"古人序论史事,无若曾氏此篇之得要领者,盖其窥于本原者深,故所发明,直见古人之大体也"[1],直言其内涵丰富、思想深邃。

秉笔直书的著述原则。坚持实录的史笔精神一直是史家著史的精神内核,这一著史原则与曾巩"文以载道,儒道为本"的文学创作主张是相融通的。由于史官的特殊身份,历来贪生避祸媚上曲笔者不少,秉笔直书而不惧权威者也不少,史学家们则以这一精神为傲,对于风骨卓绝的曾巩来说,实录精神更是其著史作文之魂。因为在曾巩看来,校勘古籍并不仅仅是为了整理,由于"人之行,有情善而迹非,有意奸而外淑,有善恶相悬而不可以实指,有实大于名,有名侈于实"[2],而著史的目的主要还在于"有资于治世",只有据实直书才能够从良莠不齐的思想中选择善的内容启发世人,以不足之处警醒世人,选择有借鉴意义的内容以为统治者提供经

---

[1] 〔清〕章学诚:《文史通义新编新注》,浙江古籍出版社2005年版。
[2] 〔宋〕曾巩:《寄欧阳舍人书》,《曾巩集》卷第十六,中华书局1984年版,第253页。

验，如果只凭个人喜好或私心而任情褒贬，那就失去了著史的意义。曾巩在史学活动中一直秉持着这一原则，主要可见于其历史人物评论与史学编修中。

以史资治的治史旨趣。在曾巩看来优良的史著应该要为君王总结治理国家的经验教训，提供为政之道。曾巩有感于唐末五代以来的社会动荡，常感道德沦丧，儒道败坏。拥有极强责任感的曾巩以天下为己任，力图帮助君王重振朝纲，所以他整理古代历史典籍，力求从历史经验中总结治世之道。他曾云"盖史者所以明天下之道也"，曾巩以史资治的思想，首先体现在其他重视研究历代各种典章制度，如其在《本朝政要策》论述了各种制度的古今流变之情状，主要包括驯兵、刑法、赋税、边防、水利等，涵盖了政治、经济、军事等各方面，如对赋税之制的讨论"周世宗尝患赋税之不均，诏长吏重定。颍州刺史王祚躬行部县，均其轻重，补流民遗赋以万数，增其旧籍，百姓诣阙称颂焉"[①]。其次还体现在对汉唐五代治理经验的借鉴。曾巩追慕先王之道的遗风，亦认可汉唐时期的治理。他常说三代之后，王朝之盛莫过于汉唐，所以他常在史著当中借鉴汉唐帝王的为政之道。如他在《唐论》当中就理性分析了唐太宗为政之得失，并指出他作此篇章的主要目的是"非独为人君者可以考焉，士之有志于道而欲仕于上者可以鉴矣"[②]，即供君王和儒家有志之学士借鉴。

二、抚州后世的史学成就

曾巩以其深邃的史学眼光、严谨的史学思维，以及蕴含人文关怀的史学精神为抚州后世的史学孕育了一个良好的发展环境，其"经世致用、济世安民"的实用主义思想亦影响了抚州后世的史学家，使得后世史学家皆高度认同自己的史官身份，并以崇高的责任感参与编修史著和古籍整理。自曾巩以后的抚州后世史学成就若繁花群开，成就斐然。下面列举元代的危素、明代的徐奋鹏、清代的吴宗慈分述之。

危素（1295~1372），字太朴，号云林，抚州金溪人。生于元末明初社会急剧动荡的时期，仕于元、明两朝。危素四岁启蒙，十五岁熟读《五经》，曾求学于元代著名教育家吴澄、元代著名诗人范梈门下。从史著编修贡献上来看，危素于至正元年（1341）出任经筵检讨一职，负责编修宋、辽、金三朝国史及注释《尔雅》。元亡入明之后，他被朱元璋所赏识，命其与同时期的宋濂共修《元史》。从史学思想

---

① 〔宋〕曾巩：《本朝政要策·赋税》，《曾巩集》卷第四十九，中华书局1984年版，第671页。
② 〔宋〕曾巩：《唐论》，《曾巩集》卷第九，中华书局1984年版，第141页。

的贡献上来看,危素强调经世致用并且重视史书的意义,他在《白云稿序》中说"为史官秉笔为典籍,载国家盛衰传后世者",认为史官的职责就在于据实记录历史,书写一个朝代的繁荣或兴衰以流传后世供后人学习。不管是在当时还是后世,危素的史学贡献都得到极大的认可。元亡之后,危素欲投井殉国,寺僧大梓与潘阳徐彦礼阻止他说道"国史非公莫知;公死,是死国史也"[①],足可见其在当时史学界的盛名与威望。

徐奋鹏(约1560~约1642),字自溟,别号笔峒先生,抚州临川人,明代著名文学家、史学家。他博学多才,才华横溢,本欲一展抱负,却奈何生于明末,他目睹了汤显祖在官场中横遭诬陷最后弃官,深感于社会的黑暗、官场的污浊,于是乎两度谢绝入朝为官,决心隐居山林,致力于文史著作。他文史著作颇丰,主要有《古今治统》20卷、《恰偲集》10卷、《辨俗》10卷、《徐笔峒先生十二部文集》12卷、《古今道脉》45卷等。其中传世价值最高的当属《古今治统》,该史作记录了上古时期至元末的历史,涉及政治、经济、人文等各方面的内容,他论述了历朝历代的兴衰荣辱,资料翔实,立论公允,为后世的政治改革与为政管理留下了良好的借鉴方案。这也与抚州"经世致用,以史资治"的传统史学精神相呼应,再度彰显了抚州传统史学独特的人文精神与魅力。

吴宗慈(1879~1951),字蔼林,抚州南丰人,晚清著名史学家、方志学家。他生于清末,虽出身于书香门第,然幼年遭逢变故,生活日渐贫苦,后经人推荐就读于通州师范学堂,深受中国传统文化的熏陶,也学习了西方新思想。他史学著作丰富,检校了《清史稿》,补编了《皇子世表人名通检》《总理各国通商事务衙门大臣年表》《清代外交约章年表》,他写了《中华民国宪法史》,描绘1923年《中华民国宪法》从起草到制定再到完成的全过程。他亦被后人称作"方志学大师"。其标志性方志代表作是《庐山志》《续庐山志》《江西通志》(稿本)。除了传世的方志文献,其贡献还体现在其方志理论思想上。他主张方志要经世致用,并且赋予"致用"新的内涵。他说"居今之世,而言实用,概括言之,自以新时代为对象",也就是说方志反映的内容应符合时代需求。此外,他对方志编撰的体例、方法、过程也作了详细的要求。

---

① 〔清〕钱谦益:《列朝诗集小传》甲集《危学士素》,上海古籍出版社1983年版,第83页。

第七章
心学大师陆九渊

陆九渊是一代心学大师,被誉为"百世大儒"。他开创的陆王心学与程朱理学双峰并峙,成为宋代以来最重要的两大儒学学派。放眼中国思想史,陆九渊是少数最具创见的思想家、哲学家之一,他提出的许多哲学命题不仅在当时振聋发聩,而且在当今仍具有现实意义。本章主要介绍陆九渊的生平经历、象山心学的思想内涵、朱陆之辩的议题及其实质,以及陆氏兄弟的学术贡献。

第一节 陆九渊生平概述

陆九渊(1139~1193),字子静,号象山先生,抚州金溪人,出生于金溪县城东北10千米的陆坊乡桥上村。金溪陆氏家族的始祖陆德迁是大唐宰相陆希声之孙,五代末为避战乱携家眷从江苏宜兴迁至抚州金溪。陆九渊的父亲陆贺是金溪陆氏第五代,他遵循儒学治家之法,平日"酌先儒冠、昏、丧、祭之礼行于家"①,故而家风整肃,生六子,皆各有成就。

陆九渊自小聪颖过人,资禀不凡,乐学善思,4岁时曾忽问其父"天地何所穷际",其父笑而不答,他便

图7-1 陆九渊像

---

① 《年谱》,〔宋〕陆九渊:《陆九渊集》卷三十六,中华书局1980年版,第479页。

独自思索至废寝忘食。8岁时，读《论语》能有所感发，听人诵伊川（程颐）语，就能判断出伊川观点和孔孟思想有所出入。13岁时，因"宇宙"二字，悟得"宇宙内事乃己分内事，己分内事乃宇宙内事""宇宙便是吾心，吾心即是宇宙"，心学思想已初露端倪。

陆九渊淡泊明志，志存高远，并不在意科举功名。绍兴三十二年（1162），24岁的陆九渊才经人劝勉第一次参加乡试，以《周礼》为题应试中举。乾道元年（1171），第二次乡试未中，乾道七年（1177）再考，第二次中举。次年参加省试，考官吕祖谦于几千份隐去姓名的试卷中一眼认出陆九渊的答卷，说："此卷超绝有学问者，必是江西陆子静之文。"[①]同年参加殿试中进士。陆九渊说："人须是闲时大纲思量：宇宙之间，如此广阔，吾身立于其中，须大做一个人。"[②]人生存于这个广阔的天地中，应以宇宙的阔大、浩渺和无限为比照，去创造自己的人生价值，不应为这眼前的功名利禄所拘束限隔。

相比科举，陆九渊更钟情于讲学，其一生中有过两次集中讲学经历。第一次是历时三年的槐堂讲学。乾道八年（1178），已名振行都、贤者从游的陆九渊回到金溪，好学之士闻风而来拜师求学。陆九渊将自家东侧槐堂开辟出来为诸生授课。他不立学规，不教如何作科举文章，而是以启发善心为目的循循善诱，激发学生的自立精神。淳熙元年（1174），陆九渊受召出任官职，槐堂讲学因此而终止。第二次是历时五年的象山讲学。淳熙十四年（1187），49岁的陆九渊因仕途受阻再次回到家乡。他的学生贵溪人彭世昌游览应天山（陆九渊后改其名为象山）时觉得气象甚好，于是在山上结庐迎先生讲学。陆九渊亦十分满意，在山上建精舍、方丈用于讲学起居，四方学徒皆慕名而来。这次讲学依旧不泥于经典，注重涵养德性，启发本心。承教的学生无不感动兴起，卓然自立。此时陆九渊思想已经成熟，讲学时颇负圣贤气象。据学生回忆，象山讲学时"容色粹然，精神炯然"，"虽盛夏，衣冠必整肃，望之如神"。[③]教学之余或读书，或抚琴，或徐步观瀑，有"孔颜乐处"境界。山中虽闭塞，但陆九渊始终保持与外界的学术交流，与朱熹著名的"无极太极

---

① 《年谱》，〔宋〕陆九渊：《陆九渊集》卷三十六，中华书局1980年版，第487页。
② 〔宋〕陆九渊：《语录下》，《陆九渊集》卷三十五，中华书局1980年版，第439页。
③ 《年谱》，〔宋〕陆九渊：《陆九渊集》卷三十六，中华书局1980年版，第501–502页。

之辩"便发生在这一时期。陆九渊原有在此终老之意,但绍熙二年(1191)朝廷下诏让其出任荆门知军,遂下山赴任。这两次讲学不仅展现了陆九渊的教育理念和修养功夫,而且集中阐发了他的心学思想,培养了大批后学,促进了其心学思想的传播。

陆九渊的为官生涯并不显达。他主要担任过隆兴府靖安主簿、福建崇安县主簿、国子监教官、敕令所删定官、荆门知军等官职。在任敕令所删定官时,陆九渊曾与宋孝宗君臣论对,针对时局,提出了"君臣同德""尊德乐道""选贤任能""循序改革""不亲细事"等建议。宋孝宗"咸称善言","赞叹甚多"。陆九渊的主要政治成就体现在他主政荆门时。荆门是南宋的次边之地,是"古争战之场",抗击金人南侵的重要屏障。为表自己无所畏避的决心,绍熙二年(1191),53岁的陆九渊携一家老小上任荆门。当时的荆门治理混乱,百弊丛生。陆九渊一上任就全身心投入荆门的治理:"朝夕潜究密考,略无少暇,外人盖不知也。真所谓心独苦耳!"① 在任期间,他的首要政绩是终结了荆门素无城墙的历史,消除了守备之患。在陆九渊的出色谋划下,所费要20万缗钱的城墙,仅20天就以3万缗钱修筑而成。他还亲自督查练兵,整肃军纪,使荆门军队的战斗素养独步于边地。此外,他还在郡县治安、吏治风气、民生农事、商业税收、民心教化等多个方面做出了突出成绩,世称"荆门八政"。当时宰相周必大称赞道:"荆门之政,如古循吏,躬行之效至矣。"② 只可惜,陆九渊主政荆门仅一年零三个月,便于绍熙三年(1192)十二月十四日因旧疾复发溘然仙逝,年谱上记载当日的情形:"雪降,命具浴。浴罢,尽易新衣,幅巾端坐。家人进药,却之。自是不复言。"③

在一片素净的大雪中,陆九渊以庄重敬穆的姿态坦然走向了生命的终点,一代大儒就此陨落。

---

① 〔宋〕陆九渊:《与罗春伯》,《陆九渊集》卷十五,中华书局1980年版,第197-198页。
② 《年谱》,〔宋〕陆九渊:《陆九渊集》卷三十六,中华书局1980年版,第512页。
③ 《年谱》,〔宋〕陆九渊:《陆九渊集》卷三十六,中华书局1980年版,第513页。

第二节 陆九渊的心学思想

汉代以来，经过董仲舒等人的努力，儒学以阴阳五行学说建构起了一套系统论宇宙天人图式，以天人感应、天人同构回答了宇宙与人的关系，并以此作为支撑皇权政治体系的理论根基。从魏晋至唐代，儒学在宇宙和人之本质等问题上始终未作更深入的探讨，在人的心灵建构上几乎未曾涉足。其间佛、道两教兴起，从个体生死身心问题出发，发展出严密精巧的思辨哲学，满足了文人士大夫阶层探寻人生、宇宙本相的心灵建构需求，对儒学构成了很大的挑战，并威胁到儒学原本占据的社会意识形态领域。从唐中后期起，就不断有儒士意识到这种危机，他们一方面批判佛老，一方面努力在孔孟传统上建构起属于自己的本体论、宇宙论和心性论。南宋时期，朱熹集理学之大成，以"理"作为高于万物、统摄万物的宇宙本体、伦理本体，建立起一种致广大、尽精微、包罗万象、逻辑严谨的理学思想体系。而陆九渊则于程朱理学如日中天之时，以心为本体，以发明本心为修养工夫，建立起另一套简易直截的心学思想体系。其心学思想的要旨，可从宇宙论、本体论、工夫论、经学阐释学四个方面概括。

一、宇宙便是吾心，吾心即是宇宙

宇宙论是象山心学不可忽视的理论前提。陆九渊对宇宙的认识与宋儒基本一致。他认为，宇宙并非一个单纯的时空容器，宇宙中大化流行，有一套生成和运转的根本规则，称之为"理"。"塞宇宙一理耳……此理之大，岂有限量？程明道所谓有憾于天地，则大于天地者矣，谓此理也。"① 理具有完备性、唯一性，是宇宙运行的根本原理，所以"高于天地"。它是客观存在于宇宙间的，"固不以人之明不明、行不行而加损"②。它不仅是自然规律之必然，同时也是人伦道德之"应然"，"天地之所以为天地者，顺此理而无私焉耳。人与天地并立而为三极，安得自私而不顺此理哉？"③"此理充塞宇宙，天地鬼神，且不能违异，况于人乎？"④ 遵从天理，是人

---

① 〔宋〕陆九渊：《与赵然道》，《陆九渊集》卷十二，中华书局1980年版，第161页。
② 〔宋〕陆九渊：《与朱元晦》，《陆九渊集》卷二，中华书局1980年版，第26页。
③ 〔宋〕陆九渊：《与朱济道》，《陆九渊集》卷十一，中华书局1980年版，第142页。
④ 〔宋〕陆九渊：《与朱济道》《陆九渊集》卷十一，中华书局1980年版，第147页。

与生俱来的道德责任，不可违抗。"理之所在，匹夫不可犯也。犯理之人，虽穷富极贵，世莫能难，当受《春秋》之诛矣。"①所以这个理，从发生学意义上讲，是宇宙万物的根源，宇宙万物因它而生；从认识论意义上讲，是宇宙间存在的最高真理，世间万物必然遵循的客观规律；从伦理学意义上来讲，是宇宙间一切事物的最高价值原则，是人必须服从的道德上的"绝对命令"。

以上对于宇宙、理的认识，与当时占主流地位的程朱理学并无很大差异。陆九渊最大的创见在于，在人与宇宙的关系上创造性地将心与宇宙等同，直接提出了"宇宙便是吾心，吾心即是宇宙"的理论命题。消除主客对立、物我隔阂是儒家修养身心的最高追求，"天人合一""从心所欲不逾矩"是人生期盼的理想境界。人生于天地间，如何处理人与宇宙的关系始终是最重大的哲学议题之一。陆九渊这一颇具有审美意味的命题，从根基上率先肯定了人与天地同一的本然性，为解决主客问题提供了一种新的思路。

如果说"宇宙便是吾心，吾心即是宇宙"是一种感性的生命体悟，那么"心即理"就是这一体悟的理论表达。陆九渊认为，心与理是同一的，"盖心，一心也；理，一理也，至当归一，精义无二，此心此理，实不容有二。"②心即是理，即是本体，即是主宰，所以宇宙中自然万物的存在、变化、消亡是客观的存在，也是心的显现。

那么，心与理的同一又是如何确证的呢？这便是通过"仁"这一概念。陆九渊说："仁即此心也，此理也。……爱其亲者，此理也；敬其兄者，此理也；见孺子将入于井而有怵惕恻隐之心者，此理也；可羞之事则羞之，可恶之事则恶之者，此理也；是知其为是，非知其为非，此理也；宜辞而辞，宜逊而逊者，此理也；敬此理也，义亦此理也；内此理也，外亦此理也。……此吾之本心也……"③人生而知道孝敬父母、尊敬兄长、关怀弱小，直觉中就有善恶观、是非观，这就说明"仁"具有先天的一面，但与此同时它又是一种现实的感性的情感，所以"仁"就具备了既先验又经验的性质，而这只有在感性的心与超验的理同一时才能实现。

---

① 〔宋〕陆九渊：《与刘伯协》，《陆九渊集》卷十二，中华书局1980年版，第169页。
② 〔宋〕陆九渊：《与曾宅之》，《陆九渊集》卷一，中华书局1980年版，第4—5页。
③ 〔宋〕陆九渊：《与曾宅之》，《陆九渊集》卷一，中华书局1980年版，第5页。

二、发明本心

既然心即理，那么心也就是宇宙规律的本体，是伦理道德的本体。只要顺应本心，就可以顺应道德，顺应天理，与天地同一。所以，为人的第一要义就是发明本心。

首先，本心具有先天性。陆九渊说："此（本心）天之所与我者，我固有之，非由外铄我也。故曰：'万物皆备于我矣，反身而诚，乐莫大焉。'此吾之本心也。"[①] 心中之理，并不是通过后天学习或礼制规范所强加或塑造的，是心中本来就有的。于是人生就告别了"今日格一物，明日格一物"的向外苦苦求索，亦不用在礼制的烦琐约束中强制性生成，而是走向向内的直觉探求，发觉本心，并使其扩而充之，发扬光大。

其次，本心具有普遍性。此心是人皆同，并不因天资、地位、学养而有所差别。无论是圣人还是贩夫走卒，是古人还是今人，本心皆一致，即所谓圣凡同心。因此，人皆可以为尧舜，"君子之道，夫妇之愚不肖，可以与知能行"[②]，哪怕是天资再普通的男女在本心上都与圣人平等，都具有成为圣人的潜质。这一观点在"厚古薄今""上智下愚"的传统论调中显得别具一格，使象山心学更具一种民主色彩。

但是，现实中何以人的成就有高低、圣凡之分呢？这是因为每个人的本心虽至善，但是常常为现实中的物欲邪见所蒙蔽，本心被"陷溺""压抑""戕贼""滞凝"，陷入"罗网""荆棘""陷阱"中。本心蒙蔽的情况主要有两种："愚不肖者不及焉，则蔽于物欲而失其本心；贤者智者过之，则蔽于意见而失其本心。"[③] 愚钝冥顽者欲望太盛，沉溺于声色名利而不能自拔，这是大多数普通人丧失本心的原因。而一些有志于学的有识之士也同样迷失本心，则是受了俗论邪说如佛老之说以及一些学者的谬论的误导。此外，陆九渊也承认哪怕是本心莹澈之人，其成就也会有所不同，正如圣人与圣人之间也有差异。因为人的气质禀赋也会影响后天成就，"道譬则水，人之于道，譬则蹄涔、污沱、百川、江海也。海至大矣，而四海之广狭深浅，不必齐也。至其为水，则蹄涔亦水也"[④]。虽然人的禀赋不同，成就不同，但是

---

① 〔宋〕陆九渊：《与曾宅之》，《陆九渊集》卷一，中华书局1980年版，第5页。
② 〔宋〕陆九渊：《与邵叔谊》，《陆九渊集》卷一，中华书局1980年版，第2页。
③ 〔宋〕陆九渊：《与赵监》，《陆九渊集》卷一，中华书局1980年版，第9页。
④ 〔宋〕陆九渊：《杂说》，《陆九渊集》卷二十二，中华书局1980年版，第274页。

就本心而言其实质是一样的，不同的只是量和表现形式。

陆九渊极度强调先立本心的重要性。他认为做人要"先立乎其大"，抓住本心，才能"居安宅，由正路，立正位，行大道"。若本心不明，虽刻苦努力，难免"终日营营，如无根之木，无源之水，有采摘汲引之劳，而盈涸荣枯无常"①。甚至南辕北辙，抱薪救火，不仅不能达到至善，反而越陷越深，越行越远。所以做人做事的第一要务就是先切己反思，恢复本心，发现、承认、坚信本心之明，做一个有着道德自觉的顶天立地的"大人"。而所谓不能者，是自暴自弃，自轻自贱。这正是孔子所谓"为仁由己，而由人乎哉""有能一日用其力于仁矣乎，我未见力不足者"在宋代的回响。

三、易简工夫

"易简工夫终久大，支离事业竟浮沉"，陆九渊所主张的个体身心修养方式可用"易简工夫"四字概括。其之所以易简，首先是因为它讲究"先立乎其大"，只要发明了本心，一切都可以迎刃而解。其次是因为"发明本心"的过程是一种直觉性的探求，它不需要向外苦苦求索穷尽宇宙真理，不需要苦行般故意克制感官欲求实现道德完善，也不需冥思苦想从古文经义中寻求人生答案，只需要向内启发人的道德自觉和内在尊严，所以相对而言要远为简易。但它毕竟是"工夫"而不是禅学式的"顿悟"，它需要借助以下方式或途径去"存心""养心"。

一是辨志。所谓"辨志"乃是指辨别义利志向。陆九渊的学生记载，象山槐堂讲学时，"首尾一月，谆谆只言辨志"。他时常叹惜于有人终身读书而不知"离经辨志"，只知埋头于故纸堆中而不自省。前文已指出，陆九渊谓蒙蔽本心的主要有"私欲"和"意见"，而"意见"归根结底仍然是人受门户之见、好胜之心、标新立异之心等左右而形成的偏见，其本质仍然是私心。故而，陆九渊十分强调学者应首先切己自省，辨别、摒除内心的私欲。

他在白鹿洞书院讲学时，曾痛陈义利不辨的危害性。他说："志乎义……斯喻于义矣。志乎利……斯喻于利矣。故学者之志不可不辨也。"② 人的思想认识是由其志向决定的，追求义的人其思想意识里面便只有义，追求利之人则其思想意识里面便

---

① 〔宋〕陆九渊：《与曾宅之》，《陆九渊集》卷一，中华书局1980年版，第6页。
② 〔宋〕陆九渊：《白鹿洞书院论语讲义》，《陆九渊集》卷二十三，中华书局1980年版，第275页。

只有利。所以人一开始就要树立正确的志向，如此才能明晓大义。而当时受科举风气的影响，很多人读书是为了求利而不是求义，故而脑子里只有私利而无道义。陆九渊对此进行了激烈的抨击：

  科举取士久矣，名儒巨公皆由此出。今为士者固不能免此。然场屋之得失，顾其技与有司好恶如何耳，非所以为君子小人之辨也。而今世以此相尚，使汩没于此而不能自拔，则终日从事者，虽曰圣贤之书，而要其志之所乡，则有与圣贤背而驰者矣。推而上之，则又惟官资崇卑、禄廪厚薄是计，岂能悉心力于国事民隐，以无负于任使之者哉？从事其间，更历之多，讲习之熟，安得不有所喻？顾恐不在于义耳。①

读书本是为了明理，而当时的读书人却普遍为功利心所挟持，为了科举、做官而读书，一心只知投考官所好，把读圣贤书作为博取名利官职的手段，斤斤计较于官位高低、待遇好坏，而将治国安邦的道德责任和完善人格的主体义务抛诸脑后。一个人长期处在这样的环境中，久而久之便只懂利而不懂道和义了，进而整个社会也将大道不存。陆九渊这番议论切中时弊，"听者莫不竦然动心"，朱熹也深受触动，将此次授课讲义刻于白鹿洞书院石碑上供学子们时时自警。

陆九渊还将义利之辨作为辨别儒释的根本标准。他认为"儒者以人生天地间……与天地并而为三极。天有天道，地有地道，人有人道"②。儒家思想中，人生于天地之间，是宇宙中与天地并立的重要一环，遵循宇宙之道是人的神圣职责，也是实现与道同一这一至高境界的必然要求。所以，人应"尽人道"，承担起做人的责任，这就是义和公。他认为，"释氏以人生天地间，有生死，有轮回，有烦恼，以为甚苦，而求所以免之"③，佛家是在生死苦痛这些消极的个体生命感受的基础上建立的，寻求的是一己生命之解脱，所以佛教的出发点是利和私。

综上，辨志的意义在于，首先可以剥落内心私欲，帮助人们建立起对道和义的体认，因为人的"所知""所欲"是统一的，辨志就是要使人之"所欲"指向义，进而能够知义、行义；其次可以帮助分辨什么是正确的学说，避免受到误导。这两点对于发明本心而言都至关重要。

---

① 〔宋〕陆九渊：《白鹿洞书院论语讲义》，《陆九渊集》卷二十三，中华书局1980年版，第276页。
② 〔宋〕陆九渊：《与王顺伯》，《陆九渊集》卷二，中华书局1980年版，第17页。
③ 〔宋〕陆九渊：《与王顺伯》，《陆九渊集》卷二，中华书局1980年版，第17页。

二是知其所止。知其所止，就是要相信直觉，摆脱困顿状态，在思想上当机立断，斩断积习成见，放弃俗论邪说。陆九渊认为，蔽于"意见"的学者比受物欲蒙蔽的普通百姓更难纠正。所谓"意见"，是指在长期的特定文化环境中所形成的对事物的稳固认识、评价和解释。学者之弊之所以难以纠正，是因为作为其行为动机的私欲已经被语言所包装并合理化了，很难被察觉。这些"意见"一旦形成就具有很强的迷惑性和危害性。

道丧之久，异端邪说，充塞天下，自非上知，谁能不惑？①

道之不明，天下虽有美材厚德，而不能以自成自达，困于见闻之支离，穷年卒岁而无所至止。②

所以，要摆脱意见的蒙蔽，就要借助直觉性的"知其所止"，因为受意见蒙蔽之人无论在思想上多么笃定，在生存体验上都会有"茫然而无主，泛然而无归"之感，这时就应听从直觉的判断，及时摆脱这种精神上的不适状态。这就如"绵蛮黄鸟，止于丘隅"一般自然而然。黄鸟都知道飞累了就停歇，而被意见蒙蔽之人如无根之萍，疲惫难安，心浮气躁，分明劳累却不知停下脚步，其智慧还不如黄鸟。由此可见，在寻求本心发明时，人应相信自己的直觉，听凭内心的真实感受，找到让人愉悦舒适的心意状态。保持松弛的心意状态非常重要，"人诚知止，即有定论，静安虑得，乃必然之势，非可强致之也"③。"心劳日拙，心逸日休"，过于急切的目的性不仅不利于本心发明，而且可能适得其反。保持从容不迫、娴静淡泊的心境，才能使本心自现。

三是于事上磨炼。相较于埋头书斋，皓首穷经，陆九渊提倡一种更加亲近生活的修身方式。"道外无事，事外无道"，道总是融合在感性生活经验中。因此，陆九渊认为应多于事上磨炼心性，即在"在人情、事势、物理上做工夫"。陆氏家族是一个合族而居的大家族，因治家有方远近闻名，曾受宋理宗下诏旌表为"金溪陆氏义门"，表彰他们"义居已历十世，三百多人合灶吃饭"。陆九渊曾在家族中"掌库二年"，他自谓其间"所学大进"。"于事上做工夫"的目的不是为了收获生活经验，

---

① 〔宋〕陆九渊:《与邓文范》,《陆九渊集》卷一，中华书局1980年版，第11页。
② 〔宋〕陆九渊:《与侄孙濬》,《陆九渊集》卷一，中华书局1980年版，第13页。
③ 〔宋〕陆九渊:《与侄孙濬》,《陆九渊集》卷一，中华书局1980年版，第11页。

如他所言："若知物价之低昂，与夫辨物之美恶真伪，则吾不可谓之不能。然吾之所谓做工夫者，非此之谓也。"①

"做工夫"的目的是于生活中细细揣摩省发本心。陆九渊的学生杨简曾问他什么是本心。陆九渊说，仁义礼智，此四端便是本心。四端之说出自孟子，杨简自然知道，但对于什么是本心还是不甚明了。当时恰逢有卖扇者来告状，杨简当即断了案。陆九渊借此说："闻适来断扇讼，是者知其为是，非者知其为非，此即敬仲（杨简字）本心。"②说罢，杨简幡然醒悟。可见，陆九渊所讲的于日常事务中做工夫，并不是为了收获见识、经验，而是在日常生活中保持"执事敬"，保持对心灵的观照，启悟本心。如果是为了收获见识、经验，则需要不断地扩充经验，去行经天纬地之"大事业"，而非在日常事务中细细磨炼。但于事上磨炼终究只是工夫，是起点而非终点。作为儒学的心学，其终点仍在践仁成圣，内圣外王。若把终点安置在日常生活中，则是把心学禅学化了。陆九渊的君臣轮对、荆门之政等，充分展现了一个儒家知识分子治国安民的政治抱负。经世致用仍然是象山心学的精神底色，这一点将心学与禅学从根本上区别开来。

以上是易简工夫的三个要点，因其易简，故而人人能行。所以心学中的修养工夫并不是一门高深艰难的学问，而是与每一个个体相亲近的具有日常性和生活性的生命践履。

四、六经注我，我注六经

陆九渊曾言："或问先生何不著书？对曰：'六经注我，我注六经'。"③陆九渊提出的"六经注我，我注六经"，开创了一种全新的经学阐释学，有学者称之为生命实践诠释学。他反对膜拜经典，对于埋头注疏、痴迷小学知识的治学方式持轻蔑批评的态度，认为在经典面前，个人应发挥主观能动性，让经典成为自身生命实践体验的印证、注脚，同时将自我生命体验灌注到经典中进行创造性解读。这既是一种注疏方式，也是一种思想生产的方式。正因为如此，陆九渊虽然没有一部经学著作，但是他的经学思想却足够耀眼夺目。其阐释学思想包含以下几点内容：

---

① 〔宋〕陆九渊：《语录上》，《陆九渊集》卷三十四，中华书局1980年版，第400页。
② 〔宋〕陆九渊：《语录上》，《陆九渊集》卷三十六，中华书局1980年版，第488页。
③ 〔宋〕陆九渊：《语录上》，《陆九渊集》卷三十四，中华书局1980年版，第399页。

第一,"尽信书,则不如无书"。陆九渊从未著书立说,他对于文字始终存在一种不信任心理。就记录者而言,"记录人言语极难,非心通意解,往往多不得其实。前辈多戒门人无妄录其语言,为其不能通解,乃自以己意听之,必失其实也"①。文字很难真实、准确、全面地记录一个人的思想,除非能完全心通意解,否则往往失掉其本意。就著书者而言,又往往摒除不了"自任私智、好胜争强、窃近似以为外饰"之心,所著之书也难不与真理背离。而就读书者而言,因为人读书时必然以自身的"前理解"带入阅读过程中,因而曲解就似乎无法避免。所以,陆九渊深晓孟子"尽信书,则不如无书"之说。

第二,读书要追求其内在精义,而不是字面意思。只知字词意思,若不能于己有所共鸣、感发,则必不能掌握文章精义,读遍六经也只是枉然。对于六经中一些根基性的概念,也不必寻求在词义上的固定化、精确化解释,否则就消除了语言的蕴含性,把原本无限的意蕴变成了有限的、偏狭僵化的概念,而失去其本旨、血脉。他的学生李伯敏曾问他"性、才、心、情如何分别",他回答说:"如吾友此言,又是枝叶。虽然,此非吾友之过,盖举世之弊。今之学者读书,只是解字,更不求血脉。且如情、性、心、才,都只是一般物事,言偶不同耳。"李伯敏不解,继续追问:"莫是同出而异名否?"陆九渊说:"不须得说,说着便不是,将来只是腾口说,为人不为己。若理会得自家实处,他日自明。……圣贤急于教人,故以情、以性、以心、以才说与人,如何泥得?若老兄与别人说,定是说如何样是心,如何样是性、情与才。如此分明说得好,划地不干我事,须是血脉骨髓理会实处始得。凡读书皆如此。"②语言是一种有限的手段,只有在一些特定的语境、氛围的加持下才能表现出准确的含义,若脱离语境执着于语言概念的分析,则难免陷入语言的游戏,意义就会永远处于延宕中,而失去话语的本旨。陆九渊拒绝解释心、性、情、才的做法可谓洞悉了语言的本质。所以他认为:"读书不必穷索,平易读之,识其可识者,久将自明,毋耻不知。"③读书只管以平易心去读,对于不懂处不必强解,也不必惭愧,"不通"只是由于生命体验不够,一时难以产生共鸣而已。穷索词义,

---

① 〔宋〕陆九渊:《与曾宅之》,《陆九渊集》卷一,中华书局1980年版,第3页。
② 〔宋〕陆九渊:《语录下》,《陆九渊集》卷三十五,中华书局1980年版,第444—445页。
③ 〔宋〕陆九渊:《语录下》,《陆九渊集》卷三十五,中华书局1980年版,第471页。

四处引用注释并无助益,随着生命体验的加深,这些不通处自然就会豁然洞开。

第三,真正的理解是一种平等对话,是建立在圣凡同心基础上的心意相通。他说:"蔽解惑去……昔之圣贤先得我心之所同然者耳,故曰'周公岂欺我哉?'"① 对于这种对话式阅读的展开方式,陆九渊曾有一段非常精彩的论述:

《论语》中多有无头柄的说话,如"知及之,仁不能守之"之类,不知所及,所守者何事;如"学而时习之",不知时习者何事。非学有本领,未易读也。苟学有本领,则知之所及者,及此也;仁之所守者,守此也;时习之,习此也。说者说此,乐者乐此,如高屋之上建瓴水也。学苟知本,六经皆我注脚。②

《论语》中有许多缺少语境且极其简短的话。这些话仅从字面上很难解释,但高明的学者却能沉吟玩味,深受启迪,这是因为他们有足够丰富的生命体验帮助他们跨越语境缺失的鸿沟与圣贤心意相通,从而将自己的生命体验灌注到充满"空白点"的辞章经句中,因此便能明白"仁之所守"守的是什么、"学而时习之"习的又是何物。这种阅读过程就不再是以"经"为主体的求索考证,而是以我为主体的生命实践体验的诠释,"经"反而成了"我"的注脚。同样,也只有在此基础之上,我才能读懂六经,掌握六经真意,故而"六经注我,我注六经"。

第三节 朱陆之辩

陆九渊与朱熹是同时代的大学者,二人泰山北斗,秀出群伦。他们之间的思想交锋是理学发展史上的重大事件。一般认为,朱陆之辩主要集中在两个方面:一是在"为学之方"上关于"道问学"还是"尊德性"的争论;二是在宇宙论上关于"无极太极"的争论。

一、"尊德性"还是"道问学"

南宋淳熙二年(1175)六月,为弥合朱陆两家的学术分歧,与双方素有交集的理学家吕祖谦提议组织一次集会切磋交流,朱、陆欣然应允,遂有了著名的鹅湖之会。鹅湖之会是当时学术界的一大盛事,参加者除主要人物朱熹、陆九渊、陆九

---

① 〔宋〕陆九渊:《与侄孙濬》,《陆九渊集》卷一,中华书局1980年版,第13页。
② 〔宋〕陆九渊:《语录上》,《陆九渊集》卷三十四,中华书局1980年版,第395页。

龄、吕祖谦及其门人子弟外，还有学界学者，一共百余人。

关于此次辩论的主题，朱熹曾回忆道："大抵子思以来教人之法，惟以尊德性道问学两事，为用力之要。今子静所说尊德性，而某平日所闻，却是道问学上多。"①可见，双方主要辩论的是在修养工夫上"尊德性"与"道问学"何者为要的问题。陆九渊主张君子修身应以"尊德性"切入，先发明本心，涵养人格，辨明志向，然后再泛观博览。而朱熹认为人应该博览群书，格物致知，通过不断增加对人情物理的认识，让自己趋近真理，观照本心，达到圣人境界。两人的观点针锋相对，辩论第一天，陆九渊以一首诗开宗明义：

> 墟墓兴衰宗庙钦，斯人千古不磨心。
> 涓流滴到沧溟水，拳石崇成泰华岑。
> 易简工夫终久大，支离事业竟浮沉。
> 欲知自下升高处，真伪先须辨只今。②

在这首诗中，陆九渊除了重申心为永恒本体、发明本心的易简工夫将可久可大外，还暗示朱熹的学说是支离事业，徒为训诂之学。

朱熹同样不满陆氏兄弟把修养工夫说得太简单，他认为没有读书学习和以此培养出的知识的指引，对本心的启悟可能出现偏差，听凭直觉的践履也可能出现纰漏。他说："然圣贤教人，所以有许多门路节次，而未尝教人只守此心者，盖为此心此理虽本完具，却为气质之禀不能无偏。若不讲明体察，极精极密，往往随其所偏，堕于物欲之私而不自知。"③所以，正确的修养工夫应该是在恭敬持守的同时，通过具体的事物去努力获取对理的认识。"盖有是物必有是理，然理无形而难知，物有迹而易睹，故因是物以求之，使是理了然心目之间而无毫发之差，则应乎事者自无毫发之谬。"④道、理是无形而变幻的，而物是有形的，人只有通过感官知觉捕获物的形态，加以思索揣摩，才可能认识理。

然而陆九渊认为："人情物理之变，何可胜穷，若其标末，虽古圣人不能尽知

---

① 《年谱》，〔宋〕陆九渊：《陆九渊集》卷三十六，中华书局1980年版，第494页。
② 〔宋〕陆九渊：《鹅湖和教授兄韵》，《陆九渊集》卷二十五，中华书局1980年版，第301页。
③ 〔宋〕朱熹：《答项平父》，《朱子全书》第二十三册，上海古籍出版社2002年版，第2543页。
④ 〔宋〕朱熹：《癸未垂拱奏答札一》，《朱子全书》第二十册，上海古籍出版社2002年版，第631页。

也。"① 事物之理无可胜穷,即使是圣人都没办法尽知,若想通过格物而致知,则将会是一条永远也无法抵达终点的道路。至于读书穷理,则"尧舜之前何书可读?",可见穷理无须读书。

两人分歧的实质,在于陆九渊坚持本心现成,并强调本心在修行工夫上的前提性质及引领、主导作用,认为只要发明本心,世间一切道理都将豁然洞开,人在一切可为及不可为之事上也将自有分寸。而朱熹认为人心有物质性成分,凭借着直觉、了悟达不到发明本心的目的,只有依靠知觉、知识,读书穷理、格物致知才能掌握宇宙之理,达到圣人境界。

此次辩论并没有实现"会归为一"的目的,陆九龄在给理学家张栻的信中说:"某春末会元晦于铅山,语三日,然皆未能无疑。"但是此次辩论让双方都阐明了观点,加深了对彼此的认识,同时也明确了双方在理论上的深刻分歧,从而促进了心学与理学的分野。

二、无极太极之辩

朱陆无极太极之辩使双方的辩论由工夫论进一步延伸到宇宙论及本体论。此次辩论直指本体与现实的关系。朱熹认为本体虽然与现实不离,但是两者一者属形而上,一者属形而下,应予以区分。陆九渊主张本体与现实合一,"事外无道,道外无事",应防止道器分离。

一开始就无极太极与朱熹展开辩论的是陆九韶。陆九韶认为,周敦颐的《太极图说》中有"无极而太极"之说,与他在《通书》上只言太极而不言无极不同,所以陆九韶认为《太极图说》可能并非周敦颐所作,或者是他思想未成熟时所作,抑或是他人观点被误传。朱熹作为这本书的注释者极为看重"无极"这个概念,认为这是周敦颐的一大创见。几轮书信辩论之后,双方未能达成一致,陆九渊接替其兄与朱熹展开辩论。

朱熹认为"无极而太极"并非意味着在太极上加一个无极,"无极"是"太极"的修饰词,用以说明"太极"与物的区别。"不言无极,则太极同于一物,而不足为万化根本;不言太极,则无极沦于空寂,而不能为万化根本。"② 前一句表明道作

---

① 〔宋〕陆九渊:《与邵叔谊》,《陆九渊集》卷一,中华书局 1980 年版,第 2 页。
② 〔宋〕陆九渊:《与朱元晦》,《陆九渊集》卷二,中华书局 1980 年版,第 23 页。

为万物之根本与物不同，后一句表明道是实有的，与物相随，此即为朱熹道气"不离不杂"的观点。陆九渊认为，太极作为万化根本是实有的，不存在能不能、足不足的问题，因而不需要另造新词混淆视听，"太极固自若也，尊兄只管言来言去，转加糊涂，此真所谓轻于立论，徒为多说，而未必果当于理也"①。这里陆九渊表面上反对的是朱熹在言语上的画蛇添足，实际上是担心他将太极与物完全对立、割裂开来，使本体悬浮于现象世界之上。

物的根本属性是"存有"，凡"存有"皆有限，而作为万化根本的"太极"的基本属性就是无限，朱熹希望通过"无极"二字强调无限和有限的区别，防止太极被当作有限之物。所以他说："无极即是无形，太极即是有理。周先生恐学者错认太极别为一物，故着无极二字以明之。"②以"无"作为道的基本属性，则无疑加深了道与物的裂痕。所以，他也不能承认"心即理"，而只言"性即理"，因为心具有物质性，是属于现象界的。

陆九渊认为太极的形而上性质是自明的，不会被错认。他还引用《易·大传》"形而上者谓之道""一阴一阳谓之道"说明阴阳已是形而上者，更何况太极。且"极"不能释为"形"，而应释为"中"。要说明太极的形上性质只需稍加解释即可，无须另造一个无极。他还认为，此"无极"二字非出自儒学道统，而是来自老子的"无名天地之始，有名万物之母"。

朱熹亦断然以为"阴阳为形器而不得为道"。阴阳作为道与物的中介，具有物质性的成分，同时也如陆九渊所说"先后、始终、动静、晦明、上下、进退、往来……何适而非一阴一阳哉"③，具有无所不在的超越性质。朱以阴阳为形器则是为了将太极与物作明确区分，陆以阴阳为形而上则是意图消弭太极与物之间的区别。

针对此议题的辩论进一步区分了心学与理学的学术宗旨。陆九渊此番论说的主旨是"形上即形下，形下即形上"，进而极易导向"本体即现实，现实即本体"的哲学观点，提扬了感性现象界的价值。相较而言，朱子强调道器在概念上不能相混，极大地加重了道凌驾于现实世界之上的超越性、崇高性和权威性，使道具备了

---

① 〔宋〕陆九渊：《与朱元晦》，《陆九渊集》卷二，中华书局1980年版，第23页。
② 〔宋〕陆九渊：《与朱元晦》，《陆九渊集》卷二，中华书局1980年版，第23页。
③ 〔宋〕陆九渊：《与朱元晦》，《陆九渊集》卷二，中华书局1980年版，第29页。

道德上的绝对律令性质，从而客观上压缩了人的自由意志，矮化了人的独立人格和价值尊严。

第四节　陆氏兄弟在儒学发展中的贡献

陆九渊的学说树立起了心学的基本宗旨，提出了"心即理""发明本心""宇宙便是吾心，吾心即是宇宙""六经注我，我注六经"等一系列振聋发聩的理论命题。元代大儒吴澄称赞其"有得于道，壁立万仞"。他的论敌朱熹亦佩服他的学问，谓"南渡以来，八字着脚，理会着实工夫者，惟某与陆子静二人而已"[1]，颇有惺惺相惜之感。陆九渊死后，心学在与被纳为官学的朱子之学的对垒中长期处于下风，及至"未百年，其说已泯然无闻"[2]，但程朱理学始终无法完全消化来自陆学的质疑，及至明代王阳明昌明心学，一呼百应，心学又取代程朱理学成为显学。

一般认为，陆九渊的学问旨趣受到理学奠基之一的程颢的影响，他曾评价"伊川蔽固深，明道却疏通"，对程颢颇为推崇。但他的心学思想最直接的来源，则是他的家学。陆氏家族聚族而居，他的父亲陆贺喜欢钻研儒家典籍，将儒家修身治家的理念制成家规家训，使陆氏一家门风整肃。他们兄弟之间在一起读书探讨，相互启发，结合在人情物理上的磨炼，逐渐形成了独具特色的陆氏家学，然后逐渐壮大为江西之学。陆氏家族除陆九渊外，其兄陆九韶、陆九龄亦是名重一时的学者，三人合称"江西三陆"。

全祖望说："三陆子之学，梭山启之，复斋昌之，象山成之。"[3] 陆氏兄弟的学术思想一脉相承，但又和而不同。陆九韶为人朴实，学问渊粹，隐居不仕，曾在梭山讲学。他与当时很多著名学者交往密切，著名的朱陆"无极太极之辩"便是由他率先发起。陆九韶的学问"以切于日用者为要"，注重学问与现实生活贴近。陆九龄"生而颖悟，能步趋则容止有法"。秦桧掌权时打压程氏之学，而陆九龄不受环境影响，独尊其说。求学时听闻新上任郡博士嗜黄老之学，不事礼法，毅然回家从父兄

---

[1]《年谱》，〔宋〕陆九渊：《陆九渊集》卷三十六，中华书局1980年版，第507页。
[2]〔清〕黄宗羲：《象山学案》，《宋元学案》卷五十八，中华书局1982年版，第1920页。
[3]〔清〕黄宗羲：《梭山复斋学案》，《宋元学案》卷五十七，中华书局1982年版，第1862页。

讲学以示抗议。他的学问宗旨与陆九渊相似,但更为温和。他曾与陆九渊一同赴鹅湖之会,并作诗阐明自己的学问心得:

孩提知爱长知钦,古圣相传只此心。大抵有基方筑室,未闻无址可成岑。留情传注翻榛塞,着意精微转陆沉。珍重友朋勤切琢,须知至乐在于今。①

虽然这首诗念罢,朱熹评价他"早已上了子静舡了也",但陆九龄还是承认此心可由圣人借文字相传,不如陆九渊"斯人千古不磨心"那般坚定地以为本心自有无需文字。总体而言,两人学问和而不同,其不同处,大约在于"象山以自己之精神为主宰,复斋就天赋之形色为躬行",各有侧重。而气质上,"象山多怒骂,复斋觉和平尔"。②

心学由陆氏家学变为江西之学,再变为宋代以后儒学的两大流派之一,可谓中国思想史上一段传奇佳话。陆氏兄弟开创的心学在理学发展进程中有两大贡献不可忽视。

一是高扬了人的主体地位,突出了主体实践的能动性。程朱理学建立起了一个博大精深、细密严整的儒学伦理学体系,它将天理设置为宇宙的终极价值,同时又将其设置为道德的"绝对命令":"命,犹令也。性,即理也。天以阴阳五行化生万物,气以成形,而理亦赋焉,犹命令也。"③天理通过转换为在心之性,成为个体的先验的必然要求和规范,对个体进行主宰、统帅和命令。于是道德始终是一种外在的强制(他律),而非一种内在的自觉(自律),人的主体地位和自由意志由此被消解。陆氏心学则有所不同,心即是理,本心现成,人先验地具备善的意志,只要顺从本心,人即可达到圣贤地步。所以陆氏心学中的人是顶天立地的"大人":

宇宙内事乃己分内事,己分内事乃宇宙内事。④

宇宙之间,如此广阔,吾身立于其中,须做一个大人。⑤

人生天地间,如何不植立。⑥

---

① 〔清〕黄宗羲:《梭山复斋学案》,《宋元学案》卷五十七,中华书局1982年版,第1873页。
② 〔清〕黄宗羲:《梭山复斋学案》,《宋元学案》卷五十七,中华书局1986年版,第1876-1877页。
③ 〔宋〕朱熹:《中庸章句》,《四书章句集注》,中华书局1983年版,第17页。
④ 《年谱》,〔宋〕陆九渊:《陆九渊集》卷三十六,中华书局1980年版,第483页。
⑤ 〔宋〕陆九渊:《语录下》,《陆九渊集》卷三十五,中华书局1980年版,第439页。
⑥ 〔宋〕陆九渊:《语录下》,《陆九渊集》卷三十五,中华书局1980年版,第466页。

收拾精神，自作主宰。万物皆备于我，有和欠阙。①

可见，陆氏心学非常看重人的内在尊严和道德自觉，所以《宋元学案》中评价其学说"倚天壁立，足以振起人之志气"②。

二是肯定了情感欲望的合理性。程朱理学为树立起天理的绝对权威性，不得不将伦理本体与现象世界划清界限，人的感性自然欲求作为现象世界的内容被视为人进入本体领域的大害，所以理学有"穷天理，灭人欲""饿死事小，失节事大"这样突出强调天理人欲对立的命题。程朱理学中，道德本体建立起了对自然情感欲望的绝对统治、压迫和扼杀，使其最终演化为禁欲主义、等级主义等思想禁锢。陆氏心学从两个方面避免了程朱理学的这一缺陷：一是否认本体与现象世界的分离。陆九韶、陆九渊与朱熹"无极太极之辩"本旨即在此，陆九龄亦有"离形色而言性，离视听言动而言仁，非知性也"③之说。陆氏兄弟将感性现象世界提扬到了与本体世界同等重要的地位。二是否认"心统性情"以及天理人欲的对立。陆九渊认为心即理，"若天是理，人是欲，则是天人不同矣"④。虽然陆九渊也认为私欲会蒙蔽本心，应予剥落摒除，但心作为"通天地，同万物"的本体，毕竟比纯粹威严的"理"具有更多的感性血肉性质，为自然的感性欲求留下了更多的包容空间。

总之，陆九渊创造性地以心为本体，发扬了原始儒学中一度被淹没的尊重个体人格价值尊严的一面。这使得陆九渊心学在沉寂几百年后，到了商品经济更繁荣、市民社会更发达的明代，在王阳明的倡导下一举成为显学。虽然陆学比不上程朱理学那么宏大、严密、无所不包，但是从它高扬主体能动性、肯定人情人欲合理性上看，要比程朱理学具有更多的进步性。虽然陆氏心学的这种进步性完全处在一种萌芽和不自觉状态，但是，正是通由陆氏心学，揭橥了作为中国传统文化核心的儒家思想本身具有丰厚的思想内涵和不断向前生长的无限可能。这或许就是陆氏心学在中国思想史上的意义所在。

---

① 〔宋〕陆九渊：《语录下》，《陆九渊集》卷三十五，中华书局1980年版，第455–456页。
② 〔清〕黄宗羲：《梭山復斋学案》，《宋元学案》卷五十七，中华书局1982年版，第1877页。
③ 〔清〕黄宗羲：《梭山復斋学案》，《宋元学案》卷五十七，中华书局1982年版，第1873页。
④ 〔宋〕陆九渊：《语录上》，《陆九渊集》卷三十四，中华书局1980年版，第395页。

第八章
戏曲大师汤显祖

汤显祖是我国古代最伟大的戏曲家。他不仅有惊世的戏曲才华、卓越的文学业绩，而且有深邃的思想光芒、傲岸的人格魅力。"临川四梦"穿越时空的艺术成就，四百年经久不衰，为中国戏曲赢得了世界声誉。本章主要介绍汤显祖的传奇人生、戏曲创作理念和"临川四梦"构剧特色和艺术创新，同时介绍作为"戏都"抚州的声腔流变和戏剧面貌。

第一节　玉茗骄子，传奇人生

戏曲大师汤显祖（1550~1616），字义仍，号海若，又号若士，晚年号茧翁，自署清远道人，明代江西临川人。汤显祖出生于临川城东文昌里，卒于城中玉茗堂家中。他的一生，官阶不高，但以其传奇般的人生和伟大的"临川四梦"而名垂青史。

临川才子，少有才名。汤显祖出生在临川一个读书世家，家学渊源深厚。少时颖异，弱有冠名。由于天资聪颖，读书刻苦，5岁能属对连句，12岁就会做诗，14岁中秀才，21岁中举人。工古文，尤善乐府歌赋及五言、七言诗，文名早播于海内。明代文人邹迪光在《临川汤先生传》中说他"于古文词而外，能精乐府、歌行、五七言诗；诸史百家而外，通天官、地理、医药、卜筮、河籍、墨、兵、神、经、怪牒诸书"[①]。16岁时，他的第一部诗文集《红泉逸草》刊行于世。书香门第的

---

① 〔明〕邹迪光：《汤义仍先生传》，载毛效同《汤显祖研究资料汇编》（上），上海古籍出版社1986年版，第81页。

培养和临川文化的滋润，成就了才华卓著的戏曲大师。汤显祖的一生，处在晚明时代思潮风云变化之际，各种异端思想激荡碰撞。儒释道思想都曾影响过汤显祖，但他对业师罗汝芳、名僧达观以及名噪一时的异端人物李贽的学说心慕更深，这培养了他超凡绝俗的创新能力和批判精神。

<u>京城忤相，南京上疏</u>。饱读诗书的汤显祖继承了先贤"才节俱高"的素养，铸就了不畏权贵、刚正不阿的品格。明万历五年（1577），汤显祖28岁，第三次进京会试，内阁首辅张居正为了让自己的二儿子张嗣修中榜，张罗笼络临川才子汤显祖、安徽才子沈懋学。汤显祖"谢，弗往"，结果沈懋学中状元，张嗣修中榜眼，汤显祖落榜。万历八年（1580），汤显祖31岁，第四次进京会试。又遇到张居正的大儿子张敬修和三儿子张懋修同时赶考。"江陵子懋修与其乡人王篆（都察院御史）来结纳，复啖以巍甲而亦不应。曰：吾不敢从处女子失身也。"① 结果张懋修中状元，张敬修亦及第，汤显祖再次落第。直到张居正去世后，万历十一年（1583），他第五次进京会试，才以三甲211名的成绩登上进士榜。二年之后，也就是万历十三年（1585），曾任临川知县，后在北京吏部供职的好友司汝霖来信，愿推荐他到吏部担任主事。官职虽六品，但岗位是肥缺。汤显祖婉言拒绝。

万历十九年（1591），天空出现异常星象，被朝廷上下视为不祥之兆，神宗皇帝则怪罪于科道诸官。在南京任闲职的汤显祖甚感不平，上《论辅臣科臣疏》，列举内阁首辅申时行结党营私、堵塞言路、破坏朝纲等恶行，建议皇帝撤职查办。上疏甚至抨击朝政，弹劾权臣，一时之间震惊朝野。由于犯颜直谏，措辞严厉，申时行等以辞职为威胁，明神宗恼羞成怒，将汤显祖贬谪广东徐闻县做典史添注。一年后，量移浙江遂昌知县。汤显祖的最高官阶只有六品，但在《明史》上有传，很大程度上是他仗义执言，不顾身家性命，上疏皇帝、批评朝廷大臣的缘故。后来钱谦益《汤遂昌显祖传》、查继佐《汤显祖传》等，也都围绕他拒结权贵、上疏抨政、遂昌善政等大节来撰写。

<u>贬官徐闻，善政遂昌</u>。在徐闻和遂昌任期内，汤显祖清廉俭朴，体恤民情，并以极大的热情实践自己清政勤民的政治理想。在天涯海角的徐闻，他创建贵生书

---

① 〔明〕邹迪光：《汤义仍先生传》，载毛效同《汤显祖研究资料汇编》（上），上海古籍出版社1986年版，第81页。

院,传播文化,开启民智,得到当地人民赞赏;在偏僻贫穷的遂昌,他下乡劝农,兴办书院,抑制豪强,平反冤狱,政绩斐然。遂昌山峻林深,虎患猖獗,频频伤人。汤显祖亲自组织青壮年上山打虎,灭虎十余头,消灭了虎患,安定了人心。他还在县城建灭虎祠,并写下《遂昌县灭虎祠记》。他在除夕和元宵等节日遣囚回家团圆,或者上街观灯,体现了深厚的人文情怀,并写下了《除夕遣囚》《平昌河桥纵囚观灯》等诗。汤显祖德刑兼施、宽严相济的吏治思路,使得遂昌出现"琴歌积雪讼庭闲""市上无喧少斗鸡"的升平气象,他也成为浙江县令中政绩最佳、口碑最好的官员,获得"醇吏身为两浙冠"的美誉。遂昌人民甚至建生祠纪念,永志他在遂昌的建树。万历二十六年(1598),由于长期屈沉下僚,他深感官场腐败,素志难伸。加上爱女、大弟、儿子陆续夭亡的打击,他愤而弃官归里,并谢绝挽留,归隐临川玉茗堂专事戏曲创作。

临川四梦,惊艳天下。汤显祖归家后,以其惊世才情,先后创作了《牡丹亭》《南柯记》《邯郸记》,与旧作《紫钗记》被合称为"临川四梦",皆"因情成梦,因梦成戏"。因汤显祖新居称"玉茗堂",故又名"玉茗堂四梦"。"临川四梦"将人生慨叹、仕途感悟、精神梦幻诉诸笔端,猛击封建礼教,深揭明代政弊,为世人展现一幅明末社会的现实图景;加之情节曲折,形象生动,文词典丽,声律谐美,四百年来,盛演不衰,成为中国戏曲史上"最亮丽的风景"。特别是《牡丹亭》,描述了杜丽娘和柳梦梅生者可死、死而复生的凄美爱情故事,其水平之高,堪称中国戏曲史上的扛鼎之作。明代沈德符在其《顾曲杂言》中称:"《牡丹亭》梦一出,家传户诵,几令《西厢》减价。"

图 8-1 坐落在抚州市人民公园内的汤显祖墓(赣东学院黄振林/摄)

此后被传唱天下四百余年，有英、日、德、俄等十余种语言译本，名扬海内外，成为世界文化经典。

学识广博，著述丰赡。汤显祖还是晚明杰出的文学家。他才华横溢，诗文精通，一生留下 2200 多首诗、文、赋，见其真情卓识。他针砭时事的感事诗文，表达了他对社会黑暗、民不聊生的愤慨；他抒发情感的赠答诗文，充溢着对人间真情、人生温暖的渴望。而在创作上，他主张学习借鉴前人的宝贵经验和优秀传统，不拘一格，转益多师。而从最近发现的《玉茗堂书经讲义》中的内容看，他也是当时古文修养十分深厚的经学家。他对儒家思想的理解不僵化、不保守，既出于真诚，又敢于担当。汤显祖酷爱的玉茗花，是一种品种独特的山茶花，洁白素雅，暗香袭人，象征着君子的高洁和纯粹。他晚年手书《四香戒》。云："不乱财，手香；不淫色，体香；不诳讼，口香；不嫉害，心香。"这也是他一生为人为官的座右铭。作为中国戏曲史上最伟大的戏曲大师，汤显祖是一座永恒的文化丰碑。

第二节　因情成梦，因梦成戏

汤显祖每个剧都写"情"。可以说，情是汤显祖戏曲的核心和灵魂。我们知道，"言情"是晚明哲学思想的突出特征，也是晚明士人的人生追求，汤显祖是其中的重要代表。晚明时期，江西临川王学盛行。汤显祖自幼受到心学的熏陶，13 岁便成为泰州学派著名学者罗汝芳的入室弟子，所谓"十三岁时从明德罗先生游"[①]。而 37 岁的汤显祖再次与业师罗汝芳相聚南京，更在内心深处接受了罗汝芳思想的影响，所谓"如明德先生者，时在吾心眼中矣"[②]。这说明罗汝芳在汤显祖心目中具有崇高地位。罗汝芳是泰州学派代表人物王艮的三传弟子。他在《近溪子集》等著作中多次强调"制欲非体仁"的观点，多方面肯定人本身的欲求，反对朱熹等人以"制欲"为基本内容的道德修养方式，强调从正面引导民众的善根，鼓励民众向善求道的情感意志。对汤显祖"至情"观念的形成有重大影响的，还有李贽和达观和尚。李贽是晚明最特异的孤高狂傲之士，他是王学左派的后期代表，杰出的反封建斗

---

① 〔明〕汤显祖：《秀才说》，《汤显祖全集》（二），北京古籍出版社 1999 年版，第 1228 页。
② 〔明〕汤显祖：《答管东溟》，《汤显祖全集》（二），北京古籍出版社 1999 年版，第 1295 页。

士。他猛烈抨击作为金科玉律的儒家经典，揭露道学的虚伪做作。汤显祖弃官归家后，李贽特地到临川看望，两人一见如故，倾心交谈。而晚明高僧达观和尚，俗姓沈，苏州人，名紫柏禅师，也和汤显祖有多年的神交。汤显祖21岁中举后，在南昌西山云峰寺题写的两首禅诗，达观在时隔二十余年见到汤显祖时，一字不差地背诵出来，说明达观禅师一直关注着汤显祖。但达观否定汤显祖的戏曲活动，说"情有者理必无"，把"情"和"理"对立起来，并强烈愿望剃度他出家。汤显祖与达观心有灵犀。在南京时，汤显祖也算一位佛学修养很深的居士。但是，他没有放弃世俗人生，借清代戏曲家将士铨《临川梦》传奇中的话说，真是"情怀万种，文字难传，只得借此填词写吾幽意"。汤显祖选择了用戏曲创作的方式展示自己对情的理解。汤显祖在《江中见月怀达公》一诗中是这样回应达观禅师的："无情无尽恰情多，情到无多得尽么。解到多情情尽处，月中无树影无波。"①在汤显祖看来，只有情真意切的多情人，才能情尽成佛啊！

汤显祖被人们称为"言情派"。他在影响深远的文章《宜黄县戏神清源师庙记》中说："人生而有情。思欢怒愁，感于幽微，流乎啸歌，形诸动摇。或一往而尽，或积日而不能自休。"②他曾与自己的恩师表达过对"性"与"情"的不同看法，说："某与吾师终日共讲学，而人不解也。师讲性，某讲情。"③他说过，自己是"为情所使，劬于伎剧"。"劬"是辛劳、劳苦的意思，说的是汤显祖为情驱遣，通过艰辛的戏曲创作的方式，表达情感。后来在《复甘义麓》一信中，汤显祖表达自己写戏的初衷：

弟之爱宜伶学二梦，道学也。性无善无恶，情有之。因情成梦，因梦成戏，戏有极善极恶，总于伶无与。伶因钱学梦耳。弟以为似道。④

"二梦"指的是《南柯记》和《邯郸记》。在信中，汤显祖认为只有让情灌注在演剧的整个过程，才能真正达到释放剧作内涵的效果。如果完全为钱演戏，就会留

---

① 〔明〕汤显祖：《江中见月怀达公》，《汤显祖全集》（一），北京古籍出版社1999年版，第581页。
② 〔明〕汤显祖：《宜黄县戏神清源师庙记》，《汤显祖全集》（二），北京古籍出版社1999年版，第1188页。
③ 〔明〕陈继儒：《牡丹亭题词》，载毛效同《汤显祖研究资料汇编》（下），上海古籍出版社1986年版，第855页。
④ 〔明〕汤显祖：《复甘义麓》，《汤显祖全集》（二），北京古籍出版社1999年版，第1464页。

下取貌遗神的遗憾。这充分说明，情是汤显祖戏曲创作的动因和推力。而且，他的这种情，甚至达到了超越生死的至高境界。当然，汤显祖在戏曲和诗文中反复强调的"情"，是一个很复杂的概念，在不同的场合，所指的内涵不尽相同，包括才情、人情、情思、情志、情趣等等。"因情成梦，因梦成戏"的独特戏剧主张，形象地表达了汤显祖在晚明时期与众不同的创作理念。汤显祖在《焚香记总评》中说：

其填词皆尚真色，所以入人最深，遂令后世之听者泪，读者颦，无情者心动，有情者肠裂。何物情种，具此传神手。①

这段话，评价的是明代戏剧家王玉峰的传奇《焚香记》，但也是汤显祖戏曲创作的"夫子之道"。"情"在他的"临川四梦"中处于主导地位，是构成戏剧冲突的原生动力，是催化戏剧矛盾的内在根源。而"情"又是通过梦境的设计形成戏剧，所以，"梦中情"是他构剧的鲜明特色。以奇特瑰丽的梦境支撑戏剧结构，是汤显祖戏剧构思上最大的亮点。《牡丹亭》中的杜丽娘与柳梦梅不是青梅竹马，也不是一见钟情，只是杜丽娘游园生梦、因梦生情、因情而死，谁料意中人竟在梦中。杜丽娘鬼魂与之幽会，最后竟死而复生，终成眷属。按照清代文人费元禄的话说，是"无媒而嫁，鬼亦多情"。杜丽娘"不知所起"的情，是作为健全人的本体生命所具有的生理和心理特性，是出乎人的自身天性对情欲的本能需求和渴望。汤显祖张扬的几千年来被压抑的人最基本的生命欲望，竟然使《牡丹亭》的精神境界达到了前所未有的高度。他在《牡丹亭记题词》中说：

天下女子有情宁有如杜丽娘者乎？梦其人即病，病即弥连，至手画形容传于世而后死。死三年矣，复能溟莫中求得其所梦者而生。如丽娘者，乃可谓之有情人耳。情不知所起，一往而深，生者可以死，死可以生。生而不可与死，死而不可复生者，皆非情之至也。②

拒理还情，有情而真，有真而深，深而至诚。这就是汤显祖的"情"线。

玉茗堂是汤显祖弃官归家后，从城外文昌里搬入城区居住的建筑群落，处抚州香楠峰下（今赣东大道旁），主要由玉茗堂、清远楼、金柅阁、芙蓉馆、沙井等建筑组成，后来还扩充兰省堂、寒光堂、四梦台、揽秀楼等建筑，是汤显祖晚年创作

---

① 〔明〕汤显祖：《焚香记总评》，《汤显祖全集》（二），北京古籍出版社1999年版，第1656页。
② 〔明〕汤显祖：《牡丹亭记题词》，《汤显祖全集》（二），北京古籍出版社1999年版，第1153页。

"临川四梦"的地方,也是"宜伶"将《牡丹亭》搬上舞台的重要场所。"宜伶"是汤显祖诗文中反复出现的、专门指称来自抚州宜黄县的戏伶。从明嘉靖到万历年间,宜黄演唱海盐腔的艺人达千余人。汤显祖弃官归家,从事戏曲创作,与众多宜伶结下了深厚的感情。他诗文中记载了这些"宜伶"反复排演或演唱"玉茗堂四梦"的情景。像"自捱檀痕教小伶""离歌分付小宜黄"等。从中可知,汤显祖亲自登台教刚刚学戏的"宜伶"唱"四梦"。汤显祖晚年的戏曲活动完全离不开"宜伶"。他的诗歌中随处可见描写宜伶演唱"临川四梦"的深情画面。

"临川四梦"特别是《牡丹亭》问世后,产生了持久、广泛而深远的影响。开始以抄本行世,辗转于朋友之间,后渐有刻本,并风行一时。在舞台上,四百多年来,《牡丹亭》与元代高明的《琵琶记》、清代洪昇的《长生殿》一起,成为经久不衰的三部昆曲热演剧目。而《牡丹亭》更是昆曲、京剧名角最为追捧的戏份。明清时期有很多剧作家受到汤显祖的影响。像吴炳、孟称舜、张坚、蒋士铨等,在戏曲创作时的构思立意和曲词风格上都刻意模仿汤显祖,形成了戏曲史上的"临川派"或者称"玉茗堂派"。

第三节　世间只有情难诉

《牡丹亭》《紫钗记》《南柯记》《邯郸记》四部传奇,代表了汤显祖戏曲创作的最高水平。下面分述之。

一、《牡丹亭》

奠定汤显祖在中国戏曲史上杰出地位的是他的代表作《牡丹亭》,这是与世界上最伟大的戏剧作品相比较而不逊色的戏剧杰作。明代文学家王思任批点《牡丹亭》时说:"若士自谓一生'四梦',得意处惟在《牡丹》。"[①]汤显祖自己诗云:"玉茗堂开春翠屏,新词传唱《牡丹亭》。伤心拍遍无人会,自捱檀痕教小伶。"[②]《牡丹亭》完成于明万历二十六年(1598),这也是汤显祖从浙江遂昌弃官归家之年,是

---

① 〔明〕王思任:《批点玉茗堂牡丹亭词叙》,载毛效同《汤显祖研究资料汇编》(下),上海古籍出版社1986年版,第856页。
② 〔明〕汤显祖:《七夕醉答君东二首》,《汤显祖全集》(二),北京古籍出版社1999年版,第791页。

他长期酝酿、萦绕于心的戏剧情思的爆发与宣泄，又名《还魂记》《牡丹亭还魂记》，共五十五出，故事取材于明代话本小说《杜丽娘慕色还魂》，但是情节上作了很大的改动和提升。戏曲演绎的是南宋时南安太守杜宝家发生的一件奇事。杜宝请腐儒陈最良为独生女杜丽娘教授儒家圣贤之书，丽娘受《诗经》中情歌的启迪而萌动少女春心，和丫鬟春香偷偷到后花园游玩，沐浴着从未享受过的大自然的美好春光，先是惊奇，随后自怜：

原来姹紫嫣红开遍，似这般都付与断井颓垣。良辰美景奈何天，赏心乐事谁家院。朝飞暮卷，云霞翠轩。雨丝风片，烟波画船——锦屏人忒看的这韶光贱。①

从中可感到她对幽禁般的深闺生活的深深不满。似乎在梦幻般的痴迷状态中，杜丽娘经过花神的指点，和书生柳梦梅倾情相聚。怜香惜玉的爱惜与温存，半推半就的羞涩与主动，两人终于在牡丹亭畔、芍药栏边共成云雨之欢。那个千般爱惜、万种温存，使她在梦中寻找到了少女最渴盼的爱情。"那书生可意呵，咱不是前生爱眷，又素乏平生半面。则道来生出现，乍便今生梦见。生就个书生，恰恰生生抱咱去眠。"②若有若无，似真似幻，杜丽娘在梦中实现了青春的觉醒。梦醒之后却从此郁郁不欢。于是在"游园惊梦"后就有了"寻梦写真"。她相思成疾，弥留之际，向丫鬟春香透露自己的心思，并留下自画像，抱恨离世。杜丽娘为情不可得而死，所以，花神说："这女子慕色而亡。"

《惊梦》一出乃《牡丹亭》的戏魂。"丽娘一梦，还魂皆活。"它是少女命运的大转折、新起点，青春意识在梦中惊醒，性爱情怀在梦中激活，立意新奇，曲词绝伦，感人心魄。王思任评点《牡丹亭》的"至情"云："《牡丹亭》，情也。若士以为情不可以论理，死不足以尽情。百千情事，一死而止，则情莫有深于阿丽者也。况其感应相与，得《易》之咸；从一而终，得《易》之恒。则不第情之深，而又为情之至正者。"③所谓"情之至正"，是古人高度肯定丽娘之情的天然、合理、真实、可信。

汤显祖塑造的杜丽娘，是情的化身、情的使者，是天下最有情之人。她的可贵

---

① 〔明〕汤显祖：《牡丹亭》，《汤显祖全集》（三），北京古籍出版社1999年版，第2098–2099页。
② 〔明〕汤显祖：《牡丹亭》，《汤显祖全集》（三），北京古籍出版社1999年版，第2105页。
③ 〔明〕王思任：《批点玉茗堂牡丹亭词叙》，载毛效同：《汤显祖研究资料汇编》（下），上海古籍出版社1986年版，第857页。

之处，是由一个禁锢深闺的官宦小姐，转变为勇敢追求自身爱情的深情女郎。她愿意以生命为代价来追求自己的真爱。正所谓：

> 这般花花草草由人恋，生生死死随人愿，便酸酸楚楚无人怨。待打并香魂一片，阴雨梅天，守的个梅根相见。①

她不仅为情而死，而且在阎罗殿也敢于据理力争；身为鬼魂而对柳梦梅一往情深，并以鬼魂之身追逐千里，以身相许，与柳梦梅在道观里自我作主，合卺成婚，演绎了一出感天动地的"人鬼之恋"，也可见至诚至爱的男女之情有着巨大的力量。而还魂之后，亲爹杜宝不认已逝世的女儿，不信柳生登科、丽娘还魂之事，甚至说"此乃妖孽之事"。杜丽娘见到皇上也据理抗争，承认自己因情而死，死而复生，乃是"受了柳梦梅再活之恩"，并勇敢拒绝了父亲要她离开柳梦梅的要求，"宁可不做杜家女，也不离开柳家郎"。至此，一个"天下最有情之女子"的形象活脱而出，光芒四射。

在各种社会思潮风云激荡、交相碰撞的晚明社会，许多异端思想冲破传统理学的禁锢破土而出。其间，对人自身情感、欲望、需求的尊重，成为言情派最强烈的呼唤。"世间只有情难诉"，杜丽娘的感情遭遇和圆满结果，引发许多青年妇女的共鸣。戏曲在社会上广为传播，逐渐成为昆曲最经典的演出剧目。杭州女伶商小玲，色艺俱佳，最擅长扮演杜丽娘的形象。受戏剧情节的感染，又对杜丽娘的遭遇感同身受，以致忧伤愁苦，抑郁成疾。每扮杜丽娘时，"真若身其事者，缠绵凄婉，泪痕盈目"。有次演到"寻梦"一折，唱到"待打并香魂一片，阴雨梅天，守得个梅根相见"时，情不自持，悲恸

图 8-2　盱河高腔《牡丹亭》，吴岚饰杜丽娘

---

① 〔明〕汤显祖：《牡丹亭》，《汤显祖全集》（三），北京古籍出版社 1999 年版，第 2107 页。

不已，竟扑地而亡。扬州姑娘金凤钿，一生痴读《牡丹亭》，"读而成癖""日夕把卷，吟玩不辍"。明末苏州才女冯小青，十六岁时嫁给杭州冯生为妾，但冯妻十分悍妒，冯小青郁郁寡欢。读汤显祖的《牡丹亭》后，日夜无眠，写诗云"冷雨敲窗不可听，挑灯闲看《牡丹亭》；人间亦有痴如我，岂独伤心是小青"，后来竟忧郁而死。我国最伟大的现实主义小说《红楼梦》曾有"西厢记妙词通戏语，牡丹亭艳曲警芳心"一章，描写了林黛玉读《牡丹亭》后如痴如醉的缱绻深情。可见，《牡丹亭》表达了明清时期广大青年，特别是禁锢在深闺的少女追求爱情自由和幸福的强烈心声。一部戏曲作品，在同时代读者或者观众中间激起巨大波澜，在戏剧史上也极为罕见。正因为观众的喜爱，《牡丹亭》可以说是昆曲舞台上演出频次最高的传奇。《闺塾》《劝农》《游园》《惊梦》《寻梦》《离魂》《冥判》《拾画》《叫画》《硬拷》等都是昆曲舞台上常演的折子戏。

二、《紫钗记》

《紫钗记》约完成于明万历十五年（1587）前后，是在《紫箫记》基础上重新创作而成。《紫箫记》是汤显祖的处女作，但写到三十四出就中断了。后来在南京太常寺博士任上，汤显祖将《紫箫记》删削润色而成《紫钗记》。本事源出于唐代蒋防话本小说《霍小玉传》，也借鉴了《大宋宣和遗事》的部分情节。《紫钗记》共五十二出。

故事描述的是唐元和十四年（819）春，陇西才人李益流寓长安。元宵观灯时，在梅树下偶然拾得一只紫玉燕钗，钗主乃胜业坊歌伎郑六娘之女霍小玉。小玉喜读李益诗句。两人相见，相互爱慕。李益以所拾紫钗求婚成功。新婚燕尔，天子行幸洛阳，挂榜招贤，李益应试心切，但小玉恐其中后变心。李益遂取素缯，写下誓言：粉身碎骨，永不相舍，生则同衾，死则同穴。李益高中后，却因为不去拜访当朝重臣卢太尉，被派去玉门关任参军。夫妻泪洒灞桥，折柳阳关，诉语难尽。李益至边关后降服大西河、小西河两国，使吐蕃不敢进犯。卢太尉为招李益为婿，又是笼络，又是威胁，后又设计讹传李益已入赘卢府。为了寻找李益，小玉让侍女出卖定情物——紫玉燕钗，不料却被卢府买去，并在李益面前谎称小玉已经改嫁他人。李益见玉钗确属爱情信物，信以为真。而重病缠身的小玉，得知李益入赘卢府，悲痛欲绝，怨撒金钱，病情加重。豪侠黄衫客替小玉抱不平，决定拔刀相助。他挟持李益到霍家。小玉痛责李益，并长叹数声，倒地闷绝。李益急出袖中紫玉钗。夫妻讲清原委，才知诸多误会皆是卢太尉从中作梗。侍女取出镜奁脂粉，小玉重新插戴，两人重订百年之好。

汤显祖在话本小说基础上作了很大改进。话本写李益始乱终弃，是个薄情郎；霍小玉相思成疾，抱恨而死。死后变成厉鬼，找李益复仇。汤显祖改变了小说的情节和结局，相信人间真情，把李益改造为重情重义、反抗权贵的热血男儿。他拒绝卢太尉的逼婚和招婿，即便被害参军远行，夫妻分离，也义无反顾，忠贞爱情。霍小玉变得更加勇敢坚贞。尽管爱情遭遇种种曲折磨难，但她毫不犹豫，坚强面对。霍小玉是汤显祖最先塑造的女性形象。其性格特点被定位为"情痴"。虽是歌姬家族出身，身份卑贱低微，但与李益相见，便为情所耽，为情所趋，寄寓了自己全部的感情依托和生命理想，并一直荡漾在爱情的幸福之中。四百年来，《紫钗记》折子戏《怨撒金钱》感动了无数的痴心观众。另外，折子戏《折柳》《阳关》展示二人依依不舍的别离之情，在昆曲舞台盛演不衰。

三、《南柯记》

《南柯记》完成于明万历二十八年（1600），即汤显祖弃官归家的第三年，又名《南柯梦记》《南柯梦》，取材于唐代李公佐的传奇《南柯太守传》。全剧共四十四出。落魄子弟淳于棼功名无成，终日借酒浇愁，正在家中古槐树下喝酒解闷，又于中元节去孝感寺听契玄禅师讲经。寺庙中，恰逢来人间为瑶芳公主择婿的蚂蚁国琼英郡主、灵芝国嫂和上真仙姑三人，看中淳于棼，被认定为驸马的合适人选。淳于棼听经后酒醉入梦，来到蚂蚁族所建的大槐安国，被招为驸马。淳于棼治郡二十年，税薄谷丰，政绩斐然。瑶芳公主随淳于棼到南柯二十年，因生育而种下病根。又因怕热，淳于棼督促专为她在堑江城建造名为瑶台的避暑之所。月圆之夜，夫妇一起在瑶台赏月。檀萝国四太子垂涎瑶芳公主美貌，领兵攻打瑶台。淳于棼亲赴瑶台救援，始得解围。公主因在瑶台受到惊吓，病情加重，但仍然牵挂丈夫儿女，后芳陨于皇华公馆，葬之龟山。淳于棼返朝后升任左丞相，因公主去世极度悲痛和苦闷空虚，每日沉湎酒色之中。琼英、灵芝、上真三人也因倾慕淳于棼而乘机引诱。淳于棼抵挡不住诱惑，与她们一起饮酒淫乐。梦醒后，余酒尚温。他还不死心，掘开槐根，追寻梦境，一切皆空。他突然省悟：知人间君臣眷属，形同蝼蚁；苦乐兴衰，与南柯同。终于立地成佛。

《南柯记》以"梦了为觉，情了为佛"为主旨，让淳于棼出入于真实的现实世界和虚幻的蝼蚁王国，从梦前的听禅动情，到梦中的蚁国深情，最后到梦醒的情尽成佛。虚幻的剧情始终蕴含着作者对晚明社会，特别是黑暗官场的真切感受，对清平社会的理想寄托。这时，汤显祖退隐家乡，早年深受熏陶的佛道思想逐渐从头脑深处浮现，出世与入世的矛盾痛苦纠缠于心。昏暗复杂、私欲横流的蝼蚁国，实际上就是晚明社会的折射。淳于棼依靠裙带关系晋身官场，他的起落浮沉象征着晚明官场的荒唐与黑暗。淳于棼因为落魄人生而荒唐度日，沦为蝼蚁后更放纵自己，淫乱宫廷。恶劣的情欲使他精神堕落，人性异化，但终究是一场虚幻可笑的梦境，让观众感受到一出含泪的荒诞喜剧。《南柯记》的问世，标志着汤显祖的戏曲创作题材，已经由爱情主题扩展到社会、政治主题，视野从男女之情、花园之恋转移到复杂的晚明社会。从用梦境写美丽的爱情，到用梦境写丑恶的现实，是汤显祖创作道路上的新拓展、新突破。《花报》《瑶台》是昆曲舞台上常演的折子戏。

四、《邯郸记》

又名《邯郸梦》《邯郸梦记》，根据唐沈既济话本小说《枕中记》改编而成，凡三十出。《邯郸记》完成于万历二十九年（1601），即创作《南柯记》的次年，是汤显祖最后一部戏曲创作。这年，辞官归家已经三年的汤显祖被朝廷追加因过失免职的处分，心情十分抑郁。这年，他的长子汤士蘧因病在南京去世，对他打击更大。消极出世的佛教思想一度占据他的内心世界。

剧情演述邯郸赵州桥头卢生，精读史籍，但屡试不中，自叹生不逢时。八仙之一的吕洞宾，见卢生穷愁潦倒又满腹牢骚，便乘店主煮黄粱米饭之时，送一瓷枕给卢生，卢生倚枕而睡。梦中看见官道整齐，豪宅粉墙。卢生娶清河崔氏为妻，当晚合卺。婚后，崔小姐劝丈夫进京应试。卢生以钱财贿赂高官，得中状元。又瞒过皇帝，偷写五花封诰与妻，被宰相宇文融告发，贬为陕州知州，并命凿开二百八十里的不通石路。卢生到任后，历经艰辛开通了河道，皇帝大悦。此时，边关急报吐蕃入侵，宇文融推荐卢生，挂征西大元帅印出征。卢生乘吐蕃将相有仇隙之际，使反间计，使吐蕃王杀丞相，并乘机用兵，打败吐蕃武将热龙蟒，驱兵千里至天山脚下，勒石记功而还。朝廷对其加官进爵，位并将相。宇文融忌恨，巫奏卢生私通蕃将，图谋不轨，其罪当诛。当卢生与夫人兴高采烈燕饮之际，皇帝下令将卢生于云阳市斩首。崔氏携四子到午门喊冤，方免死罪，发配到广南鬼门关。三年后，崔氏织回文锦诉冤。真相大白后，皇帝立令宇文融问斩，召卢生回京，封赵国公，食邑五千户，四子皆封官，后又封宰相。年过八十，仍纵欲不止，遂归天而去。一梦醒来，黄粱米饭未熟。吕洞宾问梦中所见后告知："都是妄想游魂，参成世界。"卢生幡然大悟，遂拜吕洞宾为师，至仙界蓬莱仙山做桃花苑的扫花使者。

《邯郸记》是明代官场的"百丑图"，是对晚明极恶欲情的鞭挞和否定。虽然是假托卢生穷奢极欲的繁华梦，让他几度沉浮，大起大落，但却以是非颠倒、混乱不堪的晚明社会现实为基础，深刻影射明代官场的腐败和黑暗，用舞台的方式酣畅淋漓地表达了汤显祖对万历朝廷的愤懑和鞭笞。

汤显祖借虚无的梦境，形象概括糊涂世人对酒色财气的贪婪追求，只不过是"乱哄哄，到头来忙忙碌碌一场空"。卢生是晚明官场腐败催生的"怪胎"，他的理想是建功立业，但不择手段，竟然瞬间虚得高位。可是晚明官场是非颠倒，瞬息万变。他的命运也像坐上了起伏不定的"过山车"。时而受宠，位高权重；时而落难，绑缚刑场。其实，诡谲的婚姻已经暗含着命运的沉浮，生死的转换透露出世态的炎凉。可笑的是，卢生享尽荣华富贵仍然不肯撒手，最后从梦中醒来，才幡然醒悟。《扫花》《三醉》《番儿》《云阳》《法场》是昆曲舞台上常演的折子戏。

第四节　抚州为何称为"戏都"？

江西是全国有影响的戏剧资源大省，抚州是江西保存戏剧资源最丰富的地区。抚州也和明清时期的苏州、南京、杭州一样，称为"戏都"。

第一，抚州保留了极其原始古朴的傩祭仪式，这是中华戏曲的源流之一。赣傩仪规在向傩戏仪式过渡时，留下了采茶戏、花鼓戏、花灯戏、大头娃娃舞、傀儡戏、皮影戏等多种戏剧形态。抚州很多民间祭祀活动，都有傩向戏过渡的痕迹。南丰石邮乡的傩神庙前楹联写道"近乎戏，非真戏也；国傩矣，乃大傩焉"，生动说明了傩与戏的关系。它是集傩祭、迎神会、民间小戏、装扮表演于一体的综合性民俗戏曲形式。温柔敦厚的文傩，诙谐威武的武傩，都与民间故事和神话传说有千丝万缕的血缘关系。赣傩戏程式性、祭祀性、表演性特征非常突出。汉民族在繁衍生息过程中流传下来的诸多经典传说，像开山、雷公雷婆、财神、二郎神、文曲星、哪吒、观音坐莲等都在抚州傩戏中有非常生动的遗存。江西这样保存如此丰富傩戏资源的省份，在全国也不多见。在全国著名傩舞之乡——南丰石邮乡，保留下来了最完整的古傩。每年正月都有肃穆庄严的傩仪，包括起傩、演傩、搜傩、圆傩过程，其鼓、箫伴奏，庄重呜咽。傩面多为鬼魅角色和地狱之神，包括开山、纸钱、雷公、判官、大鬼、小鬼、傩公、傩婆、关公等角色，浓墨勾勒，既恐怖又憨实，既写意又夸张。而乐安流坑村保留了诙谐威武的"武傩"，既保留了傩舞诸多原始古朴的痕迹，也吸收了民间杂耍和社祭的表演程式。汤显祖的《牡丹亭》中的"冥判"与抚州民间傩仪十分相似，可见汤显祖对家乡民间演剧非常熟悉。

第二，南戏很早就流传到抚州南丰一带。宋代南丰籍文人刘埙《水云村稿》中的"词人吴用章传"中有一段话："用章殁，词盛行于时，不惟伶工歌妓以为首唱，士大夫风流文雅者酒酣兴发辄歌之。由是与姜尧章之《暗香》《疏影》；李汉老之《汉宫春》；刘行简之《夜行船》并喧竞丽者殆百十年。至咸淳，永嘉戏曲出，泼少年化之。而后淫哇盛，正音歇，然州里遗老犹歌用章词不置也。"①也就是说，从浙江永嘉（温州）流传过来的南戏，当地"泼少年化之"，即结合本地的声腔而演化为新的南戏形态。宋淳化五年（994），南城就建有"三忠祠"戏台，专供歌舞百戏上演。著名的戏曲选本《风月锦囊》是明嘉靖三十二年（1553）刊本，其"摘汇者"徐文昭就是江西抚州临川人，而选本中的《全家锦囊伯喈》则很可能是南戏流传到江西一带艺人的改本或演出本。

第三，抚州是海盐腔、青阳腔、乐平腔、徽州腔、昆山腔的流经之地。明嘉靖年间兵部尚书谭纶从浙江将海盐腔带到宜黄，是戏曲声腔史上的重要事件。汤显祖

图8-3 抚州南丰县石邮村的傩神庙

---

① 〔宋〕刘埙：《水云村稿》卷九《词人吴用章》，影印文渊阁四库全书，第1197册。

在著名的《宜黄县戏神清源师庙记》中指出：

> 此道有南北。南则昆山之次为海盐。吴浙音也。其体局静好，以拍为之节。江以西为弋阳，其节以鼓。其调喧。至嘉靖而弋阳之调绝，变为乐平，为徽、青阳。我宜黄谭大司马纶闻而恶之。自喜得治兵于浙，以浙人归教其乡子弟，能为海盐声。大司马死二十余年矣，食其技者殆千余人。①

谭纶（1520—1577），宜黄人，明嘉靖二十三年（1544）进士，历任南京礼部主事、南京兵部主事、浙江台州（临海）知府、兵部尚书等职。他在嘉靖三十四年（1555）至四十年（1561）之间治兵于浙，巡视区域正是海盐腔流行地。海盐腔讲究唱法和吐气，声多字少，声情婉转凄切，受到士大夫阶层欢迎。当时官宦商贾之家集会饮宴时，多用弋阳腔或海盐腔。海盐腔的演出是没有管弦伴奏的，只用锣鼓或拍板伴奏。可见它的表演形式与弋阳腔一样，是"徒歌形式，锣鼓干唱"。而二者的主要区别是，弋阳"其节以鼓。其调喧"。事实上它是用金鼓铙钹之类的打击乐按节拍，断尾或尾句用后场帮腔，唱四方乡音；而海盐则轻柔婉转，"音如细发，响彻云际，每度一字，几近一刻"。谭纶雅爱戏曲，在浙江任上深深爱上他乡这种精湛优美的声腔艺术。嘉靖四十年（1561），因为父丧，丁忧回家，时间达三年之久。他对家乡子弟用乐平、徽、青阳诸腔演戏很不满意，因为这种夹杂了宜黄方言的腔调显得鄙俗土气。锣鼓伴奏，虽喧腾热闹，但不雅致。于是，他"以浙人归教其乡子弟"，直接把海盐腔从浙江带回宜黄，从根本上改变了家乡的声腔面貌。按汤显祖在《庙记》中的记载，谭大司马逝世后二十年，小小的宜黄县，"食"其"技"者逾千人。可见海盐腔在宜黄县的影响巨大。

昆山腔也迅速流传到了江西。从汤显祖诗文中我们可知，明万历二十六年（1598），汤显祖弃官居家回到临川以后，曾在诗文中多次提到"侬歌""吴侬""吴歈""吴歌"等词汇，指的就是昆山腔或昆山腔演员。比如《唱二梦》云："半学侬歌小梵天，宜伶相伴酒中禅。缠头不用通明锦，一夜红氍四百钱。"②诗中描绘宜伶模仿昆山腔演唱或昆山腔戏班在临川演唱"二梦"。而《寄生脚张罗二恨吴迎旦口

---

① 〔明〕汤显祖：《宜黄县戏神清源师庙记》，《汤显祖全集》（二），北京古籍出版社1999年版，第1189页。

② 〔明〕汤显祖：《唱二梦》，《汤显祖全集》（二），北京古籍出版社1999年版，第822页。

号二首》云:"吴侬不见见吴迎,不见吴迎掩泪情。暗向清源祠下咒,教迎啼彻杜鹃声。"①诗中提到的吴迎是著名的宜伶,并且以演唱《紫钗记》出名,清源祠也是宜伶祭师祖的场所,拿他和吴侬相提,说明汤显祖可能联想起昆腔演唱《紫钗记》的演员。

第四,封闭性流传的广昌孟戏可谓古老戏曲的"活化石"。在广昌县,流行着一种以演唱"孟姜女"故事为主要内容的民间戏曲活动,后被文化部门命名为"孟戏",其演唱声腔被称为"盱河高腔"。演出地点主要在广昌县甘竹乡赤溪曾家和大路背刘家。每年只在正月演出一次,用于宗族的祭神活动,有比较浓厚的民间宗教祭祀色彩。两地均用曲牌体的高腔演唱,但版本却不尽相同。据刘家族谱记载,刘家孟戏演全本《长城记》起始时间在明万历年间,正是当时"宜伶"最活跃的高峰时期。其第三本《姜女送衣》一折十分接近明刻本《孟姜女送寒衣》,但是曲牌唱词却十分典雅。而这恰恰是明刻本所无。这证明刘家孟戏虽以弋阳腔的《长城记》为底本,但在早期的流传过程中,经过了有比较深厚艺术修养和演出经验的艺人加工改造,从时间和地点两个因素判断,唱海盐腔的"宜伶"可能性最大。

广昌孟戏,世代相传,在一个封闭的小山村搬演了四百多年。据族谱记载,曾、刘两姓都祀奉秦朝大将蒙恬、王翦、白起,称之为"三元将军"。每家每户祖宗牌位上都有"秦朝会上三元将军"的神位,奉祀香火。而每年的正月,举行盛大的酬神祭祖典礼,用唱"孟戏"的方式酬答神灵,全村男女老少均参加。孟戏的传习有严格的制度:本族男丁必须学戏,但绝不传族外之人。并且一般情况下是子袭父业,祖孙几代都担任相同角色,唱腔、念白、伴奏严格模仿,口口相传。正因为这种封闭式的传习,考虑到"孟戏"形成的年代恰好在万历年间,是邻县宜黄"宜伶"鼎盛时期,很有可能"宜伶"戏班子弟进入影响了"孟戏"演出过程。如果上述推测可以成立,那"孟戏"中必将保留海盐腔的遗音。

第五,清代宜黄腔影响深远。清代非常清晰地出现了宜黄腔的记载,并且与风靡西北的秦腔、梆子齐名。礼亲王昭梿的《啸亭杂录》说道:"近日有秦腔、宜黄腔、乱弹诸曲名。其词淫亵猥鄙,皆街谈巷议之语,易入市人之耳。又其音靡靡可

---

① 〔明〕汤显祖:《寄生脚张罗二根吴迎旦口号二首》,《汤显祖全集》(二),北京古籍出版社1999年版,第797页。

听，有时可以节状，故趋附日众。虽屡经明旨禁止，而其调终不能止。亦一时习尚然也。"[1] 清末文人戚震瀛《京华百六竹枝词》云："宛转珠喉服靓妆，弋阳秦腔杂宜黄。"这说明乾嘉年间宜黄腔在北京与弋阳腔、秦腔一样有名。清代宜黄腔是板腔体音乐高腔，在江西境内有很大影响，并迅速传播到浙江、安徽、湖北等地。清代宜黄腔的特点，一是"只唱二黄、不唱西皮"。现今保存的宜黄戏大约在清同治前，是不唱西皮旋律的。这说明西皮调传入较晚，宜黄腔接受皮黄合流的影响，最早都在清末。二是腔调极其原始。如果把它和现在的京剧作简单比较，唱腔上就能说明它的原始性。首先是曲调旋律简单平直，正板唱腔只有四句固定旋律，缺少变化。拖腔就更为简单，不像如今京剧的"二黄"，曲折绵延，变化多端。其次是板眼节奏上，只有一板一眼的正板唱法，没有"慢三眼"，且板眼的处理并不严格，可以自由演唱。再次是男女腔同宫同调，分行当的唱腔还不完备。宜黄腔的整个唱腔，只有小旦腔（包括小生）、老生腔（包括青衣、老旦）和花脸腔。曲调简单质朴，激越飞扬，个性突出，这些都遗存了原始秦腔的诸多痕迹。宜黄腔演出的剧目也称宜黄戏，其传统剧目颇为丰富，多取材于历史故事、话本小说、古典名著、民间传说、仙话神话等。

从上述戏曲面貌的丰富性、多样性、悠久性看，称抚州为"戏都"，是名副其实的。

---

[1]〔清〕昭梿：《啸亭杂录》，中华书局1980年版，第197页。

第九章
灿烂的文学成就

古代抚州，诞生了许多杰出的文学家，特别是在诗词、散文领域取得了极其辉煌灿烂的成就。晏殊是杰出的词坛领袖，王安石、曾巩同属唐宋"散文八大家"。抚州也是宋代江西诗派的重要领地。崇仁的虞集是元代文学领袖。明清两代也是才子辈出，诗文成就斐然。本章主要介绍古代抚州的文学成就，并从文学史的角度阐述抚州文学家对文学运动的独特贡献。

第一节 二晏与宋代江西词派

在北宋前期词坛，出现上承唐五代之风、下启北宋词貌的江西词派。而除欧阳修之外，晏殊也是重要的词坛领袖，是江西词派的引领者。其子晏几道继承衣钵，同乡后辈谢逸、谢薖兄弟等人也踵武晏殊词风，抚州词人在北宋词坛占有一席之地。

晏殊，字同叔，抚州临川文港镇（今属江西进贤）人。北宋著名文学家、政治家。7岁能文，名声广传。14岁以神童入试，赐同进士出身。官至太子舍人、右谏议大夫、集贤殿学士、同平章事兼枢密使、礼部和刑部尚书等。仁宗庆历初拜相，不久因逸言罢相，降为工部尚书，贬官颍

图 9-1 晏殊画像

州，后徙陈州、许州等地。后因病回京，于至和二年（1055）卒于家，谥号元献，世称晏元献。与其子晏几道，合称"二晏"。

晏殊性格刚健，上书力阻章献太后在仁宗年幼时主政，后又反对太后任用亲信张耆为枢密使。他重才举贤，欧阳修、范仲淹、韩琦等北宋名臣都得益于其举荐。晏殊善文词，"文章赡丽，应用不穷，尤工诗，闲雅有情思"[①]。其作诗万余首，但大多不传，《全宋诗》收其诗160首、残句59句、存目3首。有文集240卷，但皆不全，《全宋文》中辑佚晏文56篇。《珠玉词》1卷，收词136首。

《珠玉词》包括宴游嘉会、离愁别恨、歌舞祝寿等主要内容，另有对自然、人生的感慨，有对农事、渔家生活的描绘，有对乱世、征战的愁叹，更有展现官场、仕途黑暗等广泛内容。其词受南唐冯延巳影响最大，将冯词俊洁的特点发展为含蓄温润、典丽圆融的风格。具体体现在以下几个方面：

首先，对外在景物具有纤细敏锐的感受，并将深婉之情寓于其中。如这首著名的《浣溪沙》：

一曲新词酒一杯，去年天气旧亭台。夕阳西下几时回？

无可奈何花落去，似曾相识燕归来。小园香径独徘徊。

词的上阕有歌有酒，亭台楼阁，夕阳斜晖，非常美好。词的下阕却花落燕归，无限伤感。晏殊以词人的锐感和善感，将深沉的情感融于景物的描写之中，体现含蓄深婉的抒情特点，使词作进一步士大夫化和文人化。

其次，善以淡笔描摹富贵气象，以清新之笔吟咏男女情爱。写富贵，不在于堆金砌玉的语言修饰，而注重略貌取神流露出的华贵姿态。写男女情爱，则摒弃唐五代以来的艳情抒写，变为含蓄润洁。

再次，晏殊词的特色还表现为"圆融的观照"[②]，于客观景物的描写中，融入雍容娴雅的生活态度。如另一首《浣溪沙》：

一向年光有限身。等闲离别易销魂。酒筵歌席莫辞频。

满目山河空念远，落花风雨更伤春。不如怜取眼前人。

满目山河，满怀相思，却是一场空，已是伤怀，却又见落花风雨，伤春情绪又

---

① 〔元〕脱脱等：《宋史》卷三百一十一《晏殊传》，中华书局1977年版，第10197页。
② 叶嘉莹：《唐宋词十七讲》，北京大学出版社2016年版，第178页。

加重一层。追怀过去、梦想未来都毫无用处，只有豁达面对，珍重现在。晏殊词中展现出情感的理性节制，进一步展现词的雅趣。

最后，晏殊词的语言精美工巧又清新自然，音律谐婉，有珠圆玉润之美。王灼《碧鸡漫志》中评价其词"风流蕴藉，一时莫及，而温润秀洁，亦无能比"①。晏殊善于将华丽词汇与清淡自然的语言结合起来，精心锤炼，显得清丽娴淡。

至于晏殊在江西词坛乃至宋代词坛的地位，主要体现以下几个方面：

首先，继承唐五代清丽词风，除受冯延巳影响很深之外，他也在创作手法上继承了韦庄词清疏深婉的风格。词作意象灵动，境界萧逸闲淡，深得韦庄笔法清疏的特质。

其次，将伶工之词变为士大夫之词，即进一步将词雅化，提升词的品位和境界。他于绮艳之外，别具典雅清丽的格调。而词作雅化的方式主要有以诗为词，这不仅体现在晏殊词作善于化用前人诗句，还体现在他对词情感内涵的拓展上，以诗人情怀入词，在富贵闲适的生活中蕴含着深沉的忧伤，抒写离别愁绪时进行哲理化处理，表达一种写意化的情思。

晏殊词在内容上将诗人的情怀写入词中，深化词作情感内涵，一方面为后世苏、辛的词体变革提供路径，即文人化和以诗为词的方式；另一方面也启发了晏几道、贺铸、姜夔等人的寄托遥深。在表现形式上，以儒家传统雅正的审美规范矫正俚俗直露的词风，推动了周邦彦从形式上对宋词进行雅化的探索，在一定程度启发了南宋雅词的发展方向。因而，晏殊在宋初词坛中是唐宋词转型的关键一环，无愧于"倚声家之初祖"的称号。

正因如此，其子晏几道和临川其他文人谢逸、谢薖等才步轨其后，上承唐五代词风，继续开拓，创作出富有个性的词作。晏几道（1038—1106），字叔原，号小山，又称"小晏"。晏殊第八子②，出身富贵，少年得意。其父过世后，家道中落，人生受到严重打击。黄庭坚《小山词序》称其有"四痴"：不傍贵人之门，不肯作新进士语，不解俗事如赤子，不恨负己者又笃信他人。③可见晏几道性格孤高耿介，

---

① 〔宋〕王灼：《碧鸡漫志》，载唐圭璋：《词话丛编》，中华书局1986年版，第83页。
② 参看涂木水：《关于晏几道的生卒年和排行》，《文学遗产》1997年第1期。
③ 〔宋〕晏殊、〔宋〕晏几道：《二晏词笺注》，张草纫笺注，上海古籍出版社2022年版，第603页。

为人淳朴忠厚、执着真挚。他仕途偃蹇，以词曲为乐，固守小令阵地，集为《小山词》，收作品260多首。

晏几道词仍然延续婉约词传统写男女悲欢离合的题材，又因身世遭遇，"回头满眼凄凉事"（《鹧鸪天》），词作中经常会展现今昔对比的悲凉。黄庭坚称其"嬉弄于乐府之余，而寓以诗人之句法。清壮顿挫，能动摇人心"①。可见晏几道也以诗为词，继承晏殊词诗人本色的一面，但比其父在以诗为词的路径上更加明确。小山词艺术特色主要体现在以下两个方面：

一是深于抒情。他的词作感情深挚，追怀往日美好的爱情和表现刻骨的相思，展现对爱情矢志不渝的追求。如《临江仙》：

梦后楼台高锁，酒醒帘幕低垂。去年春恨却来时。落花人独立，微雨燕双飞。

记得小蘋初见，两重心字罗衣。琵琶弦上说相思。当时明月在，曾照彩云归。

这首词写离别后对往昔的追忆，语淡情深。追忆初见情景之前，先铺垫眼前酒醒梦回的凄凉，时空交感，使其抒情更加深婉曲折，摇曳生姿。

二是以诗人技法写词，包括用典、化用诗句以及借鉴诗歌篇法结构等。晏几道词善于用典，如"可堪题叶寄东楼"（《浣溪沙》）、"诗成自写红叶，和恨寄东流"（《诉衷情》）等，都用了红叶题诗的典故。他也善于点化前人诗句，有原句袭用的，如"落花人独立，微雨燕双飞"，直接化用了唐代诗人翁宏《春残》诗的三、四两句；还有同一首词中连续化用多句诗歌的现象，如其《浣溪沙·日日双眉斗画长》等。晏几道对诗句的化用主要为抒发真挚情感服务，从而扩大词作的内蕴，也使词体风格更加文雅。

"诗人句法"还体现在晏几道词作的谋篇布局上，他借鉴诗歌起承转合的章法，将词作写得婉转低回、曲折有致。如其名作《鹧鸪天》：

彩袖殷勤捧玉钟。当年拼却醉颜红。舞低杨柳楼心月，歌尽桃花扇影风。

从别后，忆相逢。几回魂梦与君同。今宵剩把银釭照，犹恐相逢是梦中。

整首词三次时空转换，情感也经历由喜到悲、再到悲喜交加的起伏，所以陈廷

---

① 〔宋〕晏殊、〔宋〕晏几道：《二晏词笺注》附录三《小山词序跋·黄庭坚序》，张草纫笺注，上海古籍出版社2008年版，第603页。

焯称赞道："婉转缠绵，情深一往，丽而有则，耐人玩味。"① 这首词一唱三叹，低回往复，写得曲折深致。

虽然《小山词》辞采较为华丽、意象较为密集，以及写歌姬舞女题材等方面与花间词类似，但其流动曲折、语淡情深又深得南唐神韵。在这一方面，他与其父晏殊有着相似之处。而其诗人句法、以诗为词的倾向，可以说受苏轼、黄庭坚等同时期文人的影响，但也能见出受晏殊影响的端倪。更遑论，他词作多为小令，在词体上就遵循着晏殊的选择。由此可见，《小山词》接受《珠玉词》的影响也较为显著。

另外，大抵在北宋末南宋初，抚州还有一位词作颇丰的词人赵长卿（生卒年不详），为赵宋宗室，居住在南丰，自号仙源居士，著有《惜香乐府》，存词338首。词作内容丰富，包括咏怀、爱情、咏物、思乡、送别和祝寿等题材。其词远师南唐，近承晏欧，属婉约一派。如《临江仙·暮春》最后两句："短篷南浦雨，疏柳断桥烟。"词中写思乡之情，景语作结，饶有余味。俞陛云先生称此词"情寓景中，《惜香乐府》中和雅之音"②。这首《临江仙》的和雅与晏殊词中理性的节制都呈现出中和之美的审美旨趣。

在晏几道稍后的抚州词人，还有谢逸、魏玩等，在他们词作中都能见出晏殊词的影响。谢逸也以短小精巧的小令作为词的体裁，风格也是以清丽婉约为主。作为江西诗派的成员，他和晏几道一样注重以诗为词的技法。而魏玩是曾巩之弟曾布的妻子，她词中所展现的"富贵气象"与晏殊词类似。据此，晏殊作为江西词派的领袖，在唐宋词转变过程中起着关键作用，同时他也以其文学艺术魅力泽溉抚州地域文人，使抚州词人在词史上具有重要地位。

第二节　临川四才子与宋代抚州诗文

北宋时期抚州地区出现王安石和曾巩等诗文大家，整体诗文创作也达到巅峰水平。王安石与曾巩前有专章介绍，在此不赘述。在北宋中期出现以黄庭坚为首的江西诗派引领诗坛。吕本中《江西诗社宗派图》"列二十五法嗣"中就有"临川四才

---

① 〔清〕陈廷焯：《白雨斋词话》卷五，人民文学出版社1959年版，第124页。
② 俞陛云：《唐五代两宋词选释》，上海古籍出版社1985年版，第363页。

子"谢逸、谢薖、饶节和汪革等人。南宋出现取法晚唐的江湖诗派，企图矫正江西诗风的流弊。临川曾极、南城利登等就是其重要成员。除此之外，抚州地区在宋代还有学者型的作家如陈彭年、李觏等，以及罗必元、陈郁等其他文人。

陈彭年（961~1017），字永年，北宋南城（今抚州南城）人。著名的音韵学家、文学家，北宋初期名臣。幼时勤奋好学，昼夜不息。他赴京科考时出游作赋，短时即成千言，传为佳话。因其中有嘲讽之语，为主考官宋白所不满而落榜。雍熙二年（985），始中进士。累官至翰林学士、参知政事。卒赠右仆射，谥文僖。著有《文僖集》100卷，久佚，现存《江南别录》1卷。主修《册府龟元》《大宋重修广韵》，因此闻名于古今。其中《大宋重修广韵》是研究汉语语音的重要资料，在汉语语音史上有着极其重要的地位。

另一位重要的学者李觏，字泰伯，建昌军南城（今抚州南城）人。北宋著名的哲学家和文学家。科举屡试不第，遂隐居著述，后由范仲淹举荐才得以授官。著有《李觏集》。他主张诗文创作要关注社会现实以匡国济民，还要求另辟蹊径，追求创新。

相较于其思想，李觏虽然诗名并不显著，但其诗歌内容丰富，且反映现实，揭露时弊，具有较强的思想性。如《获稻》对"鸟鼠满官仓，于今又租人"这种不合理现象进行了批判。李觏受韩愈等人的影响，作诗着意好奇。这在他的咏史抒怀诗中体现得尤为明显，如《读长恨辞》其二：

蜀道如天夜雨淫，乱铃声里倍沾襟。

当时更有军中死，自是君王不动心。

诗歌结构奇特，先写马嵬兵变，杨玉环身死，唐明皇悲痛不已，后急转写安史之乱许多将士身亡，而唐明皇却漠然视之，在对比中突出对帝王的谴责和讽刺。

此外，李觏还创作了许多吟咏家乡的诗歌，如《和苏著作麻姑十咏》等诗歌吟咏麻姑山的风景。还如《僧志月碧云轩改为景云轩因书二首》《书景云轩壁》等诗歌提及的景云轩原为南城县内禅寺。这些诗作体现了李觏对家乡的热爱。①

李觏还长于散文，其《潜书十五篇》《庆历民言三十篇》都有补于世。这些文章指责时弊，议论精当，通达流畅，创作水平较高。他的《袁州学记》记述学校教育，立论警切。而《修梓山寺殿记》记叙南城县梓山寺修葺殿宇之事，行文井井有

---

① 罗伽禄：《北宋名儒李觏》，江西人民出版社2010年版，第165-179页。

条，斐然成章。

除了学者型的文人之外，还有一些抚州文人积极融入主流文坛，成为当时重要文学流派的代表人物，如饶节、谢逸、谢薖和汪革。这四位临川诗人遵循江西诗派的主张，作诗学习黄庭坚的诗歌，带有瘦硬的特点，同时也注重求新求变，形成富有个性的创作特色。

饶节（1065~1129），字德操，一字次守，临川人。以诗名成为宰相曾布的座上宾，后与之政见不合。三十八岁出家，法名如璧，自号倚松老人。临川饶氏家族在当时是名门望族①，饶节有着深厚的家学底蕴。常与吕本中、谢逸、汪革、杨符等人往来唱酬。因与谢逸、谢薖、汪革同为临川人，并称为"临川四才子"。后主持襄阳天宁寺，颇有声望。晚年归乡，病逝于家中。有《倚松集》2卷，存诗374首。

饶节诗歌学习黄庭坚与陈师道二人，风格瘦硬，如《次韵答吕居仁》三四句"我已定交木上座，君犹求旧管城公"，"管城公"是常见的谐语，"木上座"又很新奇，诗句虽对仗工整，但"已""犹"副词使句式散化。诗歌说理议论，受黄诗影响，显得峭拔。吕本中称扬其"为僧后，诗更高妙不可及"②。饶节还有抒写山林情趣的诗歌，语句虽矫健瘦硬，但又不失平易流畅。如《眠石》"静中与世不相关，草木无情亦自闲。挽石枕头眠落叶，更无魂梦到人间"，写高逸脱俗的安闲自得，语言平淡，却一句深过一句，展现高怀遗世、萧散自得的情态。由此可知，饶节学黄并不狭隘，而是比较通脱，在瘦硬之外，还显出平易萧散的风格。

谢逸（1068~1112），字无逸，号溪堂先生，临川人，江西诗派重要诗人，与从弟谢薖并称"二谢"。著有《溪堂集》10卷，录诗234首。从学于吕希哲，与吕本中交往密切，受到黄庭坚的赞赏。据说曾作《咏蝶》诗三百首，传诵于时，人称"谢蝴蝶"。科举屡试不第，便绝意仕进，隐居不出。

谢逸七律学黄，如《寄徐师川》中间两联"相望建业只千里，不见徐侯今七年。江水江花同臭味，海南海北各山川"，化用了黄庭坚《次韵裴仲谋同年》《次元明韵寄子由》中的诗句，见出瘦硬特点。谢逸还有学黄学得较好的作品，如《寄饶葆光》，音调微拗，却不显得佶屈，不流于奇巧。学黄而不拘泥，出现摆脱黄、陈

---

① 王琦珍：《黄庭坚与江西诗派》，江西高校出版社2006年版，第119页。
② 〔宋〕吕本中：《紫薇诗话》，载〔清〕吴景旭《历代诗话》上册，中华书局1958年版，第363页。

瘦硬诗风的趋势。而他还有一些诗歌写得清新流丽，与江西诗派风格显然不同。如《吴家渡》："碧浪粼粼见浅沙，丹枫林里两三家。舟横渡口渔翁醉，梦觉满江芦荻花。"诗中吟咏的吴家渡是临川抚河古渡口，上接文昌桥八里，下至章溪石渡六里。诗中"碧浪""丹枫"色彩明丽，画面清丽明快。后两句写梦醒后满江芦花的旖旎风光，徜徉在家乡自然山水中的诗人闲适淡然，诗歌带有一种唐人风调。

谢逸散文存47篇，其中《〈临川集咏〉序》，是为郑彦国编选的《临川集咏》所作的序文，写了临川风物之美、历史文化名人和编辑诗集的意义，层次清晰，语言流畅，为其散文代表作。

谢逸从弟谢薖（1074~1116）与他同气相求。谢薖，字幼槃，自号竹友居士，著有《竹友集》，科举不第，布衣而终，诗名不如谢逸显著。他作诗也受黄诗影响，但也出现了摆脱其影响的倾向。他的《饮酒示坐客》是学黄的典型诗作，但只流于表面拗句的学习，显得怪僻。不过谢薖大多学黄的作品还是颇见功力的，而其写临川山水风景的诗作大抵都是这类风格。如《夏日游南湖》：

麴尘裙与草争绿，象鼻筒胜琼作杯。

可惜小舟横两桨，无人催送莫愁来。

诗题中的"南湖"，在今抚州市城区内，是五代郡守李建勋率领民众开凿的，至宋代已成为游览胜地。诗歌首句句式前三后四，次句句式三一三，语言上极力避熟求新，所以不用"浅黄裙"而用"麴尘裙"，不用"竹筒杯"而用"象鼻筒"。整首诗展现洒脱不俗的诗人形象。此诗表现出江西诗风的同时，又性灵自然流露，显得清新隽永。

又如《秋日登拟岘台二首》其一：

步上溪边百尺台，斩新秋色正伤怀。

千屏翳绕碧云合，一字倾欹鸿雁来。

谢薖的这首诗描写了秋日拟岘台的风景，抒写怀抱，清新流丽，用语也不见前一首的避熟，这已经超越了江西诗风的范畴。

"临川四才子"中还有一位江西诗派的诗人汪革，也从学于吕希哲，和二谢、饶节、吕本中等人相互唱和。汪革（1071~1110），字信民，著有《清溪集》①，已佚，诗作散见于《江西诗征》《宋诗纪事》等书中。绍圣四年（1097）礼部会试第一，中进士，历任长沙、宿州教授。力辞权臣蔡京征辟，一生清操，认为"咬得菜根断，则百事可做"，朱熹将此话编入《小学》书中。汪革作诗也学黄庭坚，可惜诗歌流传很少，不能窥见其全貌，也无法确定他在取法黄诗的过程中是否出现了变化。

总体上，江西诗派中这些临川籍的诗人既有学黄的一面，又能在一定程度上跳出江西诗风的藩篱，呈现出不同的风格。这种求新求变的意识，固然有江西诗派诗论内在的要求，但从某种意义看，这些诗人未尝没有受到抚州地域文化中守正创新精神的滋养。

南宋江湖诗派兴起，摒弃江西诗派的主张，取法晚唐诗歌，抚州地区的曾极和利登是其重要成员。曾极（生卒年不详），字景建，号云荣，临川人。曾巩弟曾宰七世孙，幼承家学，研习诗歌，名声斐然。尝助李壁为王安石诗歌作注。作《春》和《题行宫龙屏》诗，伤时悯国，触犯当时丞相史弥远，远谪春陵，死于贬所。今存《金陵百咏》，吟咏金陵古迹，词旨悲壮，磊落不拘。他还有描写抚州山水的诗作，如《红泉精舍》写南城麻姑山红泉一处修炼之所，二三句"温汤净濯满衣尘""石门隔断世间事"暗含不平之气，带有悲凉意蕴。结尾"红泉可酒兼宜茗，便合躬耕老此身"展现自己超尘脱俗的高尚追求。因此，曾极与江湖诗派中那些隐逸之士和江湖谒客不同，他关注现实、关注国家命运，诗歌吟咏也多感时忧国之作。

另一位江湖诗派的重要成员是利登。利登（生卒年不详），字履道，号碧涧，南宋诗人。理宗淳祐元年（1241）以礼记擢第，官至宁都尉。其家曾为南城望族，至利登一代，家道已经败落。早年无意仕进，常与文友聚游登览。今存《骳稿》1卷，《全宋词》辑存其词13首。绍定二年（1229），汀州"寇乱"，利登有诗《次苍山晚出闻汀寇之什》，同年九月赣州亦有"寇祸"，利登当时正受邀参加宁都县令组织的诗歌唱和活动，却逢兵祸，一群文人不得不避入山中，利登有诗《梅川莫令君拉苍山诸诗友，用予"松风"首句为韵，招予游金精，至而盗作，不果游，走佛岩有感》《梅川行》等，真实地记录了当时逃难的情状。而后利登归金川（今属吉安

---

① 汪革诗集名是"青溪"还是"清溪"的问题，王琦珍先生在《黄庭坚与江西诗派》第八章第四节（第196页）有关汪革的内容中有过阐述，此处采用王先生的说法。

新干县），不料金川又发生兵乱，他携母亲及妹妹逃亡，作诗《盗犯金川境，扶侍母妹复走兴安有怀》等。其间他接触了广泛的社会生活，诗作内容充实。利登这些纪实诗作，可以起到补史的作用。

利登作诗不刻意追求奇巧，语言朴素自然，具有浓厚的生活气息。如《田父怨》"偿却公私能几许，贩山烧炭过残冬"，关心民生，用质朴的语言展现农村凋敝的情形以及田父的命运。作为江湖诗人，利登的诗歌创作也没有局限在隐居、干谒等内容上，而是有更广泛的触角。也无怪程千帆和吴新雷先生编著的《两宋文学史》将其与姜夔、刘过并列。①

元代刘壎《隐居通议》卷九云："希声，名文雷……同时乡里以诗名者，碧涧利履道登、白云赵汉宗崇嶓俱为社友……赣之宁都有苍山曾子实原一，抚之临川有东林赵成叔崇峄，亦同时诗盟者也。"② 据此可知，黄文雷、利登和赵崇嶓三人曾组诗社，称盱江诗社。因利、黄二人都是南城人，赵是南丰人，都属于建昌军，县域都有盱江流经，因此得名。宁都曾原一与临川赵崇峄被称作"同时诗盟者"，是"盱江诗社"的外地诗人。这个诗社的诗人之间往来酬唱频繁，是当时江西诗坛一个缩影。

黄文雷（生卒年不详），字希声，号看云。早年以春秋学获乡试第一，下第后游缙绅间。淳祐十年（1250）中进士，辟为临安酒官，不久辞官，坐船归乡，途中溺水而亡。今存《看云小集》1卷，诗49首。《江湖后集》亦收其诗40首。黄文雷一些诗作写得流丽蕴藉，如《题二乔图》。其古体诗，粹美精练，意高味咏，如《长歌行》。

赵崇嶓（1198~1255），字汉宗，号白云山人。宋宗室，居南丰。为人倩俊洒落，富有文采，善书法。嘉定十六年（1223）进士，官至大宗正丞。曾监管丰储仓，逢冬至灾异，上书言丞相郑清之非辅政之才，后又纠评权阉卢壹，因此被免官，一时声闻天下。今存词集《白云小稿》1卷，《全宋词》录其词20首，《江西诗征》收录其诗27首。其师承李白，诗歌想象丰富，清新俊逸，如《人生叹》等古体诗，思致不群，超出世俗。

南宋时期抚州地区还有两位高寿的诗人。陈郁（1184~1275），字仲文，号藏

---

① 程千帆、吴新雷：《两宋文学史》，《程千帆全集》第13卷，河北教育出版社2000年版，第464页。
② 〔元〕刘壎：《隐居通议》卷九，商务印书馆1937年版，第99-100页。

一，崇仁人。因文学优异，受宋理宗赏识，应命记天竺华严阁，特旨以布衣充辑熙殿应制，又充东宫讲学堂掌书兼撰述，享年91岁。著有诗话《藏一话腴》4卷，其中记载多为宋朝趣事逸闻，但亦有不少诗歌理论。他以字句论诗，且注重诗歌韵味，追求含蓄委婉的风格等。

罗必元（1175~1265），字亨父，号北谷，隆兴进贤（今抚州市东乡区杨桥殿）人。嘉定十年（1217）进士。调咸宁县尉，抚州司法参军，崇仁县丞，复摄司法。据《宋史·罗必元传》记载，曾从同乡危稹、包逊学，明理又风节高亮，获乡人尊慕。临川曾极因"江湖诗祸"被贬，途中被解差折磨，罗必元为其松绑，使其平安到达贬所。淳祐年间罗必元为赣州通判，触忤宰相贾似道，改知汀州。后以直宝章阁兼宗学博士致仕，年91而卒。《全宋文》收其文《与真德秀书》1篇。

此外，南宋伟大的爱国诗人陆游，于淳熙六年（1179）十二月至次年十一月于抚州公干，在抚州作诗174首，其中展现忧国忧民情怀的诗如《秋旱方甚七月二十八日夜忽雨喜而作》，还有描绘抚州山水的诗如《登拟岘台》，其中"萦回水抱中和气，平远山如酝藉人"为传诵名句。还有南宋爱国词人张孝祥，在抚州任知州，为期一年多，也留下许多关于抚州的诗词，如《晚归湖上遇雨》《去临川书西津渔家》和《浣溪沙》等。离任数年后路过抚州，他仍高唱"我是临川旧史君"，展现对抚州的深厚情感。而与陆游齐名的江西诗人杨万里，在淳熙十四年（1187）春，游历经过临川、金溪和建昌等地，写下《宿长林》《金溪道中》《将至建昌》等，记录旅途中所见所感。他到建昌游麻姑山，应友人之请，写下著名的《麻姑山藏书山房记》一文。而范仲淹、苏轼和黄庭坚等人虽未至抚州，但分别与李觏、曾巩、王安石和晏几道等抚州文人交往颇深，或送别、或次韵、或咏物、或序诗，都留下了情韵生动的诗文。陆游、张孝祥和杨万里等客籍文人在抚州的吟咏，也成为抚州地域文学的宝贵财富。

除诗词和散文的成就之外，宜黄乐史的《绿珠传》《杨太真外传》等传奇作品，以及崇仁吴曾的笔记《能改斋漫录》等叙事性文学作品，在文学史上也较为重要，不可忽视。正因在宋代抚州地域中各种文体都取得较为长足的发展，所以宋代抚州地域文学以其重大的、突出的成就，瞩目于整个宋代文坛，耀眼于中国文学史的长河，影响深远。

第三节　虞集、程钜夫等与元代抚州文学

在元代，戏剧成为文学发展的主流，诗、词、文等文体的发展处于低谷。这一时期的抚州地域文学承续宋代诗文遗风，继续开拓诗文正统道路。这与当时通俗文学兴起的潮流出现一定的偏差。这也导致元代抚州地区的文学发展处于低谷期。诚然，元代的抚州还是出现了程钜夫这样促进诗文复兴的学者型文人[①]，还有刘壎、吴澄和虞集等颇有影响力的文人。

刘壎（1240~1319），字起潜，号水村，南丰州（今抚州南丰）人。宋元易代之际著名的学者、诗人和评论家。其先祖以德义儒雅光大其门，少孤好学，博览群书，心怀醇儒之志，不愿出仕，在本州兴办学校。宋亡十八年后方入仕，被举荐为建昌路学正，七十岁升为延平路教授。据程钜夫《南丰县志序》[②]记载，刘壎曾经订增过《南丰州志》。今存诗文集《水云村稿》15卷、笔记《隐居通议》31卷、《水云村诗余》1卷。

他论诗论文言"江西派"或"江西体"。论诗比较推崇宋诗的平淡美；重视法度，推崇杜甫与黄庭坚的诗歌；重视对"悟"的阐发，要突破悟与不悟之隔，就必须熟读经典之作，不断总结高妙作品的艺术规律。他主张语意出新，如《南台塔》中间四句"绝顶焰红花绕笔，残碑浅碧鹤巢云。削平败甓真堪臆，见出层台尚不群"，不写南城南台塔的秀丽风光，而着眼于经历战火后的凄凉之景。三四句对仗工整，展现其作诗对法度的重视。诗中最后以平淡之语抒深婉之情，写出亡国之痛和故国之思。他还有《补史十忠诗》，表现忠臣良将的英雄气概和献身精神。而其词作与诗一样，也多含蓄表达对故国的眷恋之情。

刘壎论文也重法度，他的文风平易典重，委婉深刻，短小精悍，为人称道。其《水云村记》《南丰州鼓角楼记》《一斋记》《南丰州重修东岳行宫记》等成为抚州地域文学中较有影响的作品。

[①] 吴海、王琦珍在《江西文学史》第三编元明文学概述中指出："从某种意义上讲，元代诗文的复兴，正是以理学北移为先导的。在这一过程中，江西文人程钜夫起了相当重要的作用。"参见吴海、曾子鲁：《江西文学史》，江西人民出版社2005年版，第354页。

[②] 〔元〕程钜夫：《程钜夫集》，张文澍校点，吉林文史出版社2009年版，第468页。

程钜夫（1249—1318），建昌（今抚州南城）人，初名文海，字钜夫，号雪楼，后因避元武宗海山名讳，以字行。宋末时，程钜夫主管南城军事的叔父程飞卿献城降元，他被送往大都做质子，授宣武将军。后受到元世祖忽必烈赏识，改授翰林修撰，迁集贤直学士，兼秘书监、侍御史。卒后追赠楚国公，谥号文宪。有《雪楼集》30卷，《雪楼乐府》1卷。

程钜夫在至元二十四年（1287）应诏江南访贤，请出宋皇室后裔赵孟頫等人，对江南士人影响极大。他还大力举荐和提携江南文人，其中就有同乡兼同学吴澄。而元代中叶文坛重要人物，诸如虞集、揭傒斯、范梈、何中、危素、周伯琦等重要文人都是江西籍。这些人中，虞集是吴澄的学生，揭傒斯是程氏的门生，何中是吴澄的表弟，不能不说，程氏在其中的意义甚大。① 程钜夫以质子之身，成为一代名臣，还因主修《成宗实录》和《武宗实录》而有重要贡献。

程钜夫诗歌创作主要包括酬唱赠答、送别、祝寿挽丧、题画等内容，论诗以理为主，本于尚实，学古而不泥，诗歌风格平淡自然。他的七言古诗，多遒警之句；七律写得闲淡有味，其中还有不少关于抚州的诗作，如《寄贺盱江张监郡初上》《次韵寄谢建昌监郡》等。其中《次韵寄谢盱江学院诸先辈》"半生事业竟何成，冷笑犹然愧宋荣"向同乡先辈倾诉半生事业无成、政治失意的惆怅，还表达了对家乡温厚先辈的思念之情。此外，他的七绝如《甘棠池上·次韵寄谢郭梅心》"羊角峰前水墨池，岁寒心事几南枝"，写到家乡的羊角峰和水墨池，化用"越鸟巢南枝"的典故表达深厚的思乡之情。由此可见，程钜夫的七绝也写得情韵生动。

虞集《跋程文宪公遗墨诗集》称："公之在朝以平易正大之学振文风作士气，变险怪为青天白日之舒徐，易腐烂为名山大川之浩荡。今代古文之盛，实自公倡之。"② 如《南城县重修学记》从"县大而学不大"入手，针对修学重视立碑的情况予以批判，循循善诱，文风平易雅正。《南丰县志序》记载了南丰建置的历史沿革，至元代设南丰州，时任知州李彝得到一部经过火烧的《南丰县志》，让刘壎校订增补成《南丰州志》十五卷，程、李二人皆有序文。根据清同治年间柏春编修的《南丰县志》所录序文，程、李序文大抵是现存的有关《南丰县志》的最早文献。

---

① 邱江宁：《程钜夫与元代文坛的南北融合》，《文学遗产》2013年第6期。
② 〔元〕虞集：《跋程文宪公遗墨诗集》，《道园学古录》卷三十三，华文书局1912年版，第1945页。

吴澄，字幼清，晚年改字伯清，号一吾山人，抚州崇仁人。元代著名理学家、文论家。程钜夫为其早年居所题"草庐"，是以学者称"草庐先生"。南宋时屡试不第，入元后避乱期间，闭门校注儒家经典。他多次婉拒了程钜夫的出仕之邀。至元二十五年（1288），程钜夫上疏朝廷，建议将吴澄所考的《诗》《春秋》等置之国子监，令诸生习之以传天下。朝廷应允，也因此优礼吴澄。后吴澄在大德年间出仕与此有关。他历元七朝，任应奉翰林文字、国子监丞，迁翰林学士，进太中大夫。泰定帝开经筵，吴澄为讲官之一，受到皇帝嘉赏。后主持修撰《英宗实录》。卒封临川郡公，谥文正。

吴澄论诗崇尚真性情和自然流露。因此吴澄的咏史怀古诗重寄托，如《登抚州新谯楼》"身操冬雪明，心由秋月觳。运转八弦钧，继缵百圣胄"，诗歌咏叹抚州人杰地灵，山水"雄丽冠江右"，与同志好友缅怀王安石、陆九渊之流风，颂扬二人卓尔千古的才气与品性，同时抒发自己远大志向。诗歌豪壮古朴，气势雄浑。七律《和相山提点黄平仲》五六句"万象满前供物料，双峰高处筑吟坛"，写诗人登上崇仁相山南北二峰，世间万物已经成"物料"，展现超然物外的情怀。

此外，吴澄还是著名的散文家，其《瑞泉山清溪观记》叙述了崇仁境内杯山下清溪观之事，叙事议论脉络清晰，平易简朴。还有《送何太虚北游序》，为时人传诵。吴澄之孙吴当、门人吴皋也皆有文名。

何中（1265~1332），字太虚，又字养正，乐安鳌溪西坑村人。曾任龙兴路（南昌）学教授，又任宗濂书院、东湖书院山长。何中对古籍经典多有研究，藏书万卷，手自校勘，颇受程钜夫、吴澄和揭傒斯等人的推崇。今存《知非堂稿》6卷，《通书问》1卷，《通鉴纲目侧海》3卷等。

诗歌内容多表现隐逸山水的悠闲和恬静，风格平易白然、清新幽静。其《知非堂夜坐》中"余非洽隐论，隙地成偃仰。村端斗柄斜，抚心独凄怆"，展现北斗星斜，孤坐堂中，沧桑凄怆，百感交集。其诗有很多吟咏抚州山水与人事的内容，如咏乐安穆山的有《穆山山中》《穆山》等诗作。咏南城麻姑山作品也较多，如《程氏山房燕集是麻源第三谷》写程钜夫家乡居住之所。还如《抚州魏坛观》《丹霞洞天》等。其他山水名作如《临川道中》《留金溪夜雨达旦有怀》等。《临川道中》五六句"纷纷世故行人乱，漠漠林霏白鹭闲"，"行人乱"与"白鹭闲"形成对比，展现出诗人隐逸的人生选择。除了吟咏抚州山水之外，何中还有《读荆公集》二首，借评述王安石抒发自己的感慨，是其咏史题材中的佳作。

虞集（1272~1348），字伯生，号道园，人称邵庵先生。原籍四川仁寿，生于湖南衡阳，后避战乱，随父迁居崇仁二都（今崇仁县石庄乡），始占籍崇仁。南宋宰相虞允文五世孙。早年受家学熏陶，在流亡途中缺少书册，其母口授《论语》《孟子》《左传》及欧阳修、苏轼等文章，使其少时便通经史。14岁师从理学家吴澄。大德六年（1302）被荐为大都路（今北京）教授，历任国学助教、集贤修撰、秘书少监、翰林直学士兼国子祭酒、奎章阁侍书学士。元文宗时，受命编修《经世大典》，此书成为研究元朝历史的重要资料。虞集后谢病归临川隐居，卒于家，追封为仁寿郡公，谥文靖。著有《道园学古录》50卷和《道园类稿》50卷等。

《四库全书总目提要》云"词坛宿老，要必以集为大宗。……迹其陶铸群材，不减庐陵之在北宋"[1]，认为虞集犹如欧阳修，可视作一代文宗，引领元代文风。虞集的诗歌以元统元年（1333）致仕归隐为界，前期诗歌多为应制、酬答之作，馆阁气、宫廷气较为浓厚，但也常抒发怀才不遇的感慨；后期诗作则多描写归隐的雅趣和乐天知命的心境，趋向于冲淡平雅一路。[2] 近人钱基博称："其五言古襟怀冲旷，辞笔轩爽，而出以游仙，发其逸趣，欲攀陈子昂，上参郭璞。七言古朗丽而出以驰骤，倘恍而不害现实，俊迈跌宕，具体李白。五言律意趣清真，妙能秀润，王维之遗音也。七言律格律深严，绰有变化，杜陵之矩矱也。其诗颇以唐音之柔厚，而欲潜宋诗之伦野。"[3] 可见虞集诗歌诸体皆备，且富有特色。

虞集最擅长且成就最高的是七律诗，翁方纲称其"七律精深，自荆公后，无其匹敌"[4]。如《挽文丞相》：

> 徒把金戈挽落晖，南冠无奈北风吹。
> 子房本为韩仇出，诸葛宁知汉祚移。
> 云暗鼎湖龙去远，月明华表鹤归迟。
> 不须更上新亭望，大不如前洒泪时。

---

[1] 〔清〕纪昀：《四库全书总目提要》，河北人民出版社2000年版，第4297页。
[2] 李舜臣、欧阳江琳：《"汉廷老吏"虞集》，江西高校出版社2006年版，第229–230页。
[3] 钱基博：《中国文学史》下册，华中师范大学出版社2011年版，第660页。
[4] 〔清〕翁方纲：《石洲诗话》卷五《清诗话续编》，上海古籍出版社1999年版，第1451页。

几乎一句一典，称扬文天祥起兵救国的壮举和坚贞不屈、矢志不渝的精神。表达深沉的历史兴亡之感，悲叹文天祥壮志未酬、天下尽归异族所带来的痛苦现实。全诗笔力雄健，诗法精严，感慨深沉，显见受杜甫诗的影响。

虞集还有许多涉及抚州的诗作，如有关崇仁的《崇仁邑士吴景永客授》三首等，有关乐安的《雪夜有怀华盖山玉玉玄》等，有关黎川的《周湖温汤》等，有关金溪的《为范尊师赋云林清游》等，有关南城的《会盱江石门江秀才》等，有关临川的《甲戌四月十七日至临川冲云寺》等。虞集还有《与众仲助教读王临川遗事慨然兴怀》，追慕王安石，仰怀其遗事，慨然遗恨，笔调沉雄顿挫。

虞集词今存三十余首，题材大体为赠答、次韵、题画和赠妓所作。其词真实地抒发自己的情感。如《烛影摇红·雪映虚檐》以歌女的口吻一唱三叹，将生与死的情境交错在一起，抒发了流连悱恻的情致。虞集散文体裁广泛，比较典型地体现了元代馆阁文臣的文风，也适应了元中期社会政治的需要，其风格受欧阳修影响，自然舒展，中正平和。

元代抚州地区文人极少创作散曲和元杂剧。而一些影响较大的文人，大多是当时著名的理学家，而这些人的诗文创作往往带有理学色彩，又忽视新兴的通俗文体散曲和杂剧，这不得不说是抚州地域文学的一大憾事。

第四节　艾南英、曾燠等与明清时期抚州文学

比之元代，明代抚州地区的文学出现中兴之势，文人数量增多，各种文学样式争奇斗艳，并取得一定成就。尤其是汤显祖的戏剧创作，振聋发聩。至清及近代，抚州与整个江西步调一致，文学成就相对集中在诗、词、文这些日渐僵化的传统文学样式中，抚州文人大多没有将目光投注到具有活泼生命力的戏剧和小说，又一次与文学发展的趋势背离。所以清及近代，抚州地区的文学没有像宋明一样出现极其耀眼的作家和作品。

《明史·艾南英传》载："万历末，场屋文腐烂，南英深疾之，与同郡章世纯、罗万藻、陈际泰以兴起斯文为任，乃刻四人所作行之世。世人翕然归之，称为章、

罗、陈、艾。"① 这四人又被称为"江右四家""临川四家",都是"豫章社"的成员,其中艾南英的成就最高。

艾南英（1583~1646）,字千子,号天佣子,东乡段溪艾家村人。出身官宦之家,幼承庭训,还与章世纯、罗万藻和陈际泰一同受教于汤显祖。七次应乡试,于天启四年（1624）中举。又因文中有讽刺权阉魏忠贤之语,被罚停三科（九年）。崇祯时艾南英曾被特诏参加会试,然终未能中第。与章、陈、罗以及南昌万时华、新建陈弘绪等结成"豫章社",力图革新文风,奋起救世。南明隆武朝灭亡,艾南英忧愤成疾,病死于延平（今福建南平市）,嘱不葬清朝之地,罗万藻悬其棺于树。著有《天佣子集》,版本甚多。

艾南英倡导用古文来革新时文;主张文章辞句明白畅达、内容切实简要;倡导"浑古高朴"的文风。这些成为清代最大的散文流派桐城派的先声。他不仅有理论阐述,还选出经典范本供人学习,精心汇编了《历代诗文集》。他还编了《文剿》《文妖》等五书,选收生吞活剥、钩章棘句等文章以作反面垂训,使学习者知所避忌。

艾南英创作较多为时文,践行其主张,形成气韵浑厚、格高味醇的风格。其古文表达思想情感更为直接,具有更强的批判性。如《前历试卷自叙》:"至入乡闱,所为搜捡、防禁,囚首垢面,夜露昼曝,暑渴风沙之苦,无异于小试。……而予七试七挫,改弦易辙,智尽能索,始则为秦汉子史之文,而闱中目之为野。改而从震泽、昆陵,成弘先正之体,而闱中又目之为老。"语言质朴练达,控诉科举弊病,将场屋落魄文人的悲愤痛苦展现得淋漓尽致。

陈际泰（1567~1641）,字大士,临川鹏田陈坊人。其父流寓汀州（今福建武平）,陈际泰出生在那,二十五岁时徙于临川。自幼穷困,但勤于攻读,才思敏捷,致力于写作。崇祯七年（1634）,六十八岁中进士,是"临川四家"中唯一中进士者。崇祯十三年（1640）奉命护已故相国蔡国用灵柩南行,次年于济宁途中染病去世。文集今存有《太乙山房集》15卷、《已吾集》14卷等。他应和艾南英的散文主张,写作时文议论精辟,气格浑厚,序记类散文风格多样,表达真情实感。

章世纯（1575~1644）,字大力,临川箭港（今属江西丰城）人。天启元年

---

① 〔清〕张廷玉等:《明史》卷二百八十八《艾南英传》,中华书局 1974 年版,第 7402 页。

（1621）举人，授翰林孔目，累官至柳州知府。年七十明朝灭亡，悲愤成疾而卒。著有《章柳州集》4卷、《章大力先生集》1卷等。他博闻强记，是豫章社的主要成员之一。时文创作义理浑切，气局宏达，造语隽永。

罗万藻（？~1647），字文止，临川腾桥人。崇祯年间，被荐入朝，辞不就任。南明福王时任福建上杭知县，唐王时擢礼部主事。后唐王被抓（1646），挚友艾南英去世，罗万藻为其治丧。数月后，心力交瘁的罗万藻忧愤而死。著有《十三经类语》14卷、《此观堂集》12卷和制义《罗文止稿》1卷等。罗万藻时文创作幽渺湛深，韵高情远。九十八篇文序中，与时文有关的"制艺序""新艺序""近艺序"之类的就有三十多篇，可见罗万藻为振起时文所作的努力。部分散文与现实联系较为密切，表现了忧国忧民的情怀。

明代末年，社会矛盾激化，许多文人参与政治斗争，出现政治色彩较浓的文学流派，如当时影响很大的复社和几社，张溥、张采、陈子龙等为其领袖。"临川四家"与这两大文社颇有渊源，都致力于转变当时八股文风卑靡的一面。崇祯元年（1628），艾南英、章世纯、罗万藻在京城参与了张溥、张采主导的燕台七子会，援为复社诸子知交。同年，张采中第授临川知县，与陈际泰、章世纯多有直接交往。艾南英落第南下，在江苏太仓弇园与陈子龙发生争辩。此年他独对张溥编选的《表经》大加攻击，张采进行劝止，未果。后张采致信陈、罗、章等人，意图孤立艾南英。张采还与张溥一同亲自刊刻、校订此三人文集等，最终导致豫章社分裂。[①]

而艾南英与复社、几社的抗争固然有争名的因素，但最主要的还在于诗文创作主张上的分歧。张溥、陈子龙等人倾向于学先秦汉魏六朝唐。艾南英则推崇宋文，崇尚欧阳修和曾巩。因与曾巩同乡，他对曾巩及其文章多有阐扬和回护，其对曾巩的传播与接受发挥了重要作用。[②] 所以从某种意义上看，艾南英的文论和创作带有地域文学传承的性质。

至于清代，因高压统治和思想禁锢，整个社会都趋于保守，这也影响到了文学领域。加之当时抚州地区受江西地域文化的影响，文学领域依然带有正统性和保守

[①] 关于艾南英与诸家之争，可参看廖可斌：《明代文学复古运动研究》，商务印书馆2008年版，第376–380页。

[②] 黎清、刘双琴：《曾巩接受史研究》，江西高校出版社2020年版，第125–131页。

性的特点，但这一时期抚州地区文学仍然取得了一定成就。

李来泰（1624~1682），字仲章，号石台，临川城南人。明末清初学者、文学家。顺治八年（1651）中进士，历任工部主事、江南上江学政。康熙六年（1667）被裁归里，十八年（1679）应博学鸿词科试，夺魁，任翰林院侍讲，参与《明史》修撰。两年后主考湖广，次年回京复命，卒于京。为官皆有美政，深受百姓爱戴。其著有《莲龛集》40卷，惜毁于兵火，仅得16卷。

李来泰工诗善文，力主诗文创新。诗歌主张性情、以史为诗；散文主张文以载道，明理适用，以古文为时文，以经为史、以史为经等。①江西巡抚纳兰常安云："抑临川自介甫而后代有作者，主持运会，故学识渊源薪传不坠。先生之诗文师承有自，兼之体格宏丽，更可为后学章程模范。"②这里指出了李来泰诗文师承渊源，明确指出抚州文士对地域文学的传承。而李来泰也创作了许多有关家乡临川的作品，如《文昌桥》（其一）："当年梁石易编舻，控引东南此巨都。两岸烟云联睥睨，一溪襟带出江湖。谶留双燕功难合，势落长虹象变无。漫识斗牛存胜气，还占乌鹊问新图。""控引""襟带""斗牛"等，化用王勃《滕王阁序》的语句，不露痕迹。三四两句对仗工稳，写出文昌桥两岸风光，意境渺远。

曾燠（1759~1831），字庶蕃，号宾谷，晚号西溪渔隐，南城县人。乾隆四十六年（1781）进士，改庶吉士，散馆授户部主事，累官至两淮盐运使、湖南和湖北按察使、广东布政使、贵州巡抚等。在扬州任官设题襟馆，延纳名流，与钱塘袁枚、临川乐钧和东乡吴嵩梁等人唱和，倡导风雅。在京都捐建南城会馆，并常去讲学。著有《赏雨茅屋诗集》22卷，《骈体文》2卷，《外集》2卷等。他工于诗文，其诗骨壮苍凉，清峻流丽，深沉蕴藉；为文磊落风雅，体正旨深。与袁枚、邵齐焘等人并称"骈文八大家"。他又是开清代按地域论诗人新例的诗论家之一，辑录2000多名江西籍诗人的诗作编纂成《江西诗征》94卷，对江西历代诗人均作了中肯评论。他还辑选《江右八家诗》8卷，对清代具有代表性的八位江西诗人作出评价，颇有见地。这两部选著对研究江西诗歌具有一定的借鉴意义。

吴嵩梁（1766~1834），字兰雪，一字子山，晚年自号莲花博士、澈翁、石溪老

---

① 胥思婷、徐国华：《李来泰文学批评观述略》，《河南科技大学学报（社会科学版）》2020年第3期。
② 〔清〕纳兰常安：《莲龛集序》，《四库全书存目丛书》集部222册，齐鲁书社1997年版，第2-3页。

渔，江西东乡人。清代文学家、书画家。少孤贫，鬻文以养母。嘉庆五年（1800）乡试中举，数应春试不第。嘉庆七年（1802），候选国子监博士，后候补内阁中书，并充琉球官学经理官，浮沉国子学和内阁二十余年。道光十年（1830），吴嵩梁出任贵州黔西知州，四年后卒于任上。曾先后主讲兴鲁、白鹿洞、鹅湖等书院。著有《香苏山馆全集》57卷，其中包括《近体诗古体诗》28卷和《石溪舫诗话》2卷等。

他早负诗名，晚年澄心静境，诗歌富有"禅意"与"佛趣"。因此吴嵩梁被朝鲜侍郎申维尊称为"诗佛"。吴嵩梁早年随翁方纲学诗，后学唐宋，近体学范成大、陆游。其转益多师的态度，形成了才雄气遒、思沉学博的创作个性。诗歌题材广泛，且有较强的思想性。如咏史诗《王荆公祠》"治术平生薄汉唐，致君尧舜岂文章"肯定了王安石变法的伟大功绩，"忧国心惟天可鉴，名山身与世相忘"颂扬了王安石忧国忧民、天下为公、淡泊名利的高贵精神。诗歌不以成败评价历史人物，而聚焦品性和才华，展现出不同凡俗的史识。

黄爵滋（1793~1853），字德成，号树斋，晚号一峰居士，宜黄县人。近代著名政治家、思想家、文学家、禁烟名臣。道光三年（1823）进士，改庶吉士，散馆授翰林院编修，累官至礼部、刑部侍郎。道光二十三年（1843）朝廷发现户部银库亏空，黄爵滋曾清查银库，因此以失察罪被革职。后返回江西主讲豫章书院。咸丰三年（1853）病逝于京。他与龚自珍、魏源等提倡经世致用之学，以直谏称誉于世，是江西近代史上难得的雄才大略之士。著有《仙屏书屋初集文录》16卷、《仙屏书屋初集诗录》16卷和《后集诗录》2卷等。黄爵滋诗文创作受经世致用思想的影响，诗文关注时事和现实，论诗还讲究真实情性，论文主张文以载道、注重通变，诗歌讲究结构章法，含蓄隽永、雄奇精妙。① 古文创作章法严谨，典雅透辟，言简义丰，辞情激越。②

虽然明清及近代的抚州地域文学，除汤显祖之外，这些文人对新兴的文学样式开拓不够，继续耕耘在艺术形式已经僵化的诗词文等传统文体中，但还是出现了影响比较大的文学流派，如明末的"临川四家"、清中叶桐城派黄永年（1698~1751，广昌人）、鲁九皋（1732~1794，黎川人）、陈用光（1768~1835，黎川人）等。

---

① 黎玮琛：《黄爵滋诗歌研究》，硕士学位论文，南昌大学，2019年。
② 张静：《黄爵滋古文研究》，硕士学位论文，南昌大学，2019年。

抚州地域文学，在整个中国文学史上具有举足轻重的地位。而将其放诸文学史的发展脉络上看，其始终紧跟甚至引领主流文坛。此外，还能发现抚州文人自豪于本地域的文学底蕴，并自觉传承地域文学传统。这样灿烂的文学成就，让文化抚州的名牌更加流光溢彩！

第十章 抚州古代科技成就

深厚的农业基础造就了农桑发达、物阜根丰的抚州,也促进了古代抚州科学技术水平的不断进步。抚州在陶瓷、酿酒、医药、冶炼、水利、天文、测绘、印刷、建筑等领域都取得过耀眼的成就。本章主要介绍抚州的科学技术成就,尤其是在地理学、盱江医学、金溪雕版印书等方面的突出贡献。

第一节 《太平寰宇记》和天文地理学

一、地理学家乐史与《太平寰宇记》

我国地理学在唐宋时期迎来进一步发展。唐代统治者令各地政府进行地方志编撰工作。宋代提倡文治,重用文臣,并重视地方志的编撰工作以便巩固新兴政权。隋唐以来的图经在宋代过渡到地方志并已形成了统一的体例。全国总志中最著名的代表作是北宋地理学家乐史编撰的《太平寰宇记》。

乐史,字子正,抚州宜黄人。初仕南唐,入宋后为平原主簿,太平兴国五年(980)举进士,为临川区域历史上第一个进士,与陈彭年、晏殊、李觏合称为宋初"临川四大家"。他性格淡泊,虽生于乱世,一生却相对平稳,历任三馆编修,著作郎,官至水部员外郎;知陵州、舒州、黄州、商州。晚年定居洛阳,终年77岁。乐史笃学博文,勤于著作,尤擅地理学,凭一人之力完成千余卷著述,令人钦佩。但他的大部分著作都失传,只有《太平寰宇记》和《广卓异记》被收入《四库全书》。

《太平寰宇记》完成于雍熙末至端拱初(987~988),是一部真正具备地方志书完整体例的全国性地理方志名著。因始撰于太平兴国四年（979），故用年号首二字命名。全书共200卷，着眼于全国土地范围。前171卷详细记载宋初所置河南、关西、河东、河北、剑南西、江南东、江南西、淮南、山南西、山南东、陇右、岭南13道下辖之386州府的历史沿革，所辖县州府境的户口、贡赋等，尤其是对唐末五代以来郡国割据、更名易地、朝三暮四的混乱状况进行了更正。后29卷记述宋辖域周边东夷、南蛮、西戎、北狄各族的历史、地理、人口、风俗以及经济状况等。

《太平寰宇记》在地理学上的贡献十分突出，在我国古代地理志发展中占据重要地位。其一，广泛取材并吸收了前人成果，共引用书籍达200余卷，同时继承了地理总志的编撰传统，使得此书比唐代李吉甫的《元和郡县图志》内容更加丰富，成为明清以前卷帙最多的地理总志，开启了宋代地理志繁荣发展的新阶段，对宋元明清的一统志及地方志的编纂体例、内容安排等都产生很大影响。其二，史料价值很高，是研究唐末五代宋初历史地理的珍贵资料。该书不仅记载了许多正史中未载的史事传说，而且增添了物产、姓氏、人物、风俗、四夷等门类，做到了包罗万象。其中"四夷"的出现，在地理总志中是首次的，里面记载了宋代以前的中外交往和民族关系，资料原始真实且丰富全面。该书还详尽记述了当时已不属北宋版图的幽、蓟十六州，希望让宋朝最高统治者"万里山河，四方险阻，攻守厉害，沿袭根源，伸纸未穷，森然在目。不下堂而知五土，不出户而观万邦"①，具有鲜明的国家民族意识。对此，历代史地学家都曾给予很高的评价。其三，具有很高的校勘辑佚价值。《太平寰宇记》许多内容抄录自《元和郡县图志》等前代文献，当时所见版本与今日现存版本不同，可用于校勘。乐史在编撰此书时博采群书，进行了考证分析，征引著作达200多种，其征引的宋代以前的古籍及引用的诗文、碑刻、谚语、传说等很多已经散佚，我们凭借此书才窥探万一。

清代著名学者钱大昕称赞说："有宋一代志兴地者，当以乐氏为巨擘。"21世纪以来，乐史在学术史上的地位日益为学界所认知，《太平寰宇记》点校本出版为其研究带来热度。2007年，在乐史的家乡抚州宜黄县，召开了首届乐史学术研讨会，全国百余位学者及十余家媒体参加，引起了广泛的关注。同年，中华书局出版王文楚校点的《太平寰宇记》、邹逸麟《〈太平寰宇记〉校点本的重大贡献》等，对其有

---

① 〔宋〕乐史：《太平寰宇记序》，《太平寰宇记》，中华书局2007年版，第1页。

较高评价和介绍。

二、测绘学者朱思本与《舆地图》

乐史开了史传派地方志的先河，元代地理学家朱思本则在绘制图经方面作出了杰出的贡献。朱思本（1273~1333），字本初，号贞一，江西临川人。出生于小吏之家，喜读书，钟爱地理，自幼幻想遍游天下，考察地理。14岁入信州龙虎山学道，为张真人的道徒，数年后成为道行文化出类拔萃的年轻道士。大德三年（1299），他到大都（今北京市）协助玄教大宗师张留孙、吴全节奉命代天子祭祀名山大川。"登会稽，泛洞庭，纵游荆、襄，流览淮、泗，历韩、魏、齐、鲁之郊，结辙燕、赵，而京都实在焉。繇是奉天子之命，祠嵩山，南至于桐柏，又南至于祝融，至于海。"① 他周游了今河北、山西、山东、江苏、安徽、江西、广东等省，有计划地进行地理实地考察，并与各省官员复核数据，同时尽可能多渠道搜寻古今图籍，然后将前人在地图上所标示的地形地物与自己实地考察的互相对照，发现前代图籍很不准确，遂下决心更正。同时他接到编绘地图的任务："每嘱以质诸藩府，博采群言，随地为图。"② 在得到依靠中央有关部门和地方政府机构查阅地理资料和地方档案、方志的便利后，他又亲自进行察访，以实地考察的地区为主体，凡是不熟悉的地方，概不轻易画在图上。所以，材料十分真实。在此基础上，他用了已淹没500余年的"计里画方"的方法来绘制新地图，每外出代祀，所到之处，都绘制一小幅地图，结合勘测考察，先描绘山川轮廓，再推究州县方位，形成区域图，最后将各区域图拼成长宽各七尺的大图。这在制图史上是一个杰出的创造，其精确程度超过前人。

从元武宗至大四年（1311）到元仁宗延祐七年（1320），历时十年，朱思本呕心沥血，终于绘制成《舆地图》二卷，"其间河山绣错，城连径属，旁通正出，布置曲折，靡不精到"。这是朱思本"平生之志""十年之力"的结晶，更是中国古代地理知识的结晶。朱思本也成为当时地理学界公认的继西晋裴秀（224~271，晋武帝时官至司空，作《禹贡地域图》）、唐代贾耽（730~805，官至宰相，撰《海内华夷图》）之后的第三位划时代人物。

---

① 朱思本《舆地图自序》。
② 朱思本《舆地图自序》。

《舆地图》作为元、明两代地图的祖本，精确度达到了元代的高峰，引领了中国地图 200 多年历史，推动中国传统地图学达到成熟阶段。朱思本曾将此图刻于江西龙虎山的三华院，可惜由于地图太大，不便刻成书本式样，在清康熙年间就散失了。幸好明代地理学家罗洪先在此基础上增广了边远地区与邻国部分，分幅绘制出中国第一部综合性地图集《广舆图》，使得我们还能看到《舆地图》的某些原貌。《广舆图》的出现将地理学提高到一个新水平。

三、天文学家揭暄与《璇玑遗述》

"天文"时常与"地理"相结合，古人用观察天象来占卜地上所配州国的吉凶，从而建立了星宿的分野，用它来确定地域的方位以及气候季节。元明清的史料中记载了许多精通占星术的临川人，如明代临川人吴英"通天文星数之学，以天文累官太常少卿"；清代临川人杨天爵"精历法，作《七正台历法》，谈星平者悉用之"。古临川以星学为主的天文学很发达，且影响颇大。明末清初著名天文学家揭暄（1613~1695），字子宣，号韦纶，别号丰斋，广昌县人。自幼聪敏好学，天赋异禀，能一览成诵。抗清活动失败后，他隐居山林，开始从事天文学研究。《璇玑遗述》是他毕生心血的不朽之作，大概始撰于清顺治十七年（1660），历经五十多个寒暑观察，他白天运筹推步，夜晚仰观星象，博览群书，考据精核，于康熙二十八年（1689）写成这部天文学著作。

《璇玑遗述》的成书和流传从侧面见证了社会思潮和科学技术的变迁。揭暄最初将此书命名为《璇玑遗述》，但清初数学家、天文学家方中通（1634~1698）则以其"发太西之所未发，开中土之天学"而易名为《写天新语》，并被广为接受。乾隆三十年（1765），此书在豫章书院山长万年茂的倡议和资助下刊行，万氏以此书"虽作犹述，应仍标旧名为遗举坠也"，恢复了《璇玑遗述》之名。道光咸丰年间，内忧外患，战乱纷起，经世思潮甚上，揭暄的《兵经》《战书》被人重新想起，《璇玑遗述》作为《揭子遗书》中的一部亦被刊刻。咸丰九年（1859）又有补刊本，由此可见此书的反响不小。《璇玑遗述》共 10 卷，数万言，立论新颖，内容丰富，具有朴素的唯物主义宇宙观，有力地否定了道教宣扬的所谓天有九重的说法。揭暄指出："天不必九重也，日月星辰丽于其位，如山之宿石，或在巅，或在麓，或在其半；如人有口、目、脐、肾，虽有高下，实其一体，星之外行，如人身百脉。""天之不落气象者为大虚空，谓之上天，故无声无实，落于气象者则有体有用。"方中通称赞揭暄为千古奇人。

揭暄一生辛勤写作，著述丰富，除在天文学上取得卓越成就外，在军事与数学上也留下许多文化遗产，著有《揭子兵经》《揭子战书》等17种。传世之作有《性书》《昊书》《兵经》《战书》《兵法纪略》以及《璇玑遗述》，其他书籍似已佚。

第二节　盱江医学的杰出贡献

盱江流域素有"名医之乡"的美誉。宋元以来，抚州医学发展迅速，医家辈出，灿若群星。据地方志与医学史记载，盱江流域各县可考医学人物达两千余人，载入各类方志与典籍的临川名医有百余人。历史记载江西有十大名医，盱江流域多达7人，分别是南宋妇产科、外科专家陈自明，元代骨伤专家危亦林，明代"医林状元"龚廷贤，痨病专家龚居中，医学教育家李梴，清代药学专家黄宫绣，临床高手谢星焕。在赣鄱大地形成了一个独特的医家群体，他们著作宏富、勤于临证、精于专科，涉及诸如内科、儿科、妇科、骨伤、五官临床医学领域，对盱江流域人民的健康以及我国中医药的发展产生了深远影响。

一、陈自明

陈自明（1190~1272），字良甫，临川人，南宋著名医学家。三代从医，在承袭家传经验的基础上，广览医籍，博采众长，精通内、外、妇、儿各科，尤擅长妇产科，是我国医学史上杰出的妇产科医学家。他的名著《妇人大全良方》，为现存最早、内容完整的妇产科专著。全书共24卷，260余论，分为调经、众疾、求嗣、胎教、妊娠、坐月、难产及产后等八门。首列胎养胎教，在备孕、孕期、产前准备等方面具有独到见解。书中还介绍了横产、倒产、碍产、盘肠产、偏产等难产现象的助产办法，科学指出不劳动是酿成难产的原因之一。除此之外，他还指出妇女不育的原因不全在女方，从理论上反对早婚早育，提倡男子三十而娶。该书号称"妇科证治，详悉无遗"，誉为"中国妇科奠基之作"。陈自明的妇科理论形成了独到完备的体系，为同代和后代的医家们所采用，直至今天仍有重要参考价值。他还著有《外科精要》，使得中医外科作为中医临床的一个重要分支，以专科的形式正式发展起来。

二、危亦林

危亦林（1277~1347），字达斋，南丰人，元代著名医学家。祖传五代习医，且均为名医。危亦林20岁开始行医，博览群书，医术全面，在临床内、妇、儿、眼、骨、口腔等科均有建树。危亦林精通中医学和正骨学，是我国古代骨伤科代表人之一，名扬海内外。危亦林有很好的医学知识基础，自身又非常勤奋，他参考元代医学13科目，将古代医方和家传五世的经验方剂分门整理，前后历时10年，编成《世医得效方》一书。全书19卷，50万言，经江西医学提举司送太医院审阅，于元惠宗至正五年（1345）刊行，流传于世。书中保存了大量古方及家传有效方剂，特别在正骨科方面达到了很高水平，对于骨折和关节脱臼的治疗方法与现代骨科学所阐述的原理基本相近。对骨折、脱臼的整复，主张用乌头、蔓陀罗先行麻醉，首创"悬吊复位法"治疗脊柱骨折等。危氏在《世医得效方》中说："骨节损折，肘、臂、腰、膝出臼蹉跌，须用法整顿归元。先用麻药与服，使不知痛，然后可用手。"[①]又说："凡锉脊骨，不可用手整顿，须用软绳从脚吊起，坠下身直，其骨便自然归窠。未直，则未归窠，须要坠下，待其骨直归窠，然后用大桑皮一片，放在背皮上，杉树皮两三片，安在桑皮上，用软物缠，夹定，莫令屈。用药治之。"[②]他使用曼陀罗作为手术麻醉药物应用于临床，比日本华冈青州氏早四五百年，使用的正骨复位法，更是比现代英国医学家达维氏要早六百余年。

三、龚廷贤

龚廷贤（1522~1619），字子才，金溪人，明代著名医学家。生于中医世家，父亲曾任职于太医院，医术精湛。其弟廷器、儿子懋陞和侄子懋官，潜心学医，均为医官。廷贤多次习举业而不中，后来跟着父亲学习医术，继承家族事业。他曾隐居金溪的云林山中，号称"云林山人"。后又因完全治愈鲁藩王朱三畏近五十岁的妃子张氏的疾病，被鲁王赐以"医林状元"匾额，也被誉为"回春国手"，成为首个拥有"医林状元"称号的医生。他一生行医六十余年，求学问道，不仅知识渊博

---

① 〔元〕危亦林：《正骨兼金镞科·秘论》，《世医得救方》卷第十八，人民卫生出版社1990年版，第599页。
② 〔元〕危亦林：《正骨兼金镞科·秘论》，《世医得救方》卷第十八，人民卫生出版社1990年版，第600页。

全面，而且在养生方面造诣颇深。他在老年病防治、药膳食疗等方面多有论述，至今仍具有较强的现实意义。《万病回春》是他倾尽毕生所学而写成的著作，全书共涉190余种病症，每种病症均详细叙述了病因病理，治法方剂，并附医案。其书在日本有很大的影响，成为每个学习汉方的日本医者必读的书籍。他的著作《鲁府禁方》侧重养生保健，全书共4卷，载有丸、散、膏、丹、汤剂等多种方药，涉及116类病症。现存最早的以"推拿"命名的小儿按摩专书也出自他的《小儿推拿秘旨》。书中所记载的"十二手法诀"，用来表述穴位与推拿治法，言简意明，易记易用。《寿世保元》是其晚年之作，书中充分体现了他的医学养生观念，是一部宫廷医学养生全编。

四、李梴

李梴（1766~1818），字健斋，南丰人，明代著名医学家。李梴虽未撰有养生专著，但其综合性医籍《医学入门》却蕴含了丰富的养生学术思想，包括食养食疗、四时导引、炼脐养生、乳子调护等内容。据《大南会典》记载，此书曾传到越南。李梴不追求名利，精神品格高尚，医德医风良好。他一生致力于钻研医学，阅读各类书籍，拥有扎实的医学理论基础，同时善于把知识运用到医学实践中。他临床诊疗的经验相当丰富，江西和福建均有其行医的足迹，获得患者的高度评价。

五、龚居中

龚居中（生卒年不详），字应圆，别号如虚子，据推测为明末万历、崇祯年间名医，金溪人。龚居中勤于临床各科，善于将气功、饮食、针灸等多种方法进行融合以摄生调护。他的家族是医学世家，因此博览医学书籍，理论扎实，具有精湛的临床技术，对于治疗"痨瘵"有独特的见解，被誉为杰出的治疗"痨瘵"的专家。著述流传至今影响较大的是《红炉点雪》，其中讲述了"痨瘵"的病理，对痰火症的病因、病机、治疗及预后均作了详细论述，是一部论述肺痨病治疗的专书。该书1959年上海科学技术出版社曾排印出版。

六、黄宫绣

黄宫绣（1731~1818），字锦芳，号园圃，清朝时期宜黄县人。出身于书香世家，自幼饱读诗书，懂得礼节，对医学尤为感兴趣，并潜心钻研，为众多病人治疗疑难杂症。他医学理论渊博，深入研究本草，对药性的论述精益求精，十分注重把医学知识运用到具体实践中，其著作多用"求真"命名，如《医学求真录》《脉理求真》《本草求真》等医书,体现其探求医理真相的志向。《脉理求真》较为详细地介绍了脉诊部位和各种脉象的主病,论证了各家的论说,结合了临床实际,简明易懂,实用性强,是研究中医诊脉的重要参考书。《本草求真》共10卷,书中记载的药物选自《本草纲目》,在细加考订以往医书的基础上,标明每种药的类别、别名、性味、功效、炮制、收藏、形态、质量、产地等内容,尤其重视药性主治的阐发。该书完善了中药学功效理论,开创了近现代临床中药学以功效归类载录药物的编写方式,是对传统医学的开拓和创新。

七、谢映庐

谢映庐（1791~1857），名星焕,字斗文,清代南城县人。出身书香门第、医学世家,年少喜欢读儒家书籍,渴望科举成名。后因家庭原因,转而攻读医学,继承家族的事业。谢星焕有扎实的医学基础,并且治疗方法独特。他的临床诊断和治疗方式是擅长探求病机,摸索出符合医学理念的理论依据,然后对症用药,因而能够做到药到病除。他治学态度严谨,熟读医书300余部,医德医风更为后世楷模。他在当地行医40余年,治愈病人无数,获得很高的声誉。晚年他把平日的临床经验撰写成医案,取名《谢星焕医案》,又名《得心集医案》,取其得之于心、应之于手之意。但原书于咸丰七年（1857年）惨遭兵燹,散佚过半,后经其子谢甘澍整编成书,并附入甘澍的《一得集》治验术十则,家刻刊行于世。

第三节　金溪浒湾雕版印刷

一、金溪印刷业的发展

明末清初,金溪浒湾逐渐成为江南雕版印刷中心,与北京琉璃厂、武汉汉口、福建连城四堡并称"清代四大出版中心"。[①]《江西省地理志》载:"金溪浒湾男女皆能刻字,所有江西全省读本、经书、小说皆由此出版,名曰江西版。"赣鄱大地的一句俗语"临川才子金溪书"就是称誉金溪浒湾木刻印书之盛。

浒湾木刻印书文化传承五百余年。明末清初,浒湾出现规模化图书编印发行活动,大批外地雕版流入,金溪浒湾木刻印书业迎来全新的发展,同时吸引了周边一

---

① 毛静:《藻丽娜嬛:浒湾书坊版刻图录》,江西高校出版社2018年版。

批工艺技术人才及刻字印书匠人，他们相互交流、提升技艺，鼎盛时期这里坐拥千余名刻字匠和印刷工人。明末至民国初期，金溪曾存在过的书坊及其他刻书铺子大约在 80~100 家之间。为便于藏书、搁板、印刷、经售，作坊和铺栈样式都为纵深式加厢楼，久而久之便形成前后两条书铺街，前后书铺街来往方便，业务联系与信息沟通频繁。

据资料记载，金溪浒湾出版了文史哲经医等多类型图书 5000 多册。① 内容涵盖文学历史、小说掌故、科举蒙学、医学医药、堪舆星相、日常生活等门类。晚明《西游记》由金溪书商发现，经整理后刊刻出来。比较著名的刻书家如赵肖庵，刻《太平寰宇记》《廿四史三表》《武侯全书》及篇幅最长的《佩文韵府》等。张锦初，印《四书》《诗经》《易经》《春秋》《礼记》《左传》《唐诗》等。儒家经籍的刻印，促进了文化的传播。《小儿推拿秘旨》《红炉点雪》等医学类重要著作在此刻印，盱江医学凭借木刻印刷得以流传发展。随着《抚州五贤名集》《王荆公唐百家诗选》《王荆公年谱考略》《陆象山全集》等书的刻印，畅销各地，抚州诸贤遂名声大噪。金溪雕版刻本校勘精细、种类繁多、讹错较少。除经史子集外，金溪浒湾还大量刻印了底层劳动人民喜爱的小说、戏曲、话本等通俗读物。面向读者需求，是金溪浒湾刻书店重要的经营理念。

清末至民国初年，由于从国外引进了先进的石印和铅印技术，金溪雕版印刷业逐渐衰微，书坊陆续关闭，至民国初期已完全歇业，古老的雕版印刷术逐渐被淘汰。1942 年日军进扰浒湾，焚毁了书铺街上四分之三的店铺，木刻书籍和木刻版也遭践踏殆尽。解放后，留下的木版雕刻已极少，"文化大革命"后便荡然无存。1988 年，金溪县文物管理所成立，先后在书铺街收集并完整保存了 17 块包括小说、县志、描红等内容的珍贵雕版。在民间收藏方面，浒湾忠信堂刻书坊后人王嘉泉先生等传承人及浒湾古镇和周边古村的个别居民亦收藏有少数雕版。② 现今古镇主要完好保存有前书铺街、后书铺街、礼家巷、三姑巷、簸器街、占家巷、黄家井巷、江夏街、仁里街等九条古街巷及苏州街（现更名为红卫路）、扬州街（现更名为红星路）等两条街道。而前书铺街、后书铺街和礼家巷是其中最具代表性的历史街巷，

---

① 毛静：《藻丽娜嬛：浒湾书坊版刻图录》，江西高校出版社 2018 年版。
② 谭小平：《金溪县志》，三秦出版社 2007 年版，第 1130–1131 页。

保存有极其珍贵的雕版印刷遗产。2008 年，时年 71 岁的金溪县雕版印刷手工技艺第七代传承人王加泉入选第二批江西省非遗传承人，他是金溪浒湾忠信堂的传人，也是最后一位刀法娴熟，能够书写反字的刻书匠。2008 年 6 月，金溪雕版印刷手工技艺被列入"江西省第二批省级非物质文化遗产名录"，2011 年书铺街申报成为全国重点文物保护单位。

二、木刻印书工艺流程

金溪浒湾木刻印书工艺流程分为以下几个步骤：

第一步骤，制版。金溪雕版刻书在版式方面具有科学的标准体系。页边距、边框形式与现代书籍不同，边框内设计了不同的分区。书框上部加刻圆形图像印章，内容一般为魁星点斗或盘龙。左栏下部出版商名之上还往往加盖堂号篆体方章，整体给人一种格式严谨美观大气的观感。制版木材一般选用梨木、枣木和樟木。这类材料不容易被虫子蛀蚀，可以长期保存，反复拓印。方法是将其切割成厚度约 2 厘

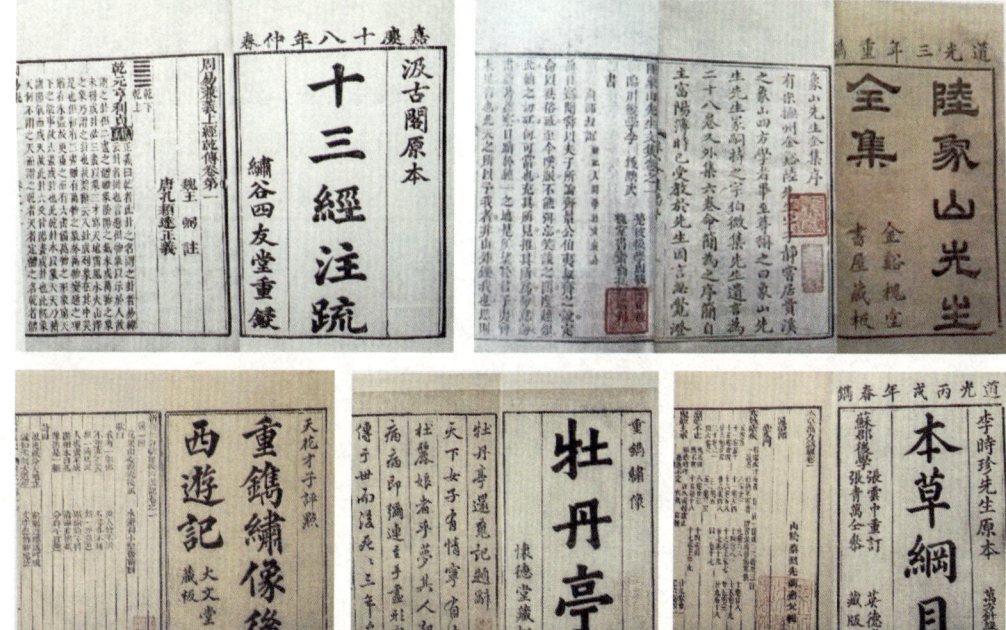

图 10-1　刻本《十三经注疏》、刻本《陆象山全集》、刻本《重修绣像后西游记》、刻本《牡丹亭》、刻本《本草纲目》①

---

① 图片来源于毛静：《藻丽娜嫚：浒湾书坊版刻图录》，江西高校出版社 2018 年版。

米的板材，放在通风处晾干，去除水分后将正反两面用刨子抛光方可用于雕刻。

第二步骤，刻板。刻板是整个雕版印刷工艺的核心技术。先由擅长书法者将刊刻之书的原稿誊写在极薄的纸上，再将写好的纸张反贴于板面，使文字或图像反向清晰呈现于板面上，这种反向的字被称为"阳文反字"。刻板使用的工具，一般用干凿削坯子、脚凿打线格、枝凿刻字。刻字技术分为出门和归身两种。出门刀用于刻木料的直痕，归身刀用于刻木料的横痕。运刀一般从右至左，字的每部分的分刻有时需要从左至右，视字型、材质各异，以匠人能够得心应手为宜。

第三步骤，印刷。先把雕版与案桌用粘板膏紧固，四角用纸层垫稳。版前放着裁好的印书纸，用木条压住。版的右边放置墨缸、棕刷、棕把子等。印刷者手拿棕刷，蘸上适量墨汁，在雕刻隆起的版面上均匀地涂抹，随即用白纸平铺在版面上，然后用棕把子在纸背按刷，印纸着墨后再把印好的纸从版上揭下来晾平，放在版的左方，此时纸上的字或画已经变成正向。每印刷一张，须蘸墨一次。印书的纸张，一般采用本地生产的毛边纸，低级的用资溪生产的京丹纸，特等的用福建生产的连四纸。印刷油墨，用乡村烧松树所熏成的烟渣制成。

第四步骤，装帧。现存的金溪雕版古籍，多以线装为主。先是折页，将印好的纸张根据中缝鱼尾进行校折，使得书口上下连贯，用小刀裁出三边不齐毛边。再是配页，逐页理齐。然后订眼穿线，共订四眼，用棉线或麻线抑或丝线，往返穿孔订固。最后装订包角，再次打孔穿线订成册。书背上下两角用绢或绫包裹，兼顾护角与装饰的作用。完成后，一部书基本成型。

第四节 水利、建筑、陶瓷、矿冶成就

一、著名水利遗产——千金陂

千金陂水利工程位于抚州市临川区东面的抚河干流与干港的分岔口上，陂身长1100米有余，宽10余米，是一条由长条石块筑成的陂堰，也是中国现存规模最大的重力式干砌石江河制导工程。

千金陂凝聚着古代抚州人民辛勤劳动与宝贵的传统水利智慧，素有抚州"都江堰"的美誉。千金陂水利工程始建于唐咸通九年（868），距今1100多年历史。千金陂工程建成之前，抚河从上游丘陵间奔流至抚州下游平原上，流速放缓，使得抚

州沿河两岸沉积了大量泥沙。春夏之际，上游来水迅猛，带来很大的防洪压力。唐上元年间（674~761）至咸通九年（868），为抑制水患灾害，地方官员颜真卿、刺史戴叔伦等采取相关措施阻塞决口，但最终都被河水冲垮废弃。直到八月，刺史渤海李公进一步开凿冷泉故基至970丈，打木桩叠薪柴，用巨石填充，"横截汝水，置千金陂"，最终使得抚河复归古道，平定了水患。宋朝时，千金陂历经五次重修。重修的目的，除了遏制支流外，更重要的是恢复并稳定抚河主河道的水位。《重修千金陂记》所述："汝之上流，距城七八里，旧有支港，决而他出。又越二十余里，方合于正流，相为消长。若支盛则正壅，褰裳可涉，越旬日不雨则绝流，地脉枯燥，风气涣散。自唐已有千金陂，遏支而行正，然陂常溃决。"[①]南宋嘉熙年间（1237~1240），太守赵师𢶏曾尝试从抚河上游重新开凿一条水渠，将抚河水引至城东南角的拟岘台。因受水利施工技术的限制，渠旁未设置相应保护措施，凿渠引水的工程尚未完成就受到抚河水流的冲击，导致工程失败。到了南宋淳祐十一年（1251），时任郡守叶梦得决心重新修筑千金陂，在先前的基础上疏浚、拓挖渠道，加深加宽，将渠道拓宽至20丈，并新修千金陂陂体。政府官员和普通民众出钱出力，溃决的千金堤重新修筑完工，恢复抚河故道通航能力，同时保障了城中与中洲围内引水所需水位，抚河两岸的环境也恢复了原有的面貌。元代疏于维护和修缮，千金陂工程又彻底塌毁，整个元朝未见有修复千金陂的官方记载。

万历五年（1577），时任知府古之贤等人对抚河水势进行分析，在千金陂上修筑了第一座石砌堤坝。陂身如一条巨龙横卧抚河之上，其形态、工作机理与都江堰"鱼嘴分四六"异曲同工。自康熙以后，文献志书中再无千金陂重修的官方记载。抚州地区史志办编撰的《抚州市志》（1993年出版）记载，20世纪50年代，为了彻底改善城区北部及周边产粮区的缺水情况，在抚河上游新修引水渠——金临渠，原千金陂——中洲围灌溉区也被纳入其中。人们得以在频繁改道变迁的水系环境中定居下来，千金陂在保障抚河水利安全方面发挥着巨大的作用。2019年9月4日，江西抚州千金陂古代水利设施被纳入第六批世界灌溉工程遗产名录。作为长江中下游赣抚平原农田水利灌溉史上的一座丰碑，它在水利防洪、农业发展、景观塑造上都具有重大的研究价值。千金陂水利工程体系历经上千年的历史，其水利治理手段古

[①]〔宋〕赵与𢶏：《复修千金陂记》，《抚州府志》卷五《地理志·水利》，清光绪二年刊本，第102页。

今相通，其灌溉利农、通航利商、护城利民的三大基本功能几乎未改变。

千金陂水利工程的修筑与维护对抚河水系的稳定及抚州的城乡发展具有重大意义。正如明代戏曲家汤显祖在《金堤赋》中对千金陂的赞颂："以滋灌溉，以擅金

图10-2　千金陂遗址

汤，以严稽察，以便逸游，以通商贩，以一转输，以省背负，以济水火，利在民间，种种莫悉。"明代章光岳在《复修千金陂记》中写道："金堤未堰之先，郡城萧条仅同一村聚，人文落落如晨星，城之内外，列弟子员者仅五六人，市肆几可罗雀……殊不似大邦气象。迨堰城而后人文鹊起，科甲蝉联，鸣珂纡金者肩摩踵接，博士弟子且数百计，声名文物，丰隆都雅，百倍曩时。"矗立抚河千年的千金陂，是抚州历任贤官兴水利、惠民生的德政遗迹，也是古代劳动人民与自然灾害顽强抗争的智慧结晶。

二、抚州区域建筑

抚州区域现存比较完好的古建筑大概有3700多处，主要体现为历史村落建筑、民居、寺庙、桥梁、牌坊、古塔等各类公众建筑。抚州现存单体形式出现的塔有九座，建筑时期以明清时期为主，多为文峰塔。临川区域四大名塔为广昌的雁塔、临川的万魁塔、南城的聚星塔、宜黄的迎恩塔。迎恩塔位于抚州市宜黄县棠阴镇建设村西北的龟山上，建于明代崇祯元年（1628）。该塔六面七层，除塔基为青石外，全用砖料砌成，历经近400年仍巍然耸立，毫无颓败之象。2018年3月9日，迎恩塔被江西省人民政府公布为第六批江西省文物保护单位。万魁塔位于抚州市临川区展坪

图10-3　万魁塔

图 10-4　黎川妙法寺墓塔群全景

乡石港村东抚河西岸，明万历三十八年（1610）由抚州知府朱如容倡建。道光《临川县志》记载："此塔落成之后，临川历代理学忠烈之士，班班辈出，不可胜数，位官中外，显秩者，踵相接也，科名之盛，礼围之捷，一岁中恒数十人，抚州以是称名海内。"塔旁现有何元熙作《重修万魁塔记》石碑。2006 年，万魁塔被公布为第四批江西省文物保护单位。黎川的妙法寺墓塔群，占地 1000 多平方米，共有 1 大 9 小 10 座墓塔，是抚州迄今为止发现的规模最大的佛教墓塔群。据史料记载，明崇祯六年（1633），妙法寺主持延善禅师，为安葬寺僧圆寂后火化的骨灰，在此建浮屠塔，塔基座原有的石刻字已风化，大多无法辨认。

　　牌坊是我国古代封建社会一种荣誉性建筑，具有独特的地位和重要的价值。抚州现存独立牌坊 40 余座，多为科举坊和贞洁坊，以宗祠门楼形式保存的达百余座。现存的主要牌坊有：乐安县龙图学士牌楼门和刺史传芳牌楼门、金溪名荐天朝牌楼、东乡县浯溪贞孝牌坊、乐安县科甲丛芳牌坊、宜黄县大司马牌坊等。抚州牌坊从侧面展示了我国古代的封建礼制和传统道德观念。临川曾栋牌坊，记录在中国名胜词典中。该建筑宏伟壮观，是朝廷特许的为记载曾栋、曾益、曾轼、曾亨应等一家四人中进士后在朝从政的功绩而设。宜黄乐史木牌楼，为纪念抚州历史上第一个进士出身的"临川才子"乐史所建。本牌楼始建于宋，年代久远，虽曾有乐氏后人修

图 10-5　上池王氏宗祠正面

图 10-6　高阜曾氏宗祠正门

葺，但局部仍有腐朽。

宗祠即家庙、祠堂，是姓氏文化繁衍的直接体现，具有重要的文化象征意义。临川区域现存的主要宗祠有：东乡县上池王氏宗祠、宜黄县八府君祠、乐安县上罗邓氏祠、南城县临坊王氏宗祠、南丰县怡湾胡氏宗祠等。上池王氏宗祠是临川区明代祠宇风格的代表，系王安石弟王安国为祭祀先祖所建。始建于北宋末期的家族祠堂建筑，经四次维修，目前宗祠保存较为完好，2000年被公布为第四批江西省文物保护单位。乐安湖坪国宝公祠建于清乾隆五年（1740），为省级文物保护单位。1933年5月，红三军主力进驻湖坪乡，彭德怀、萧、张震等红军将领在此祠堂居住过。资溪县高阜曾氏宗祠建于清乾隆三年（1738），宋理宗时追谥"文定"，曾巩后裔迁徙于此并建曾巩分祠，祠堂至今保存较为完整。

民居、官厅建筑遗存，有抚州市钟岭乡祝家村明代会魁、临川前四才子之一祝徽的住宅，广昌县"墨庄"，驿前乡"奎壁联辉"等处。鹏田陈坊民居建于明崇年

图 10-7　绣花楼

图 10-8　岐山大夫第甲栋门罩

间，为明末临川四大才子"陈、罗、章、艾"之一的陈际泰故里；金溪的岐山大夫第，系清代康熙年间吴式恭所建，总面积1071平方米，是江西省建筑格局规模较大，保存较完整，带有阁楼、花园的清代民居建筑。该建筑为江西古代建筑史研究提供了重要的实物资料，同时在雕饰上展示了精湛的技艺，具有较高的艺术价值。市级文物保护单位——绣花楼，位于抚州一中校内，原为抚州府衙后院，清朝知府内眷居住的地方。该楼共有两层，因楼上是知府小姐居住和绣花的地方而得名。

抚州古代桥梁兴盛于明清时期，为后代修建桥梁提供了大量的文献资料，如文昌桥、太平桥、万年桥。南城县万年桥，桥址古为歇羊渡，该处水势汹涌湍急，河床地质构造复杂，舟楫难渡。古代造此桥时集民工数万，全凭手工操作，埋石沉江，挡洪引水，足以显示工匠们的智慧与才能。该桥2011年被评为第七批全国重点文物保护单位。乐安登仙桥，始建于北宋天宝年间。1933年2月27日至3月1日，周恩来、朱德指挥中央红军主力在黄陂、蛟湖和登仙桥一带取得第四次反"围剿"的重大胜利，这便是举世闻名的"黄陂、登仙桥大捷"。文昌桥始建于南宋乾道元年（1165），原为浮桥，现为市级文物保护单位，东西横跨于抚河之上。文昌桥对于研究我国桥梁建造史具有重要意义。《文

图10-9 造型独特的登仙桥

图10-10 文昌桥

图10-11 活水亭桥

昌桥志》的编成，开了编写桥梁建筑专著的先河，曾被清代各地作为建桥蓝本。南城县活水亭桥，始建于宋代。朱熹曾到此讲学，挥毫题写了"活水亭桥"四个大字，并留下《观书有感》："半亩方塘一鉴开，天光云影共徘徊。问渠哪得清如许，为有源头活水来。"其中的"源头"和"活水"是对源头村及活水河的真实写照。

三、临川陶瓷业与矿冶业

抚州的陶瓷在历史文化长廊中具有深厚底蕴。南丰白舍窑是宋代江西地区具有相当规模的瓷窑之一，与景德镇窑、吉州窑、洪州窑、赣州七里镇窑并称为宋元时期"江西五大名窑"，坐落在南丰县南27千米的白舍镇，亦称"南丰窑"。窑场广阔，堆积丰富，东起南丰县白舍镇东侧碗窑下，西至官山、司茅斜，北至碗头山，南达盱江北岸百花庄。现存大小窑遗址32座，窑体堆积完整的有18座，为研究宋代瓷业生产提供了丰富的实物例证。白舍窑主烧青白瓷。青白瓷是古代窑工为仿玉器的外观色泽而发明的，故称"假玉器"。其产品制作精巧、规整，胎釉细腻，在成形、装饰、施釉、装烧等方面都各具特色。器物主要以盘碗为主，胎体较薄，釉色白中泛青。这些产品表现了白舍窑高超的制瓷技艺，由于制作精良，它的产品"以往均列为景德镇窑"[①]。蒋祈在《陶记》中说过，它的产品能与景德镇窑争市场[②]，其价值和地位不言而喻。青白瓷在工艺方面既有传统风格，又富于创新，别开生面，尤其采用传统的尖削器梳篦划花装饰技巧绘出的花朵、山水、人物图像，形态栩栩如生，线条流畅生动，在器物口沿上施褐釉一周的装饰也很别致，具有较高的艺术水平。

临川白浒窑，又称临川窑、白浒孤窑，位于今抚州市临川区温泉镇白浒渡村一带，系抚州市第一批市级文物保护单位和江西省文物保护单位。早年此地树木茂密，瓷土丰富，为瓷业生产提供了充足的燃料与原料。白浒窑诞生于隋唐时期，成长于南宋初期，繁荣于元代。"先有白浒窑，后生景德镇。"临川白浒窑曾为瓷都景德镇输送了大量优秀的陶瓷技术人才，是中国古代六大陶瓷名窑之一，自烧造以来，传承上千年。白浒窑瓷器具有古朴大方、釉汁光润的艺术风格。作为民间瓷窑，其产品绝大多数是按照百姓生活习惯制造的日常生活所用瓷器，也体现着浓郁

---

① 冯先铭：《新中国陶瓷考古的主要收获》，《文物》1965年第9期。
② 康熙《浮梁县志》卷四《蒋祈陶记附》："予观数十年来官斯去者，无不有州家挂欠之籍，盖尝推求其故，则有由矣。窑家作擘，与时年主、凶相为表里，一也；临川、建阳、南丰他产有所夺，二也。"

质朴的民间色彩。器型一般以碗、盘、罐、瓶、壶、缸等器物为主。其中，碗为数居多。梅瓶、小罐、玉壶春瓶等为白浒窑瓷器的代表。梅瓶兼具造型及实用功能，具有高雅大气、挺拔秀美的特征，上面有许多丰富多彩的装饰纹样，主要包括花卉纹饰、人物山水纹、鱼藻纹饰、飞禽走兽纹饰等几大类。白浒窑地理位置依山靠水，交通极为便利，瓷器远销海内外。随着现代制瓷工艺的发展，白浒窑手工陶瓷因工艺耗时长、劳动强度大、产量和成品率低，逐渐陷入自然消亡的状态，但其制作精巧精美，构思奇特，在制瓷工艺中独树一帜，给人以美的视觉享受。2014年，临川区白浒窑手工陶瓷工艺非遗传承人张志刚在临川区下聂村成立了临川白浒窑手工陶瓷传习所，并聘请有特长的老艺人以"带徒传艺"的方式生产、献艺，以期达到"融文物保护、手工制瓷工艺展示与生产于一体"的目的。2018年抚州文昌里设立白浒窑陶瓷艺术博物馆，便于大家进行直观欣赏。

图10-12　白浒孤窑青花人物故事蒜头瓶桥

临川区域矿冶业始于唐代。《新唐书·地理志》载抚州临川有金、有银。① 到了两宋时期，采矿冶炼技术与金属品制作技术都得到了充分的发展。抚州、南丰都是当时采炼金银和产铜基地。《临川志·物产》载："宋乾道间，城西（今临川区展坪乡）产铜，后无额废。"南丰大圣舍利塔地宫中出土的各类金银器物是宋代金银器制作工艺的具体表现，外观精美细致，造型别具匠心。当时的冶炼技术已十分接近现代水平，据清代《临川县志》所载，唐代宝历年间（825~826），唐敬宗曾下令在临川县上幕镇（今金溪县）东二里白面坞与银山金窟上为皇室铸造银床而开采银矿，后因亏损太大，民工逃亡，一度罢冶，不久又重新开始冶炼。冶炼场遗址的炉渣经化验，其含银量与现代冶炼炉渣的含银量相差无几。如今冶炼场遗址在金溪县上幕镇，有矿洞遗址8处，多呈斜形浅井；炉基26座，呈弧形，用耐火砖砌成，直径约2.5米。

---

① 〔宋〕欧阳修：《新唐书》卷四十一《地理志一》，中华书局1975年版，第1071页。

第十一章
抚州古代艺术成就

抚州在古代艺术的各个领域都取得过杰出成就。傩舞被称为"艺术的活化石",南丰被称为"中国傩舞之乡"。抚州古代书画艺术成就斐然。抚州有近60项传统手工艺被列入省市非物质文化遗产名录。本章主要介绍抚州傩舞来源、类别和表演特色,抚州杰出书画艺术家及其艺术和思想造诣,重点非遗手工艺项目的制作过程、艺术成就和代表传承人。

第一节 傩舞——"舞蹈活化石"

傩舞被称为"舞蹈活化石"。它是戴上精怪或神祇傩面具,着角色服衫,进行独立主题且表现情绪的舞蹈。如今,傩舞已从驱鬼逐疫的娱神仪式,演变为娱人的礼俗表演活动。其形态接近于巫祭仪式分化出的原始戏剧,因此也被称为傩戏。抚州历史上临汝(今临川区)、金溪、崇仁、宜黄、乐安、南城、黎川、广昌8个县区都有关于傩礼的记载,现主要集中在南丰、乐安两地,宜黄、崇仁、金溪也存在较有特色的傩舞。抚州傩舞列入非物质文化遗产名录的有2个国家级、3个省级、1个区县级。其中南丰跳傩、乐安傩舞被列入第一批传统舞蹈类国家级非遗项目名录,宜黄神岗傩舞、崇仁尧岗傩戏、崇仁跳八仙列入江西省非遗项目名录,金溪傩船列入金溪县级非遗项目名录。

一、南丰傩

经过长期的历史演变与发展,傩祭融合人类与自然社会斗争的神话,吸收民间传说、戏曲,富有娱乐性和故事性。南丰傩班遍布,民间艺人群众基础雄厚,1996年获得文化部命名的"中国民间艺术（傩舞艺术）之乡"。

南丰跳傩傩班遍布全县各乡镇，民间艺人众多，被列入非遗传承人的有8位，其中国家级非遗传承人1位，省市级传承人7位。分别是国家级非物质文化遗产代表性传承人罗会武（1939~2022），江西省非物质文化遗产传承人甘永福（1943~ ），抚州市代表性传承人付国亮（1975~ ）、吴泉仔（1962~ ）、吴荣华（1974~ ）、夏其灵（1962~ ）、叶根明（1969~ ）、饶金泉（1983~ ）。南丰跳傩2008年4月赴法国参加第12届原生态艺术节，2010年4月赴韩国、2017年4月赴英国、2018年2月赴日本进行文化交流演出。

图11-1　南丰傩舞（徐塬斌/摄）

南丰既有"文傩"，又有"武傩"。"文傩"舞者舒缓轻柔，多站立表演。"武舞"在舞蹈中糅入武术，强烈有力，且多以刀剑铁链为道具，武力驱赶鬼疫。公元前202年，汉高祖刘邦封吴芮为长沙王，吴芮带兵驻扎在军山，可能准备攻打闽越。因此，吴芮传傩的对象应为南丰百越部族乡民。① 这对南丰乡傩的传播有着较为直接的影响。清乾隆二十一年（1756）《建昌府志·风俗考》载迎春礼曰：新春"复有竹马、大傩、和合、狮舞之戏，衣彩衣，戴面具而舞，亦岁有职"，"正二月间，又有八仙之舞"。在建昌府管辖五县中，唯南丰至今仍然遗存跳傩。下面主要对跳大傩、竹马、和合、八仙以及舞狮等进行介绍。

（一）跳大傩

跳大傩主要包括仪式舞、娱乐舞，根据剧情内容，由独舞、多人舞和群舞多种形式组成。跳大傩以表演众多节目和系列节目为主要特色，每班少者5人，面具5枚；多者36人，面具36枚，伴奏乐手2~8人。清末以前组成的"跳傩"班有

---

① 钱贵成：《赣鄱遗风》，中国戏剧出版社2006年版，第26页。

专祀傩神庙和驱疫仪式,民国后组建的"跳傩"班多借用福主殿为神庙,多无驱疫仪式。上甘"跳傩"从正月初一至十九日结束,其仪式结构为起傩——演傩与装跳——解傩——安座。其中演傩(跳傩)有发傩、跳户傩、跳喜事傩等不同节目安排。仪式过程穿插巫道符诀咒语,因其神秘,称为神傩。驱疫仪式中的白祇、二郎、鹰哥元帅、田螺大王等神灵来历久远,变化莫测,隐藏了先民对水神和动物的崇拜。

三溪乡石邮村"跳傩"是南丰保存古傩仪式最好的乡傩班。石邮"跳傩"从农历大年至正月二十日前后结束。《石邮乡傩记》曰:"春王元旦'起傩',乐奏金鼓,以除阴气。元衣朱裳,执戈戟斧钺驱邪具物,蹈舞于庭……乡人又名曰'演傩'。乃至元宵后一夜,灯烛辉煌,金鼓齐喧,诗歌互唱,遍处驱逐,以除不祥……乡人又名曰'搜傩'。"新中国成立后,石邮乡傩仍按古礼进行,仪式结构为:下殿——起傩——演傩——搜傩——圆傩——安座。其中"搜傩"是典型的古傩"索室逐疫"仪式,当晚全村参与,千人观看,铳炮震天,气势磅礴。

(二)跳竹马

跳竹马又称"跳迎",赓溪的竹马舞最为独特。扎带的方式与马灯舞类似,腹前系木雕的马头(或小狮头),腰后用竹篾做马臀和马尾,故称"竹马"。赓溪跳竹马结构程序是:起迎(起竹马神)——跳迎(跳竹马神)——跳夜迎(跳竹马神驱疫)——圆迎(圆竹马神)——打醮。其中"跳夜迎"有儿童持烛"照迎"习俗,也有关公为儿童"打关"逐小儿鬼的仪式。"打醮"由和尚担当,驱邪送疫。

据夏姓族人口述,因战火连年纷扰,他们迁居此地后建立福主殿(前文中的吴芮将军)。在村后开荒时听闻战马锣鼓声,他们拨开草丛发现有一队人马正在操练,再往前走近却不见其踪影,只留下模具和战马形摆于地面,遂将此二物供奉在福主殿,于是竹马舞才流传下来。赓溪村跳竹马的形制为"五角迎",西山、田东、大茶等竹马班表演的形制为"七角迎"。两支节目表演都是手执旗、棍、刀枪表演花关索与鲍三娘、关公与周仓对阵的群舞,两人用锣鼓伴奏,借福主殿为神庙供奉面具。"五角迎"一般由5人组成,"七角迎"由7人组成,相较"五角迎"多了两个先锋角色,在第二段和第四段表演中分别增加了先锋遥望军情、两两对打往来穿阵的剧情。此外剧情内容都分为四段:"开山舞旗"、"关周对阵"("七角迎"是"先锋对阵")、"花鲍对阵"、"关周对阵"。

（三）跳和合

南丰有俚语"赓溪竹马石邮傩，水北堡里有和合"。和合舞是祈福之舞，有金榜题名、岁稔年丰、堆金积玉的美好寓意。水北"跳和合"程式简单：起迎（起和合神）——跳迎（跳和合神）——圆迎（圆和合神）。每年农历十二月廿五日和合班进县城"戏舞于市"，然后回农村沿门驱疫送吉，乞讨赏钱。正月十二日，在传说挖到和合面具的后龙山上谢神，回村后各家跳和合结束。表演和合二仙的双人舞，每班5人，2枚面具，2个少年或儿童表演，两三个青年或成人用鼓钹伴奏。伴奏音乐极具地方特色，由两面声音相差五度的小鼓和铜钹敲击时发出的"啵咚啵咚才嘎"的鼓钹声，用南丰方言读成"播种播种去吧"[①]，由文相（来福）、武相（来宝）儿童表演双人舞蹈。相传水北村有两个傅姓兄弟，老大在打长工时刨地听闻地下有"咚咚"声，后约其弟隔天查看，果然有声音。随后两人便刨地，谁知挖出两个活泼的小孩，见到生人四处乱窜，化作一道白烟，留下了两个笑态可掬的面具。送至来福寺供奉时，高僧告诉两兄弟这是天赐神灵的一对福喜。僧人为其编了一支和合舞将福喜带给村庄，祈祷来年风调雨顺万事兴。

（四）跳八仙

现多遗存于崇仁县，沙堤乡城东4千米，在前河、里河、詹家三村世代秘传"跳八仙"。傩具由扮演者本人保管。有两种班队：一为八仙班，8枚面具，8人表演；一为十仙班，10枚面具，10人表演。表演八仙传说的性格特色多人舞，都由多人组成的打击乐伴奏。"八仙"中没有曹国舅，而以刘海代之。

跳八仙缘起于该村附近的枧头庙，起源于明代。据杨氏族谱记载，该庙建自晋，盛于唐、五代。南北宋间，因战乱曾一度无存。杨、詹两姓议定，分别于每十载的第七、八两年农历正月主持"迎神大赛"。凡有娶妻嫁女之家、生儿做寿之户或遭遇不幸之家，都把大神请去，以求驱除晦气，福寿绵长。

前河、里河杨姓和詹家的迎神大赛，做法大致相似，只是杨姓有两个跳傩班子而詹家只有一个，无法轮换出动；杨姓祭祀活动为七天，詹家则为八天，表明专门敬奉八爷，所以祭祀活动特意增加一天。

跳八仙原始、封闭，所扮角色父子相承、世代秘传，所有招式不得随意更改。

[①] 钱贵成：《江西艺术史》下，文化艺术出版社2008年版，第424页。

所用的道具和面具，或选质地坚硬的樟木、杂木雕刻，或集多种竹子制作，工艺十分复杂，故族人惜之如宝。面具表情诙谐、幽默，动作简洁、夸张，形象惹人捧腹，深受百姓喜爱。

（五）狮舞

部分狮班吸收"跳傩"面具，加上场内外对白，形成独具特色的"打大狮"。每班12人表演，12枚面具，多人伴奏。无神庙和仪式。东坪乡甘泉村"打大狮"是南丰"跳狮"与"跳傩"相结合的狮傩班。甘泉"打大狮"又称"大狮""花狮"。传民国初从福建学来，12人表演，称12回头，都戴面具。有回头、太公、猢狲（2枚）、观音、武松、伢崽（2枚）、孙悟空、猪八戒、沙和尚、关公等面具。

二、乐安傩舞

乐安傩舞是第一批舞蹈类国家级非遗，当前列入非遗传承人的有5位。乐安傩舞，江西省非物质文化遗产代表性传承人杨冬香（1978—）。罗山傩舞，乐安县传统舞蹈非物质文化遗产传承人曾明亮、曾员生。流坑傩舞，乐安县传统舞蹈非物质文化遗产传承人董桃芳、董小平。

图11-2　乐安流坑傩舞（赣东学院 廖姝雅/摄）

乐安傩舞分为三大流派：东湖"滚傩神"、罗山"打戏头古"和流坑"玩喜"。[①]

（一）东湖"滚傩神"

东湖"滚傩神"是国内傩舞中表现动物神的一个稀有品种。其主要特征是：面具结构独特，不像其他傩舞面具是面部全罩住，而是分上额、下嘴两个部分组合而成。伴奏音乐特殊，伴奏音乐为一鼓一锣，节奏为反3/4拍（即弱拍在前，强拍在后）。流传地域窄，处半封闭状态，仅此一村跳此傩。主要表演节目有"鸡嘴""猪

---

① 章军华：《临川傩文化》，江西高校出版社2001年版，第4页。

嘴"，整个过程古朴原始，粗犷奔放。

"滚傩神"有一套较为完整的祭祀仪式和表演程序，正月初二起傩，先由杨氏族长至傩神庙装香点烛，顶礼朝拜，请出傩神后开始跳傩。傩神庙供奉18个面具，外出时一般只表演"鸡嘴""猪嘴"。傩队通常由7人组成，2人担箱，5人出大神。表演前先燃放爆竹，再由领班（又称先生）向四方朝拜，口念"伏矣，十方四界，值日星宿，功曹使者显灵……"之类的祷词，然后分别表演独舞和二神合演的"板叉"。如某地出现瘟疫，则所有的面具全体出动，在"鸡嘴""猪嘴"表演完毕后，便由白虎精、歪嘴婆婆、状元、土地等出场，演唱以"劝世文"为内容的"文戏"。紧接着由东岳大帝用铁链套着"小鬼"出场巡游一遍，"鹅王"赤裸双脚进行"踩爆竹"表演，采爆竹时必须口念咒语，否则会烧坏双脚。最后由"鸡神""猪神"进屋搜索，驱邪出门。

（二）罗山"打戏头古"

鳌溪的"旗傩舞"是从罗山传过去的，表演人数为16人，表演时间为每年的农历四月十五到端午节。罗山、鳌溪都没有河，端午节不能举行划龙船活动，用跳傩来代替，有30余枚面具供在表演场地中央，作为众神之"守座"。21世纪后，鳌溪"旗傩舞"逐步消亡，至今尚未恢复。"打戏头古"演出场地较随便，祠堂、戏台、厅堂、场院均可。四月十五日整装"出箱"，先外出表演，三十日"回马"返村，五月初一至初五则在本村各家各户跳。请傩则进入厅堂庭院表演，如不请，也在门前敲一阵锣鼓，名曰"窜跃"（一并带过之意），代为驱邪。表演时，节目按照先后顺序进行：对舞的节目结束，鼓手与打锣者戴上千里眼与顺风耳的面具和前五对同时出场，各自激烈对打，形成集体舞蹈场面。判官、玄母、雷震子、元皇也高擎手中的法宝，站立中央，组成威武雄壮的画面，把表演推向高潮。"旗傩舞"则是端午前一天，傩队所有人员必须洗身净体，舞傩者身穿黑夏衣（如道服）渔网衫等，由众多彩旗开道，每一个傩神由二人相扶打扇，三步一跪，七步一拜，过街游市，汇集鳌溪河边，各个傩队赛舞竞技。

（三）流坑"玩喜"

据童元辉（1917年生人）和董煌七（1905年生人）老人讲：北宋哲宗元祐年间（1086~1094），流坑村的董敦逸，官拜监察御史。适逢契丹欲犯中原，皇帝命董敦逸出使契丹议和。途中遇一女子，将契丹的礼仪及风土人情一一详告。到辽邦后，董对所有难题对答如流，国王叹服，准予议和。多年后，董敦逸途经当年遇见女子的地方，亲自登门道谢，谁知那女子早已亡故，董便请艺人刻了女子的面具像，并派人学习当地的跳傩仪式带回京城。后来，董敦逸遭奸臣排斥，罢官回家，便将面具和仪式带回流坑，"玩喜"就此而产生。

流坑"玩喜"节目故事性强，服饰非常讲究，文蟒武靠，云绢彩衣，色彩鲜艳，热闹诙谐，富有情趣。动作舒展平稳，脚步深沉有力，画面组合讲究对称。音乐伴奏分文武场，文场有二胡、笛子、大小唢呐；武场为全套打击乐，曲牌既有高雅、浑厚的《风入松》《浪淘沙》，也有活泼、风趣的民间小调《五更恋郎》。音乐根据舞中人物身份，情绪变化而选用，节奏明快，风格清丽，旋律委婉动听，表现力强，所以流坑傩舞也有文武兼备的说法。

三、崇仁尧岗傩戏

崇仁尧岗傩戏是江西省第五批非物质文化遗产。据江西省非物质文化遗产代表性传承人陈国贵（1963~　）讲述，清末时期，一位外号"老客"的村民到邻近的王蜂山砍柴，忽然听到地下传来锣鼓响和唱戏的声音，于是赶忙挖掘，挖出一个箩筐，里面装有全套傩戏面具、服饰，还有一本书。书中详尽地介绍了傩戏的舞蹈动作、唱腔和唱词，而且标明此戏源自唐朝。"老客"根据书中介绍，学会了傩戏，并传授村民，尧岗傩戏由此而来。尧岗傩戏每年正月初一至十五表演，为村民祈福消灾，从清末流传至今，已成为当地的一大民俗活动。

尧岗傩戏有一套完整的仪式，正月初一上午九时许，八位弟子到宗庙请神下座，由师傅念口诀请下六位大仙，洗净六位大仙面具后方可着装表演。正月初一在本村挨家挨户表演一天，第二天至正月十四到周边村落表演，十五在本村表演，晚上举办请神归位仪式，先由师傅念口诀宴请各路神灵来喝粥，喝粥期间各家可来宗庙许愿还愿。喝粥完毕再念口诀送神灵，之后八位弟子到村外恭送各路神灵，然后偃锣息鼓，无声地回到宗庙。以"跌交"形式为来年祈福，两块椭圆竹片跌成一阴一阳即为"神交"，每个愿望跌成"神交"方作罢，再燃烛持续七天七夜，方告结束。

四、宜黄神岗傩舞

宜黄神岗傩舞是江西省非物质文化遗产，有江西省非物质文化遗产代表性传承人黄国祖（1949~　），抚州市非物质文化遗产代表性传承人吴任龙（1968~　）、熊金龙（1963~　）。

神岗傩舞在700多年前就已盛行。在傩神36具天兵天将面具中，其主神是清源菩萨。神岗傩舞自正月初一开傩，一直跳到正月十五。每年开傩，都须进行请傩仪式。初一先在各祠堂门前跳，跳完后，面具、锣鼓、服装要还原放回行宫，便结束了初一的跳傩。初二起，可直接上行宫启箱，从上到下，挨家挨户接着跳，完后，主人又要鸣放鞭炮送傩神，再到另一家。农历正月十五日，跳傩结束，十六日上午十时左右，在晒谷场上表演节目跳给大家看，称之"拨拢"。神岗傩舞分长枪、短棍之类，长枪都有号诗，而短棍则没有。长枪较之短棍驱邪威力强，动作粗犷幅度大，舞起枪来一阵风，干净利落，出手不凡。而短棍动作风格与其相反，多悠闲、文静、幅度小，并伴有诙谐情趣，跳起来亦庄亦谐，别有一番清静的意境。

傩舞用打击乐伴奏，且只有大锣和鼓，锣鼓点子比较简单，点子节奏根据节目不同而变化。有的一个节目中根据不同的动作，节奏也有变化，动作多变换方位做（面向四个角），意在驱鬼逐疫不留邪角。

第二节　书法和绘画成就

抚州书画文化自东晋以来，大致可分为东晋至唐五代、宋元、明清、民国时期。

一、东晋至唐五代

抚州书画最早可追溯到东晋时期，东晋至唐五代是抚州书画发展启蒙期。魏晋以后，全国政治经济文化重心向南移，抚州区域水路交通便利，政治环境相对安宁，北方望族、官宦贤达来此，或仕宦、或游历、或寓居。如东晋时期的王羲之、南朝时期的谢灵运、唐代的颜真卿、南唐的冯延已等都曾仕宦于此，董源、巨然师徒也曾客居于此，他们都对抚州书画文化发展产生了绵远影响，而抚州灵山秀水也为他们艺术创作提供了灵感。抚州书画文化起步相对较晚但起点却高，是国内唯一与两位书法巨匠结缘的地级市。

王羲之（303~361），琅琊临沂（今属山东省）人。咸和四年（329），他由会稽王友改授临川太守。于是，他在临川郡城东高坡选址，筑起名为"新城"的宅邸，同时修建供生活所需的水井和用于练习书法的洗墨池。在任征西长史期间，他见到庾斅（字子嵩，时任征西将军庾亮的从兄弟）之子，因而作《临川帖》："不得临川问，悬心不可言。子嵩之子来，数有使，冀因得问示之。"① 这幅作品用笔自然洒脱，字迹简洁明快，气韵流畅，表达了王羲之今草的风格（图11-3）。后来，他出任吴兴太守，曾写信给堂弟王胡之："坟墓在临川，行欲改就吴中，终是所归。"② 可见，王羲之与临川有着密切的联系。

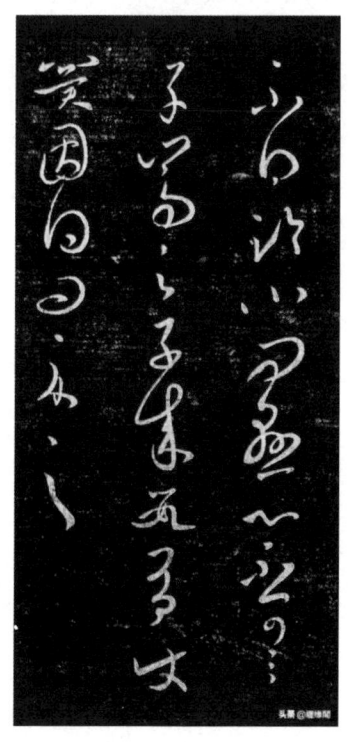

图11-3　王羲之《临川帖》

王羲之在书法方面取得了重大成就，与他在抚州刻苦练习书法是有关系的。南朝宋时期的羊欣将他在临川时的书法与张嘉作比较："嘉师于钟氏，胜王羲之在临川也。"③而王羲之"慕张芝，临池学书，池水尽黑"④。他在临川刻苦练习书法，于是有了"羲之之书晚乃善"⑤的艺术成果。至今，在抚州巷间广泛流传着王羲之苦练书法的故事。如北宋时期，曾巩在应州学舍教授王盛之的请求下，撰写了《墨池记》，以王羲之在抚州坚持苦练书法的精神勉励后人勤奋好学。历代乡贤对此多有评赞，如清代李来泰所作《墨池》诗云："笔陈曾经洛下闻，临池犹忆右将军。宣和旧谱临川帖，贞观兼收紫纸文。溪比兰亭传隼尾，宅从鲁壁问鹅群。余波尚认龙宾气，池上时看五色云。"王羲之的作品《兰亭序》（图11-4）也是抚州籍人士所钟爱的。宋代临川王安礼、黄庆基观跋《神龙本兰亭序》，南宋王厚之携带王羲之的行书作品《建安帖》练习书法，元代临川饶介家藏《兰亭序》刻本十余种，晚年收藏到《定武本兰亭序》，更是视为珍宝，其书法以王氏为宗，"神追大令（王献之）""入山阴堂庑"。明代南城益王朱翊钶父子历经十余年镌刻、传拓大小卷《兰亭图》。这充分显示了书圣王羲之的书法艺术以及"墨池"精神对抚州书画文化发展的深远影响。

---

① 杨敬、杨璐：《王羲之书法全集》，中国书店2018年版，第11页。
② 〔清〕严可均：《全晋文》，何宛屏校，商务印书馆1999年版，第1594页。
③ 〔唐〕张彦远：《法书要录》，范祥雍注，上海古籍出版社2013年版。
④ 〔宋〕曾巩：《墨池记》，《曾巩集》卷第十七，中华书局1984年版，第279页。
⑤ 〔宋〕曾巩：《墨池记》，《曾巩集》卷第十七，中华书局1984年版，第279页。

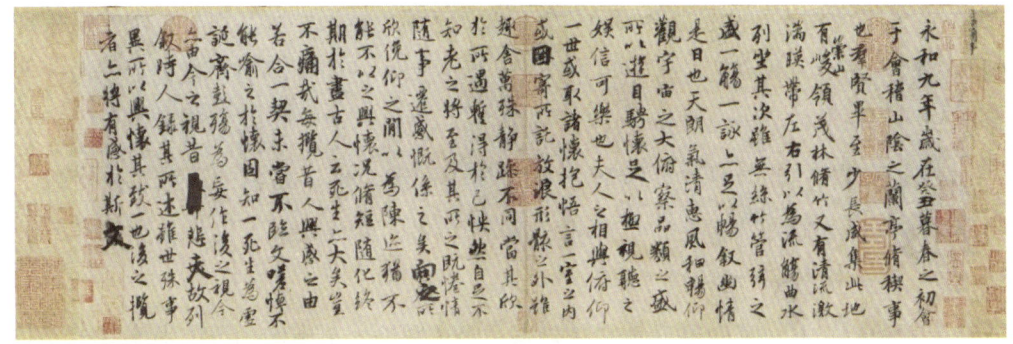

图 11-4 王羲之《兰亭序》

颜真卿（709~784），京兆万年（今陕西省西安）人。唐大历三年（768）四月，颜真卿升任抚州刺史。他在抚州任职四年间，生活简朴、勤政爱民。在政务之余，颜真卿主持编撰了《韵海镜源》300 卷，同时创作了大量的诗文。在离任之前，他的同事左辅元等人将他的诗文编成《临川集》10 卷，并将诗文与书法结合起来，共撰写了 20 多篇书法碑铭。

颜真卿是继王羲之之后又一位在抚州大地上播种书法艺术种子的书法家。他以人如其字、艺以德显的形象，成为后世书法家追崇的完美典范。元代吴澄在《卷舒堂记》中评价说："昔人心画之传于世者不少，而颜鲁公之字，至今为天下宝，岂独以其字画之劲而已，志节如其字也。"[1]

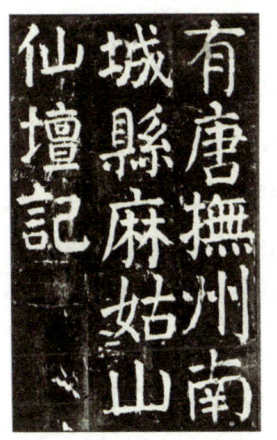

图 11-5 颜真卿《麻姑山仙坛记》

至今，颜真卿在抚州期间创作的书法作品可查的共有 21 篇（幅），但存世的仅有 5 件，都是楷书作品。其中包括大历三年（768）四月，为道士谭仙岩书写的《马伏波语》（现藏于浙江省博物馆，南宋留元刚《忠义堂帖》本）；大历五年（770）正月一日，为"逍遥楼"所题的楷书额（现藏于北京故宫博物院）；为南城天一山道院所书写的"天一山"匾额（清代重刻石匾，现存于江西省博物馆）；创作于大历六年（771）四月的《麻姑山仙坛记》，后勒石成碑，又称"鲁公碑"，安放在麻姑山仙都观内，后丢失，于 1992 年重新立碑于南城麻姑山（图 11-5）；《大唐中兴

---

[1] 〔元〕吴澄：《吴澄集》，方旭东、光洁点校，社会科学文献出版社 2021 年版，第 888 页。

颂》，为元结所请书写于大历六年（771）六月，刻于浯溪崖壁，现有存于北京故宫博物院的宋拓本。颜真卿的大字楷书至今仍为后世书法家所学习，被誉为"大楷当学颜"。

王安石曾将《东方朔画像赞碑》的拓本"置于壁间"，曾巩的书法也是受到了颜真卿影响，而抚州东乡的"红军书法家"舒同（1905~1998）也是从颜体开始学习书法，最终创造了"舒体"。

南朝时期的书画家谢灵运（385~433），尤其擅长绘制佛像。唐代张怀瓘在《书断》中记载说："（灵运）模宪小王，真草俱美。石韫千年之色，松低百尺之柯。虽不逮师，歘风吐云，簸荡川岳，其亦庶几。"①这说明他的楷书和草书都达到了很高的水平，并且受到了王献之的影响。唐代张彦远的《历代名画记》记载：晚唐会昌五年（845）的灭佛浩劫，甘露寺殿后，谢灵运所作《菩萨》壁画，仍幸存六壁之多。②这充分显示了他善于绘制佛像的才华。

南唐时期的抚州节度使冯延巳（903~960）也擅长书法，他师法虞世南，作品被收录在清康熙《御定佩文斋书画谱》中，对抚州书画艺术的发展产生了深远的影响。

二、宋元时期

宋元时期，抚州地区相继出现了一批深得朝廷信赖的名臣硕儒，他们的社会地位较高，文化影响力深厚，带动了抚州书画文化的繁荣发展。在书法、绘画、金石、篆刻等方面，首次出现了一批有影响力的本地书画家、金石藏家和篆刻家。

在书法方面，有临川的晏殊、王安石、王安礼、饶介、艾斐；南丰的曾巩、曾布、曾宰、曾肇、曾纡、赵崇嶓；南城的陈景元、程钜夫、程大本、胡布；金溪的陆九龄、危素；崇仁的吴澄、虞集等。其中，曾纡和虞集的书法水平尤为突出。

曾纡（1073~1135），北宋丞相曾布之子，曾巩之侄，工书法，其书法作品被宋代汪藻誉为"篆隶行草，沉着痛快，得古人用笔意。江南大榜丰碑，率公为之，观者忘去"③。曾纡的书法作品运笔富于变化，疏朗爽健，劲挺舒展，多随意而为，不求工而自工，自成体势，为宋代"尚意"书法典范之作。而虞集则是元中期的崇古

---

① 卢辅圣：《中国书画全书》第 1 册，上海书画出版社 1993 年版，第 35 页。
② 卢辅圣：《中国书画全书》第 1 册，上海书画出版社 1993 年版，第 144 页。
③ 〔宋〕汪藻：《浮溪集》，中央编译出版社 2016 年版，第 279 页。

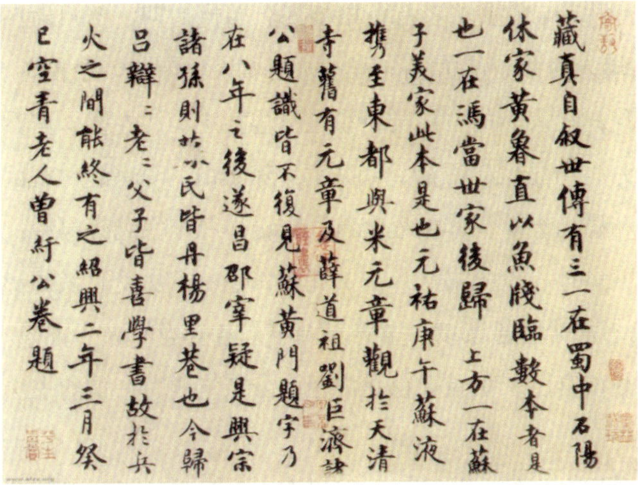

书法大家,陶宗仪在《书史会要》中称他"真行草篆,皆有法度。古隶为当代第一"[①]。虞集的书法影响力很大,现存各类法书、题跋墨迹60余幅,对研究元代书法具有重要价值。他一生将书法奉为祖传家学,主张学习书法应以魏晋古法为师、篆隶以六书为则,积极推动主导了元中期书法"复古之路"的延续与发展。

图11-6 曾纡《自叙帖》

绘画方面,危道人善画鱼,陈阳善画木石,蔡规善画山水,王乃裕善墨竹,罗稚川善画山水,郑梼书画兼工等。

这些艺术家的出现使得抚州地区书法绘画艺术达到了较高水平,为当地的书画文化繁荣作出了重要贡献。

在著论方面,晏殊精通"飞白"书体研究,有《飞白书赋》《御飞白书扇赋》《谢赐飞白书"龟龙"二字表》《奉撰宝奎殿仁宗飞白记》等著作。曾布力推续刻《续阁帖》,然而不幸的是,蔡京夺得相位后,刻帖的功劳被蔡京据为己有,导致曾布在书法史上的贡献鲜为人知。聂子述精于书画收藏,他所刻的《宋拓郁孤台法帖》(上下册)被列为国家一级保护文物,目前存于上海市图书馆,收录了苏轼、石延年、周越等宋代书法名家的珍贵作品,具有极高的文献和艺术价值。金溪宋季子擅长文字考究,著有《汉字统》十二卷、重校《汉隶字源》十二卷。吴澄的《论篆隶》、虞集的《论书法》、危素的《隶书歌》等也是不可忽视的重要著作。

三、明清时期

明清时期,抚州的书画艺术呈现出独具特色的发展路径。在书法方面,首次出现了以书法"入仕"的名家。明太祖朱元璋推行书法取仕政策,在洪武七年

[①] 卢辅圣:《中国书画全书》第3册,上海书画出版社1993年版,第59页。

（1374）设立了七品的书舍人一职，唯善书法者有资格担任。明代初期，抚州地区以书法入仕的代表人物包括临川人熊鼎、聂大年、程洛，南城人程南云、余孜善、吴余庆等。而明中后期以及清代，代表性的书法类科举人员包括王英、左赞、何乔新、徐琼、罗玘、洪钟、罗汝芳、汤显祖、伍福、周亮工、陈希祖、李宗瀚、黄因莲、谢阶树、李传熊、鲁琪光和谭尚忠等。其中程南云、陈希祖和李宗瀚等对后世影响较大。程南云是程钜夫的五世孙，以善书法入选文渊阁，他的书法受赵孟𫖯影响较深，行书能与赵孟𫖯媲美，尤其精通篆隶，亦善于大字，备受当时人士推崇。许多珍贵的书画作品如《韩熙载夜宴图》引首，都是由程南云亲笔题写。他的书法影响当时极为广泛。

明代抚州地区虽然没有出现知名度较高的大家，但仍有一批丹青妙手，以其独特的绘画技艺留名史册。例如，广昌何乔福擅长描绘枯木竹石，其作品被收录于《中国画学全史》；金溪王真擅长画龙，惟妙惟肖；傅元澄擅长画虎，并且精通画禽鸟，其笔意古润；余立本擅长画墨竹，同时也擅长描绘蔬菜；张钧月善于画禽鸟；疏山寺僧人性朗擅长画墨竹；临川朱孟约擅长画墨竹，同时也精通坡石兰蕙，他的作品被收录于《明画录》；伍概善于画花卉和翎毛，其作品被收录于《画史会要》。明末清初出现了吴宏、李秉绶、吴照、周承濂、陈偕灿、黄靖、熊晖父子、陈一章父子、赖安田师徒、吴嵩梁父女等一批杰出的画家。其中，吴宏对明清时期绘画影响最为深远。吴宏（1615~1680），字远度，金溪人，擅长山水画，偶尔也涉猎人物、花鸟和竹石。少年时即展现出对绘画的热爱，明朝灭亡后，吴宏一家流落南京，靠书画维持生计。他与清初画坛的龚贤、高岑、樊圻、邹喆、叶欣、胡慥、谢荪等人合称"金陵八家"。清代书画评论家秦祖永将他的作品列为"神品"。目前收藏于各处的他的绘画作品约有37件，其中一幅《燕矶莫愁湖图》题款为"金溪竹史吴宏写于云林白马三十六峰下"，显示了他在金溪县黄通乡创作的可能性大。

四、民国时期

这一时期抚州的书画艺术经历了巨大的变化，受到"西学东渐"文化思潮及新出土的殷墟卜辞、西北简牍、敦煌壁画、唐人写经等影响，新生代的书画家也应运而生。就书法而言，硬笔书写工具的出现逐渐取代了毛笔的常用功能，导致毛笔书法走向了纯艺术发展的道路。在这一时期，抚州的书画大致可分为两类：

第一，清末民初的遗民书画家。细分为两类：一是专事书画艺术的书画家，主要代表有李瑞清、刘未林、吴锜、赵世骏、周树滋、黄鸿图等；二是加入民国政府并从事书画创作的官员书画家，主要代表有张履春、赵惟熙、汤燮等。其中，南丰的汤燮擅长绘画兰花，他的兰花栩栩如生，其作品被收录于《南丰汤氏兰林百种》二册，得到了陈宝琛、徐悲鸿等名家的推崇。在书法方面，李瑞清的影响较为深远，他从小接受良好的家庭教育，钻研六书，首开两江师范创设图画手工科，被陈传席誉为我国艺术和艺术教育进入现代的标志性人物。

第二，民国中后期涌现的新一代书画家，如欧阳竟无、陈瀚一、周天游、李健、张子嘉、陈心如等。其中，佛学大师欧阳竟无的书法风格十分独特，尤其精通隶书。欧阳竟无对汉隶的研究颇深，晚年的书法风格则趋于清和恬淡，其影响力在当时书画界较为显著。

第三节 "非遗"手工艺技术

抚州市非物质文化遗产传统美术、技艺类共 57 项（见下表）。工艺美术理论将工艺分为"手工艺"和"机械工艺"。其中有艺术表现的手工艺，被列入非物质文化遗产名录，主要集中在传统美术和传统技艺两个类别中。

抚州市非物质文化遗产美术、技艺项目名录

序号	项目类别	项目名称	申报地区	批次
1	传统美术	南丰傩面具雕刻	南丰县	省级第二批
2		乐安蛋雕	乐安县	省级第四批
3		乐安袁氏木雕	乐安县	市级第三批
4		资溪竹烙画	资溪县	省级第五批
5		抚州于氏神佛木雕	市直	市级第五批
6		抚州木质浮雕	临川区	市级第五批
7		乐安竹衣工艺	乐安县	市级第六批
8		临川剪纸	临川区	市级第六批
9	传统技艺	南丰蜜橘栽培技艺	南丰县	省级第一批
10		金溪雕版印刷手工技艺	金溪县	省级第二批
11		广昌白莲生产技艺与习俗	广昌县	省级第二批
12		金溪藕丝糖传统手工技艺	金溪县	省级第二批

续表

序号	项目类别	项目名称	申报地区	批次
13	传统技艺	南丰泥炉制作工艺	南丰县	省级第二批
14		临川篾编技艺	临川区	省级第三批
15		金溪浒湾油面生产工艺	金溪县	省级第三批
16		南城麻姑酒酿造技艺	南城县	省级第四批
17		南城麻姑米粉制作技艺	南城县	市级第三批
18		黎川灌芯糖制作技艺	黎川县	市级第三批
19		棠阴夏布织造技艺	宜黄县	省级第五批
20		金溪大米微书腊石镶嵌工艺	金溪县	市级第四批
21		临川白浒窑陶瓷工艺	临川区	市级第四批
22		临川金银錾刻	临川区	省级第五批
23		抚州水碓制作技艺	市直	市级第四批
24		抚州木榨油技艺	市直	市级第五批
25		临川毛笔制作技艺	市直	市级第五批
26		乐安牛田范制葫芦雕技艺	乐安县	市级第五批
27		乐安南村仕女扇制作技艺	乐安县	市级第五批
28		乐安罗陂制陶技艺	乐安县	市级第五批
29		南城云市窑陶瓷制作技艺	南城县	市级第五批
30		南城麻姑茶制作技艺	南城县	市级第五批
31		南丰豆腐皮制作技艺	南丰县	市级第五批
32		南丰白舍窑制作技艺	南丰县	市级第五批
33		南丰水粉制作技艺	南丰县	市级第五批
34		临川陶瓷金缮	临川区	市级第五批
35		东乡丝瓜络工艺	东乡区	市级第五批
36		抚州金属丝扎制技艺	临川区、宜黄县	市级第六批
37		广昌荷花鱼制作技艺	广昌县	市级第六批
38		资溪碧水禅茶制作技艺	资溪县	市级第六批
39		资溪法水贡鱼烹调技艺	资溪县	市级第六批
40		乐安果酒酿制技艺	乐安县	市级第六批
41		乐安红薯粉丝制作技艺	乐安县	市级第六批
42		雩山酿冬酒技艺	乐安县	市级第六批

续表

序号	项目类别	项目名称	申报地区	批次
43	传统技艺	雩山糖豆子制作技艺	乐安县	市级第六批
44		临川结绳技艺	临川区	市级第六批
45		临川菜梗制作技艺	临川区	市级第六批
46		宜黄斗米壶酒酿造技艺	宜黄县	市级第六批
47		宜黄古琴斫制技艺	宜黄县	市级第六批
48		宜黄豆腐乳制作技艺	宜黄县	市级第六批
49		黎川圆木制作技艺	黎川县	市级第六批
50		黎川传统钟表修复技艺	黎川县	市级第六批
51		黎川木杆秤制作技艺	黎川县	市级第六批
52		黎川朱氏清汤制作技艺	黎川县	市级第六批
53		崇仁沙藏酒酿造技艺	崇仁县	市级第六批
54		崇仁熟铁锻造技艺	崇仁县	市级第六批
55		抚州刮面剃头工艺	市直	市级第六批
56		抚州铜瓷	市直	市级第六批
57		抚州合香制作技艺	市直	市级第六批

本书选择其中具有代表性的 15 项非物质文化遗产"手工艺"进行讲述。

一、南丰傩面具雕刻

南丰傩面具雕刻入选江西省传统美术类第二批非物质文化遗产。南丰傩面具现总计 2300 多枚，分布在全县 11 个乡镇中的 110 多个傩班中。代表艺术家有江西省非遗传承人张宜祥（1951~）、罗春明（1967~），抚州市非遗传承人黄国强（1969~）、李英（1977~）、王建明（1971~）、尧因果（1983~）。明代后，南丰傩面具雕刻艺人主要有两家，一为舒家，一为杨家，杨家侧重武相，舒家擅文相；主要分布在县城（琴城镇）、市山镇、莱溪乡、三溪乡、桑田镇和太和镇。雕刻刀具包括斧、锯、锤、凿、刀等，锤有木锤、铁锤；凿

图 11-7 罗春明《傩王》（抚州市融媒体中心陈强／摄）

有圆凿、平凿；刀有圆口刀、内圆口刀、外圆口刀、斜口刀、三角刀、齐口刀、勾刀等，大者一寸二分，小者两分。雕刻刀具可根据各自需要打制多种型号。雕刻刀法有圆雕、浮雕、镂雕、铲雕、块面雕等。

南丰傩面具雕刻步骤：1.选材杨木或樟木雕。2.烘干。3."三面三巴掌"初坯定形。4.初坯。按古代肖像画"五岳"法处理。5.修光。木坯刻好后用凿子修光。6.刮灰。7.上漆。8.装饰附件。装胡须，加软盔，安镜片，加帽翅，套戏盔等。

二、乐安蛋雕

乐安蛋雕入选江西省第五批非物质文化遗产传统美术类，起源于清光绪年间，是鳌溪镇邹氏祖传的独门技艺。乐安蛋雕艺人邹际康名孙培（1887—1927）为第一代传人。邹文涛（1919—1988）为第二代传人，邹兆庆（1969— ）为第三代传人。邹兆庆也是江西省非物质文化遗产代表性传承人。乐安蛋雕以选料讲究、造型生动、雕刻手法细腻等特点著称。它主要分山水、动物、人物三大类，图案成型后效果类似素描、线描、浅浮雕。

乐安蛋雕主要雕刻步骤：1.选蛋。挑选蛋壳厚度0.3毫米左右、外部光滑鲜亮的红皮鸡蛋。2.构图。在蛋壳上用铅笔勾画。3.雕刻。根据构图用雕刻刀雕刻。4.洗蛋。用清水洗净污渍。5.抽空蛋液。在蛋的较圆的那端底部画小圈，用刀轻刻，"转蛋不转刀"将蛋壳刻出一个小洞，于蛋壳侧面扎小细孔，用注射器吸满清水洗净壳内的蛋液（重覆数次）晾干。

三、资溪竹烙画

资溪竹烙画入选江西省第四批非物质文化遗产传统美术类。当前主要代表性传承人是江西省非物质文化遗产传承人李乃江（1962~ ）。烙画又称烫画，起源于西汉，东汉时期达到鼎盛。资溪竹烙画在前人基础上克服竹子纹路难压制、易扩散的特点，运用烙铁在竹子上留下的烙痕作画。落笔成形，融入国画的勾、勒、点、染、擦、白描等手法，烫出画面的层次和色调。

资溪竹烙画主要分为五个步骤：第一步，选用表面光滑、质地细腻、竹纹自然的优质竹，用细砂纸打磨平滑。第二步，将画稿拷贝至表面，或在面板起稿。第三步，利用电烙笔或烙铁（古代多用油灯烙、火炭烙，现代多用电烙）进行绘制，控制温度和笔法，运用刺、拉、拖、推、磨、熏的烙画技法逐步绘制完成造型和明暗关系。第四步，根据画面意境需要进行大局调整精烙，浓淡清晰，最后平整上漆，

图 11-8　李乃江《八骏图》（赣东学院廖姝雅/摄）

装框。

四、抚州木质浮雕

抚州木质浮雕入选抚州市第五批非物质文化遗产传统美术类。代表性传承人是抚州市非遗传承人许彬凯（1989~ ）、许洋洋（1990~ ）。抚州木质浮雕以牌匾、橱、柜等家具装饰为主，以戏曲武场故事为题材，再现古战场经典场面，辅之以百年好合、鸳鸯戏水等祝福图景。抚州木质浮雕要求原材料宽大、厚实、无杂质，通常取长2米宽1米以上的香樟木为材质。在浮雕上叠加圆雕，或融入半立体雕、镂雕、透雕等技艺，成人手掌大的方寸间能雕出五个人物。通过叠加透雕方式，在10厘米厚的材质上可雕出五个层次。融合不同木料镶嵌工艺，如将黄杨木、黑檀木、紫檀木，甚至牙雕、奇石镶嵌在香樟木浮雕作品中，达到四种不同颜色的材质浑然天成。镶嵌工艺一般用于树疤或裂痕之上，既掩饰材质缺陷，又美化作品。

五、乐安竹衣工艺

乐安竹衣工艺入选抚州市第六批非物质文化遗产传统美术类。当前主要传承人是陈亮（1966~ ）。竹衣工艺以竹片为原料，以中国画写意的元素拼接成作品，主要有龙、凤、麒麟、鹰、猫头鹰、孔雀、鹅、鹤等动物画，山水画、贴画、人物画等。

乐安竹衣工艺共计9道工序：1.取材。取用韧性好的2米以上毛竹外壳为原料。2.清洗。将原料的淤泥、沙尘等洗尽。3.消毒。用沸水煮2小时左右。4.晾干。放在阴凉处晾干水分。5.烫平。用熨斗将弯曲弯形的材质烫平整。6.打磨剪裁。将首尾不用的部分剪切形状。7. 雕形。用木头、竹子、泥土等材质雕出基本形状。8. 装座。安装好底座，剪裁对应形状粘在底座上，高温蒸煮，杀虫除菌再暴晒。9. 上光。用桐油为作品上光四次，反复打磨、油漆。

六、临川剪纸

临川剪纸入选抚州市第六批非物质文化遗产传统美术类。当前主要非遗传承人为龚智杰（1974—），抚州首届民间工艺大师。临川剪纸分为剪和刀刻两种，剪的基本技法有圆、尖、方、缺、线。从表现形式上看，剪有单色、点色、分色、衬色、绘色剪纸五大类。常用的装饰纹样有锯齿纹、月牙纹、鱼鳞纹、漩涡纹、云纹等，通常一幅作品会用上数种装饰纹。临川剪纸吸收国画白描传统象征手法，在平面呈现层次效果。刀刻剪纸技法有阴刻、阳刻和阴阳混合刻。

临川剪纸流程如下：1. 取材。实景取材，古今书籍取材和就地创作。2. 画稿。根据构思画出草稿。3. 成稿。对照标记好的草稿临摹。4. 选色。根据需要，用国画24种颜料调制成所需颜色。5. 装订。将成稿用线固定，先用订书机代替，下用六至七层宣纸固定好。6. 刻纸。采用镂空技术刻出。7. 护理。将六至七层已刻好的作品逐张剥离。8. 装裱。将最上层易破损和最下层易粘连作品剔除，再从中挑选效果最佳作品装裱。

七、金溪雕版印刷手工技艺

金溪雕版印刷手工技艺入选江西省第二批非物质文化遗产传统技艺类，第七代传承人是王嘉泉（1937~2018），江西省非物质文化遗产传统技艺类传承人。金溪雕版印刷始于明，盛于清。明朝时因浒湾交通方便，故而有人开始在浒湾开设印书作坊。从清代康熙朝起，浒湾雕版印书业便勃兴起来，到乾嘉时期集中了六十余家印书堂号，成为江西最大的印书中心。当前主要集中在浒湾镇书铺街，其他在浒湾附

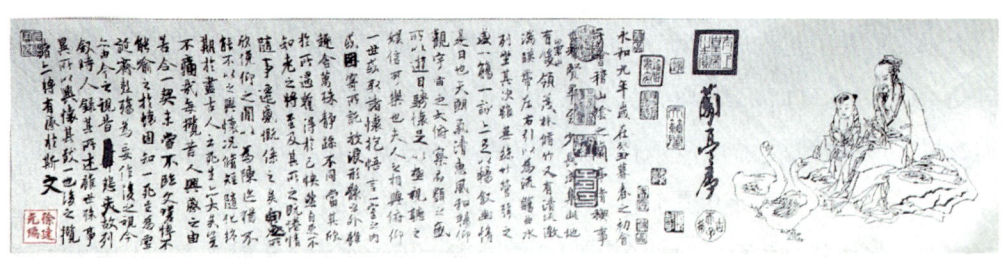

作品名称：《兰亭序》 获奖情况：第十五届中国（深圳）国际文博会"银奖"
作品作者：徐建元　选送单位：抚州市委宣传部，市文联、市民协

图 11-9　徐建元《兰亭序》（抚州市融媒体中心陈强 / 摄）

近村子如中洲、傅家、洛城等，双塘竹桥、金溪县城也有几家雕版印书作坊。木刻印书工艺流程繁琐而复杂，分工精细，要求工匠有较高的手艺。其工艺大致分为选材制版、刻版、印刷、装订4个阶段。工具分枝凿、干凿、脚凿数种。干凿分宽狭多种。印刷工具有墨缸、棕帚、棕把子等。

八、南丰泥炉制作工艺

南丰泥炉制作工艺入选江西省第二批非物质文化遗产传统技艺类，当前主要代表人有江西省非物质文化遗产传承人官六根（1941~2018）、抚州市非物质文化遗产传承人官长友（1970~）、威水龙（1960~）。南丰陶炉始产于清光绪十三年（1887），距今有120年历史。先期由赣州人金万鑫仿制成功，尔后曾鼎兴、张洪发也仿制出柴炉、炭炉等。原料为优质黏性泥土。解放前，由于在制陶炉过程中要掺拌筛灰，而灰来自装盐的草袋，为了减轻课税，谎称在制炉过程中注入大量食盐，从此陶炉又称盐炉，1953年才改称为南丰泥（陶）炉。南丰泥炉主要有1-4号盖炉（又称炭炉），1-3号普通煤炉，1-7号柴炉，100型及120型蜂窝煤炉四大类，以表面光洁、图案清晰、造型大方、工艺精巧、火力强、升温快等特点著称，其中盖炉最为精美。

九、临川篾编技艺

临川篾编技艺入选江西省第三批非物质文化遗产传统技艺类。临川篾编工艺在临川和抚州各县区的乡镇都有分布，当前主要传承人是江西省非物质文化遗产传统技艺类徐建元（1967~）、抚州市非物质文化遗产传承人徐志俊（1988~）。从事此项手工艺的人员主要集中在临川的东馆、罗湖、腾桥等地。临川篾编技艺采取在竹编经纬篾上"取雨点"，间隔四、六、八条经篾取雨点画法进行创作。

主要的工序包括：1.选材。选取韧性好的"观音竹"为基本材料。2.破竹。用篾刀将断竹破成若干竹条。3.分篾。用篾刀将囊和皮中间分开，弃囊不用。4.刬篾。使篾片的宽窄度一致。5.煮篾。若要染色，可将颜料放水中化开，与篾片同煮。6.刨篾。使篾片两面光滑。7.编织。在样图上进行编织。

十、棠阴夏布织造技艺

棠阴夏布织造技艺入选江西省第五批非物质文化遗产传统技艺类。当前，该技艺江西省非物质文化遗产传承人为黎千金（1954~）。棠阴夏布织造技艺是一种民间织布手工技艺，流传于江西宜黄棠阴镇，衍射至宜黄县中港、圳口、神岗、凤冈、南源、梨溪、新丰等乡镇。夏布是苎麻绩纱后织造漂染而成，具有轻薄凉爽、透气吸汗、挺括舒适的特点，特别适合制作夏日服饰。

棠阴夏布织造基本步骤：1.原麻处理。2.原麻漂白。有六种方法，即清水漂白法、日光漂洗法、露漂法、石灰水漂法、炭熏法、牛粪浸渍法。3.绩纱。分为撕条、卷缕、捻纱、绕纱四道工序。4.织布。分为牵纱、过筘、上浆、上机、织造五道工序。5.深加工。分为沦布、水漂、酱漂、蒸布、再水漂、酱漂、碾压、上边、拆布、包装、上标等十三道工序。

图 11-12　张锦平《黄洋界上炮声隆》（抚州市融媒体中心陈强 / 摄）

十一、临川金银錾刻

临川金银錾刻入选江西省第五批非物质文化遗产传统技艺类，江西省非物质文化遗产传承人为张锦平（1963~　）。据临川云山镇上高村《张氏族谱》记载，临川区的金银錾刻在清朝始有雏形，晚清和民国时达到鼎盛。融入唐代造型技艺，选取99.9%的银块或24k金为材料。

临川金银錾刻可分为九道工序：1.选料。2.熔化。3.锤击。4.初胎。银饼反复锤击后，按造型需要进行深加工整形，各部件初具模型。5.火焊。6.上胶。7.作画。8.錾刻。9.清洗、打磨、抛光。

十二、乐安南村仕女扇制作技艺

乐安南村仕女扇制作技艺入选抚州市第五批非物质文化遗产传统技艺类，主要代表性传承人是陈兆之（1965~　）。仕女扇选用五年以上竹龄的毛竹为原料。传统扇面结构大都是纸糊面，画上各种图案后，浸上桐油是为油纸扇。随着需求逐渐多样，逐步发展出布面、绸面、真丝面料的扇面，丰富了仕女扇的实用性、观赏性。

仕女扇的制作工序：1.锯筒。去竹节，取中间光滑处。2.开片抛光。把竹片二面用刀削光。3.冲花磨光。在扇片上冲压出花形，用砂纸打磨。4.漂白。防虫蛀。5.穿钉打扇面。塑料钉穿好扇片，折成扇形。6.粘面。把折好的扇面，用糨糊粘贴在扇骨上。7.粘边。扇边粘一层薄纸防止扇面脱落。

十三、临川陶瓷金缮

临川陶瓷金缮入选抚州市第五批非物质文化遗产传统技艺类，抚州市非物质文化遗产传承人是万率（1977~ ）。

制作工艺：1. 调漆。黑漆加蛋白或糯米粉调制胶合漆，搅拌成黏稠状。2. 补缺。缺口胶合漆填补缺口，碎块粘在一起，达到平整的效果。3. 打磨。砂纸打磨令表面平整圆润，修补处涂抹一层红漆。4. 修整。金粉覆盖裂痕处。修整根据天气和破损程度而定，大约一到两个月不等。材料需要生漆、黑漆、蛋白或糯米粉、金粉或金箔等。工具需要刮刀、砂纸、圭笔、吹风机、电窑炉、美工刀等。

十四、临川结绳技艺

临川结绳技艺入选抚州市第六批非物质文化遗产传统技艺类，主要代表性传承人是张小娟（1985~ ）。取材由苎麻、稻草、藤、棕演变成如今的棉线、丝线、多彩棉线等。可编出上百种图案，还可结编成莲花、帽子、花架、香包、车挂、动物等复杂物件，如手链、脚链、毛衣链、粽子、花生、金鱼、青蛙等。凡眼所见，皆可编织。基础绳结大约有20余种，简单的绳结有金刚结、蛇结、雀头结、中国结、吉祥结等，复杂的绳结有袈裟结、双边吉祥结、如意结、同心结、桂花结、桃花结、双边金钱结、曼陀罗结、双钱结、玉米结等。简易的结通过延伸、叠加等方式可演变为复杂的结。如单边金钱结可演变为双边金钱结，雀头结可演变为莲花线圈；金钱结可演变为祥云结。随着市场需求和审美需求的变化，结绳技艺并不是单一存在，而是与玉石相配，制作成挂绳、装饰、手串等。

十五、宜黄古琴斫制技艺

宜黄古琴斫制技艺入选抚州市第六批非物质文化遗产传统技艺类。据宜黄县凤冈镇封氏祖谱记载，封氏祖先"善制七弦琴"。七弦琴即古琴，也称"瑶琴"，别称"绿绮""丝桐"等。封氏家族世代以木工为生，至晚清封沛兰时，为逃避战乱，游历至河南濮阳学会了古琴演奏及斫制技艺，后在家族内部传承，至今已传至第五代封益华（1987~ ）。古琴斫制流程繁杂，工序如下：

1. 选材。选百年以上老杉木、青桐木（老房梁、老房柱）为面板，百年以上老梓木（老房子拆下来的旧木料）为底板。2. 锯形。有仲尼式、伏羲式、连珠式、录珠式、落霞式等50余种。3. 配底板。4. 挖槽腹。在面板腹部初挖2厘米，形成"发声腔"。5. 粗刨琴面。将琴面刨成弧度面。6. 精刨琴面。厚度一般在4.2厘米，小头在 3.8 厘米。7. 做低头。整体刨到厚度为 4.2 厘米，大头部刨成 2.8 厘米，低头部分单独刨薄，使琴弦不过高。8. 装配件。将岳山、承露、大冠角、龙吟、小冠角、云托、轸池、雁足预装在琴体上。9. 装护轸。将香樟木制成马蹄形黏合在底板上。10. 上漆。分别用 40、60 目鹿角霜和生漆按 1∶1 比例掺和，刮在琴上，厚度为 1 毫米，然后用 120 目砂纸打磨平整，再上第三道灰胎。用 80 目鹿角霜、生漆、矿物原料（朱砂、绿松石、珍珠粉、黑曜石粉等）掺和，均按 1∶1 比例调好，刮在琴体上。第四道打磨平整，用 100 目鹿角霜、生漆按 1∶1 比例调好，刮在琴体上。11. 确定雁足。用生漆、鹿角霜、灰胎黏合。12. 刷面漆。将纯生漆刷在琴体上，第一、第二道堵琴面更细微的毛孔，阴干一周左右，再打磨，看琴面效果，上第三道面漆，甚至第四、第五道。13. 精磨配件定琴弦眼。用 120 目到 600 目砂纸对承露、岳山等进行精磨，确定七根弦的琴眼位置打孔装弦。

抚州市拥有多项璀璨的非物质文化遗产，是古今时代融合的物质体现、传统技艺和现代审美结合的工艺体现、民俗文化和材料碰撞的匠心体现。这些非物质文化遗产在金属、陶瓷、雕刻、编织等不同材料的技术、造型、纹饰上创新优化，融入手艺人的理解，形成独具地域特色的艺术风格。这些非物质文化遗产的强手工性呈现了抚州地区民俗物质生活生产的时代缩影，不仅是技艺的延续，更是抚州地区历史、文化、生活方式的传承。

第十二章
抚州名胜遗址

> 抚州是著名的历史文化名城，其中如乐安流坑古村等 17 处历史遗址被列为全国重点文物保护单位，陆象山墓、汤显祖墓等 87 处遗址被列为省级文物保护单位，孝义桥、正觉寺等 83 处遗址被列为市级文物保护单位，另外抚州还有 696 处县级文物保护单位。抚州历史风貌和文化遗存丰富，文物古迹众多。本章主要介绍抚州名胜遗址的基本情况，并重点介绍灵谷峰、拟岘台、麻姑山、万寿宫、正觉寺、曹山寺等名胜遗址。

第一节　抚州名胜遗址概览

2022 年 1 月，国务院在《关于同意将江西省抚州市列为国家历史文化名城的批复》中指出："抚州市历史悠久、文化厚重，地域文化特色鲜明，传统格局、历史风貌和文化遗存丰富，文物古迹众多，具有重要的历史文化价值。"抚州有众多历史积淀厚重、文化内涵深刻的名胜遗址，承载着抚州二千多年的历史风雨，是抚州文化代代传承的有力见证。虽然有些遗址仅存断壁残垣，但也是我们看得见山、望得见水、记得住乡愁的永恒承载。现将抚州市 17 处全国重点文物保护单位、87 处省级文物保护单位、83 处市级文物保护单位名列如表 12-1、表 12-2、表 12-3。该表覆盖了位于抚州市辖 12 个区县重要的古建筑、古墓葬、古遗址、石窟寺、石刻和近现代重要史迹及代表性建筑。

表 12-1 抚州市全国重点文物保护单位（17 处）

名称	地域	类别	年代	获批时间	地点
流坑古建筑群	乐安县	古建筑	明清	2001	牛田镇流坑村
抚州玉隆万寿宫	市辖区	古建筑	清	2013	大公东路
明益藩王墓地	南城县	古墓葬	明	2013	洪门镇庄上村
万年桥和聚星塔	南城县	古建筑	明	2013	建昌镇万年村
白舍窑遗址	南丰县	古遗址	宋	2013	白舍镇白舍村的丘陵地带
龙图学士和刺史传芳牌楼门	乐安县	古建筑	明清	2013	罗陂乡水溪村
谭纶墓	宜黄县	古墓葬	明	2013	二都镇连前村
宝山金银矿冶遗址	金溪县	古遗址	唐	2013	秀谷镇北门村
驿前石屋里民宅	广昌县	古建筑	清	2013	驿前镇驿前村大港下 19 号
浒湾书坊建筑群	金溪县	古建筑	清	2019	浒湾镇疏山社区、书铺社区
中央苏区第四次反"围剿"战役遗址——左坊红一方面军总部旧址	金溪县	古建筑	清	2019	左坊镇后龚村
湖坊中共闽赣省委、省革委、省军区旧址	黎川县	古建筑	清	2019	湖坊乡老街
中央苏区第四次反"围剿"战役遗址（登仙桥大捷旧址）	乐安县	近现代重要史迹及代表性建筑	1933	2019	谷岗乡登仙桥村
大司马牌坊	宜黄县	古建筑	明	2019	凤岗镇谭坊桥下村
锅底山遗址	宜黄县	古遗址	新石器时代晚期至周	2019	宜黄县棠阴镇大坪上村
棠阴古建筑群	宜黄县	古建筑	明至清	2019	棠阴镇
驿前奎壁联辉民宅	广昌县	古建筑	清代	2019	驿前镇驿前居委会希望路 29 号旁

表 12-2　抚州市省级文物保护单位（87 处）

名称	地域	类别	年代	获批时间	地点
汤显祖墓	市辖区	古墓葬	明	1957	环城路市人民公园内
潮音洞石龛窟	南城县	石窟寺及石刻	明	1987	万坊镇伏牛村
麻姑山石刻	南城县	古建筑	明清	1987	麻姑山
太平桥	南城县	古建筑	清	1987	建昌镇
王氏宗祠	南城县	古建筑	清	1987	沙洲镇临坊村
尧坊大夫第	南城县	古建筑	清	1987	天井源乡尧坊村
磁圭红三军团指挥部旧址（环山草堂）	南城县	古建筑	清	1987	株良镇红米丘村
乐史墓	崇仁县	古墓葬	宋	1987	三山乡张家村委会官山村凤凰窠
相山石塔	崇仁县	古建筑	明	1987	相山镇凤岗村委会苔洲村小组
石经幢	崇仁县	古建筑	明	1987	相山镇罕浒村委会罕浒村小组
董裕墓	乐安县	古墓葬	明	1987	招携镇瓦子场村禄元村小组
王氏宗祠	东乡区	古建筑	清	2000	黎圩镇上池村
陆象山墓	金溪县	古墓葬	宋	2000	陆坊乡青田村
仰山书院	金溪县	古建筑	清	2000	秀谷镇王家巷 16 号
红一方面军总前委会议旧址暨毛泽东同志旧居、高虎脑战役红军指挥部旧址	广昌县	古建筑	清	2000	盱江镇清水村沙子岭
洲湖大夫第	黎川县	古建筑	清	2006	华山垦殖场洲湖村
白浒窑古遗址	临川区	古遗址	隋唐	2006	温泉镇白浒窑村
万魁塔	临川区	古建筑	明	2006	展坪乡石港村
水南"继序其皇"坊式门楼	乐安县	古建筑	清	2006	牛田镇水南村
红一方面军大湖坪整编旧址	乐安县	近现代重要史迹及代表性建筑	1933	2006	湖坪乡东山村
高云塔	资溪县	古遗址	明	2006	高阜镇高阜村北
清吸盱源民居	广昌县	古建筑	清	2006	驿前镇驿前村横街 71 号
世宦祠	东乡区	古建筑	清	2018	黎圩镇上池村
浯溪古建筑群——王廷垣官厅	东乡区	古建筑	明清	2018	黎圩镇浯溪村

续表

名称	地域	类别	年代	获批时间	地点
万石塘红十军指挥部旧址	东乡区	古建筑	清	2018	瑶圩乡万石塘村
文昌桥	市辖区	古建筑	清	2018	抚州市城东
腾桥牌坊群（含黄作牌坊、曾栋牌坊、厚源节孝坊）	临川区	古建筑	明至清	2018	腾桥镇厚源村委会、兰溪村委会
荣山十字街古建筑群（含花六庄、州司马第、外翰第、登科第、儒林第、日升川至宅）	临川区	古建筑	明至清	2018	荣山镇新街村、荣山村
河埠周家民居群（含爱莲第、川岳呈祥、平园世泽、理学名家、双溪汇秀）	临川区	古建筑	清	2018	河埠乡周家村
梦港石桥（含桥亭）	临川区	古建筑	明	2018	嵩湖乡下聂村
李井泉故居	临川区	近现代重要史迹及代表性建筑	清	2018	唱凯镇仓下村
黎川孔庙	黎川县	古建筑	清	2018	日峰镇东方红大道黎川第一中学校园内
黎川商会旧址（含龙岗会馆）	黎川县	古建筑	清	2018	黎川明清老街商会巷（光巷11号）
日峰红七军团指挥部、政治部旧址	黎川县	古建筑	清	2018	日峰镇篁竹街潘家大屋、畅园
张恨水故居	黎川县	古建筑	清	2018	日峰镇新丰桥巷10号
资福塔	黎川县	古建筑	宋	2018	荷源乡资福村西北山坡上
妙法寺塔墓群	黎川县	古墓葬	清	2018	湖坊乡石陂村桥头村小组妙法寺后山，距黎川县城20千米
洲湖闽赣省财政部旧址	黎川县	古建筑	清	2018	华山垦殖场洲湖村下陈自然村老街东端北侧
洵口张氏家庙及照壁	黎川县	古建筑	清	2018	洵口镇老街

续表

名称	地域	类别	年代	获批时间	地点
琴城古建筑群	南丰县	古建筑	清	2018	琴城镇胜利路181号、下水关老牌4号、盱江西路75号、直钟巷43号、府官巷8号——12号
石邮傩神庙	南丰县	古建筑	清	2018	三溪乡石邮村南边
洽湾村苏维埃政府暨游击队驻地旧址（洽湾胡氏宗祠）	南丰县	古建筑	清	2018	洽湾镇洽湾村码口街西洽湾胡氏宗祠、仁寿宫
港下关帝殿与卡亭	南丰县	古建筑	清	2018	付坊乡港下村
南丰城墙	南丰县	古遗址	明至清	2018	琴城镇盱江东路下水关关口、胜利路末端城关、老城区、南端临河、上水关口。
曾巩读书岩	南丰县	古遗址	北宋	2018	琴城镇桥背村河东21号
康都会议旧址	南丰县	近现代重要史迹及代表性建筑	1931	2018	太和镇康都村
石邮红军总政治部旧址	南丰县	近现代重要史迹及代表性建筑	1933	2018	三溪乡石邮村外围11号
古竹红三军团前线指挥部旧址	南丰县	近现代重要史迹及代表性建筑	1934	2018	白舍镇古竹村村口梅居公祠
贯巢红一方面军前委旧址	南丰县	近现代重要史迹及代表性建筑	1931	2018	市山镇贯巢村
相山道观遗址	崇仁县	古遗址	南宋	2018	相山镇相山两处山顶
三川桥	崇仁县	古建筑	清	2018	许坊乡三川桥村委会院前村小组
塅家车节孝坊	崇仁县	古建筑	清	2018	河上镇陈村村委会塅家车村小组
东山红一方面军指挥部旧址	崇仁县	近现代重要史迹及代表性建筑	清	2018	相山镇陈坊村委会东山村小组

续表

名称	地域	类别	年代	获批时间	地点
科甲丛芳牌坊	乐安县	古建筑	明	2018	龚坊镇同富村
上罗邓氏祠	乐安县	古建筑	清	2018	万崇镇上罗村
蓝科进公祠	乐安县	古建筑	清	2018	金竹畲族乡流舍村丰坪村
善和红五军团指挥部旧址（含红五军团联络处旧址（龙藻先生公祠）、红五军团六师团师团部旧址（永思公祠和濂溪世裔坊））	乐安县	近现代重要史迹及代表性建筑	1933	2018	湖坪乡善和大元村、长富村
金竹毛泽东旧居	乐安县	近现代重要史迹及代表性建筑	1930	2018	金竹畲族乡金竹村上屋村小组
罗陂农民协会旧址	乐安县	近现代重要史迹及代表性建筑	1930	2018	罗陂乡罗陂村
曹山寺墓塔群	宜黄县	古墓葬	唐至清	2018	曹山寺
南坑仁和仙桥	宜黄县	古建筑	清嘉庆五年（1800）	2018	南源乡夺中村
欧阳竟无宅	宜黄县	古建筑	清末至民国	2018	南门路10号
东陂红一方面军总部旧址	宜黄县	近现代重要史迹及代表性建筑	1933	2018	东陂镇黄柏岭村
棠阴红一军团指挥部旧址	宜黄县	近现代重要史迹及代表性建筑	1933	2018	棠阴镇民主村
中港红五军团指挥部旧址	宜黄县	近现代重要史迹及代表性建筑	1933	2018	中港镇三村、龙岗村

续表

名称	地域	类别	年代	获批时间	地点
里窑窑址	金溪县	古遗址	宋元	2018	左坊镇清江委会、里窑村、青江村
金溪宗祠群	金溪县	古建筑	明清	2018	金溪县
金溪明代牌楼门	金溪县	古建筑	明	2018	金溪县
金溪古庙群	金溪县	古建筑	明清	2018	金溪县
金溪官厅群	金溪县	古建筑	明清	2018	金溪县
竹桥村古建筑群	金溪县	古建筑	明清	2018	双塘镇竹桥村
浒湾古建筑群	金溪县	古建筑	清	2018	浒湾镇疏山社区、书铺社区
南山与彭家山战斗红三军团指挥部旧址	金溪县	古建筑	明清	2018	左坊镇后车村
大仙岭战斗红一军团前沿指挥所旧址	金溪县	古建筑	清	2018	浒湾镇浒湾村
嵩市红一、三军团指挥部旧址	资溪县	古遗址	1933	2018	嵩市镇高陂村
高阜红七军团指挥部旧址	资溪县	古墓葬	1933	2018	高阜镇高阜村北
资溪事件革命烈士墓（含纪念碑）	资溪县	近现代重要石窟寺及石刻	1951	2018	鹤城镇司前北
下张党支部旧址	资溪县	古建筑	1927	2018	马头山镇下张村
罗家堡红九军团指挥部旧址	广昌县	古建筑	清	2018	甘竹镇罗家村罗家堡36号
雯峰书院	广昌县	古建筑	明	2018	甘竹镇龙溪村饶家堡
尖峰红一军团指挥部旧址	广昌县	古建筑	清	2018	尖峰乡双湖村中屋下
下关中革军委会议旧址	广昌县	近现代重要史迹及代表性建筑	民国	2018	头陂镇头陂村下关19号旁
驿前红四军指挥部旧址（迎薰民居、秘书袭庆民居、云衢公厅堂）	广昌县	古建筑	清	2018	驿前镇驿前村下街80号、广昌县驿前镇驿前村横街109号、广昌县驿前镇驿前村横街
金鳌鱼民居	广昌县	古建筑	清	2018	驿前镇驿前村横街
奉先思孝祠堂	广昌县	古建筑	清	2018	驿前镇驿前村大港下53号旁

续表

名称	地域	类别	年代	获批时间	地点
驿前大跃进壁画	广昌县	古建筑	清	2018	驿前镇驿前村下街7号
高虎脑战斗遗址群（高虎脑红军烈士纪念碑、戏台下红军宿营地、红军将领陈阿金烈士墓、万年亭红三军团司令部旧址及标志牌、蜡烛形红军战场遗址、大岭隔红军战场战壕遗址）	广昌县	近现代重要史迹及代表性建筑	1934	2018	驿前镇贯桥村戏台下村小组、广昌县驿前镇贯桥村楮树坑村村小组、广昌县驿前镇麻坑村河上村小组蜡烛形山

表12-3　抚州市市级文物保护单位（83处）

名称	地域	类别	年代	获批时间	地点
上源汉墓群	市辖区	古墓葬	汉至南朝	2001	抚北镇上源村
金柅园与绣花楼	市辖区	古建筑	唐	2001	抚州一中校内
孝义桥	市辖区	古建筑	清	2001	抚州市洋洲
天主堂	市辖区	古建筑	清	2001	大公东路
祝徽故居	市辖区	古建筑	明	2001	钟岭祝家村
陈家祠堂群	市辖区	古建筑	清	2001	钟岭陈家村
"石门厅"民居	市辖区	古建筑	明	2001	钟岭陈家村
正觉寺	市辖区	古建筑	唐	2001	市区横街
汝东园民居群	市辖区	古建筑	清	2001	文昌办事处汝东园
"大夫第"民居（23号）	市辖区	古建筑	清	2001	市区六水桥
玉湖民居	临川区	古建筑	明—清	2001	东馆镇
吴与弼墓	崇仁县	古墓葬	明	2001	六家桥乡曹坊村委会店下吴家村小组
黄法氍墓	乐安县	古墓葬	南朝梁	2001	鳌溪镇案山村
东川陈家村民居群	乐安县	古建筑	清	2001	鳌溪镇东坑村
乐史木牌楼	宜黄县	古建筑	宋	2001	黄陂镇霍源村

续表

名称	地域	类别	年代	获批时间	地点
驿前民居群（君子攸宁民居、赖瑛宗祠、亦忱甫居民居、龙峰拱秀民居）	广昌县	古建筑	清	2001	驿前镇驿前村下街137号旁、驿前镇驿前村下街137号对面、驿前镇驿前村大港下53号、驿前镇驿前村下街117号
汤显祖墓原址及砚池	市辖区	古建筑	明	2006	文昌桥东端南侧灵芝山
王右军洗墨池	市辖区	古建筑	东晋	2006	文昌桥西端州学岭
"拟岘台"遗址	市辖区	古遗址	北宋	2006	荆公路中段（市自来水公司至68号一带地段）
"荆国公祠"遗址	市辖区	古遗址	宋	2006	荆公路中段（邓家巷一带地段）
河西古文化遗址	临川区	古遗址	商周	2006	上顿渡镇丁家村委会
陈际泰墓	临川区	古墓葬	明	2006	鹏田乡陈坊村西北750米
陈坊民居	临川区	古建筑	明	2006	鹏田乡陈坊村
将军殿	临川区	古建筑	明	2006	嵩湖乡曹家村委会叶坊岭
揭氏宗祠	临川区	古建筑	明	2006	湖南乡山塘村委会揭家村
荣山十字街古建筑群	临川区	古建筑	明清	2006	荣山镇新街村委会、荣山村委会
文魁公祠、徐氏大祠	临川区	古建筑	明	2006	湖南乡邓坊洲徐家村
聂氏宗祠	临川区	古建筑	明	2006	嵩湖乡上聂村委会
恩光、恩荣、龙光门楼	东乡区	古建筑	清	2006	黎圩镇桥西上位、中位、下位村
艾南英旧宅	东乡区	古建筑	清	2006	岗上积镇
金水桥	南城县	古建筑	明	2006	建昌镇县幼儿园
活水亭桥	南城县	古建筑	宋	2006	上唐镇源头村
沸珠泉	南城县	古建筑	清	2006	上唐镇东湖村
横港桥	黎川县	古建筑	清	2006	篁竹村境内，位于社苹水、德胜水汇纳黎滩河的入口处
新丰桥	黎川县	古建筑	清	2006	城南津街（今人民路中段）与篁竹街北岸间，社苹水入黎滩河与熊村水汇合处之上首
曾巩家族墓	南丰县	古墓葬	宋	2006	莱溪乡杨梅坑村崇觉寺一带，周家堡村后北约300米

续表

名称	地域	类别	年代	获批时间	地点
世尚义坊	崇仁县	古建筑	明	2006	相山镇林头村
汤溪宝塔	崇仁县	古建筑	明	2006	马鞍镇汤溪村
贡公祠堂	崇仁县	古建筑	明	2006	相山镇浯漳村
水南万寿宫	乐安县	古建筑	清	2006	牛田镇水南村
南村邓小平旧居	乐安县	近现代重要史迹及代表性建筑	1933	2006	南村乡南村村
胡用先墓	乐安县	古墓葬	清	2006	龚坊镇浯塘村
日字堂	宜黄县	古建筑	明	2006	棠阴镇下街西巷
游垫古建筑群	金溪县	古建筑	清	2006	合市镇游垫村
竹桥古建筑群	金溪县	古建筑	清	2006	双塘镇竹桥村
榜眼第	广昌县	古建筑	明	2006	甘竹镇龙溪村饶家堡
鞍山坝明青花瓷窑窑址	广昌县	古遗址	明	2006	驿前镇赤岭村宋代家14号旁
千金陂遗址	市辖区	古建筑	唐	2017	抚河河道与干港交汇处
黄塘桥	市辖区	古建筑	明	2017	梦港河水闸西南
宝应寺古井	市辖区	古建筑	唐	2017	荆公路与梵罗山路交叉口
沙井	市辖区	古建筑	明	2017	赣东大道与穆堂路交叉口
兴鲁书院遗址	市辖区	古建筑	宋至清	2017	兴鲁坊路临川六中校园内
胡家大院	市辖区	古建筑	清	2017	六水桥路30号
州学岭23号民居	市辖区	古建筑	清	2017	州学岭路23号
州学岭雷家大夫第	市辖区	古建筑	清	2017	州学岭路50号
州学岭王家大夫第	市辖区	古建筑	清	2017	州学岭路46号
唐家巷大夫第民居	市辖区	古建筑	清	2017	荆公路办事处唐家巷1号
壳子巷双峰第民居	市辖区	古建筑	清	2017	荆公路办事处壳子巷3号
杨家大院（都尉第）	市辖区	古建筑	清	2017	荆公路办事处杨家巷3号
梵罗山俞家大院	市辖区	古建筑	清	2017	梵罗山路16号
梵罗山大夫第民居	市辖区	古建筑	清	2017	梵罗山路15号
邓氏宗祠	市辖区	古建筑	清	2017	邓家巷1号
延陵世家	市辖区	古建筑	清	2017	邓家巷3号

续表

名称	地域	类别	年代	获批时间	地点
箕颖流芳民居	市辖区	古建筑	清	2017	文昌里榔树下17号
西平世泽民居	市辖区	古建筑	清	2017	文昌里刘家井4号
天成居民居	市辖区	古建筑	清	2017	文昌里郭家湾4号
兴德园民居	市辖区	古建筑	清	2017	文昌里郭家湾3号
如云居民居	市辖区	古建筑	清	2017	文昌里郭家湾6号北侧
仁义居民居	市辖区	古建筑	清	2017	文昌里李家巷11号
汝东园3号民居	市辖区	古建筑	清	2017	文昌里汝东园3号
家传有道民居	市辖区	古建筑	清	2017	文昌里自立巷3号
高士第民居	市辖区	古建筑	清	2017	文昌里自立巷4号
福建会馆	市辖区	古建筑	清	2017	文昌里河东湾16号
积庆宫	市辖区	古建筑	清	2017	文昌里河东湾16-1号
江陵毓秀民居	市辖区	古建筑	清	2017	文昌里刘家井3号
横街民居	市辖区	古建筑	清	2017	文昌里横街75-1号
官沟上26号民居	市辖区	古建筑	民国	2017	文昌里官沟上26号
官沟上28号民居	市辖区	古建筑	民国	2017	文昌里官沟上28号
官沟上32号民居	市辖区	古建筑	民国	2017	文昌里官沟上32号
官沟上33号民居	市辖区	古建筑	民国	2017	文昌里官沟上33号
扶风世家民居	市辖区	古建筑	民国	2017	文昌里东乡仓21-23号
吾爱吾庐民居	市辖区	古建筑	民国	2017	文昌里刘家井1号
广丰米厂	市辖区	古建筑	民国	2017	文昌里李家巷15号
上源汉墓群	市辖区	古墓葬	汉至南朝	2001	抚北镇上源村
金柅园与绣花楼	市辖区	古建筑	唐	2001	抚州一中校内
孝义桥	市辖区	古建筑	清	2001	抚州市洋洲
天主堂	市辖区	古建筑	清	2001	大公东路
祝徽故居	市辖区	古建筑	明	2001	钟岭祝家村
陈家祠堂群	市辖区	古建筑	清	2001	钟岭陈家村
"石门厅"民居	市辖区	古建筑	明	2001	钟岭陈家村
正觉寺	市辖区	古建筑	唐	2001	市区横街
汝东园民居群	市辖区	古建筑	清	2001	文昌办事处汝东园

续表

名称	地域	类别	年代	获批时间	地点
"大夫第"民居（23号）	市辖区	古建筑	清	2001	市区六水桥
玉湖民居	临川区	古建筑	明清	2001	东馆镇
吴与弼墓	崇仁县	古墓葬	明	2001	六家桥乡曹坊村委会店下吴家村小组
黄法氍墓	乐安县	古墓葬	南朝梁	2001	鳌溪镇案山村
东川陈家村民居群	乐安县	古建筑	清	2001	鳌溪镇东坑村
乐史木牌楼	宜黄县	古建筑	宋	2001	黄陂镇霍源村
驿前民居群（君子攸宁民居、赖瑛宗祠、亦忧甫居民居、龙峰拱秀民居）	广昌县	古建筑	清	2001	驿前镇驿前村下街137号旁、驿前镇驿前村下街137号对面、驿前镇驿前村大港下53号、驿前镇驿前村下街117号
汤显祖墓原址及砚池	市辖区	古建筑	明	2006	文昌桥东端南侧灵芝山
王右军洗墨池	市辖区	古建筑	东晋	2006	文昌桥西端州学岭
"拟岘台"遗址	市辖区	古遗址	北宋	2006	荆公路中段（市自来水公司至68号一带地段）
"荆国公祠"遗址	市辖区	古遗址	宋	2006	荆公路中段（邓家巷一带地段）
河西古文化遗址	临川区	古遗址	商周	2006	上顿渡镇丁家村委会
陈际泰墓	临川区	古墓葬	明	2006	鹏田乡陈坊村西北750米
陈坊民居	临川区	古建筑	明	2006	鹏田乡陈坊村
将军殿	临川区	古建筑	明	2006	嵩湖乡曹家村委会叶坊岭
揭氏宗祠	临川区	古建筑	明	2006	湖南乡山塘村委会揭家村
荣山十字街古建筑群	临川区	古建筑	明清	2006	荣山镇新街村委会、荣山村委会
文魁公祠、徐氏大祠	临川区	古建筑	明	2006	湖南乡邓坊洲徐家村
聂氏宗祠	临川区	古建筑	明	2006	嵩湖乡上聂村委会
恩光、恩荣、龙光门楼	东乡区	古建筑	清	2006	黎圩镇桥西上位、中位、下位村
艾南英旧宅	东乡区	古建筑	清	2006	岗上积镇
金水桥	南城县	古建筑	明	2006	建昌镇县幼儿园
活水亭桥	南城县	古建筑	宋	2006	上唐镇源头村
沸珠泉	南城县	古建筑	清	2006	上唐镇东湖村

续表

名称	地域	类别	年代	获批时间	地点
横港桥	黎川县	古建筑	清	2006	篁竹村境内，位于社苹水、德胜水汇纳黎滩河的入口处
新丰桥	黎川县	古建筑	清	2006	城南津街（今人民路中段）与篁竹街北岸间，社苹水入黎滩河与熊村水汇合处之上首
曾巩家族墓	南丰县	古墓葬	宋	2006	莱溪乡杨梅坑村崇觉寺一带，周家堡村后北约300米
世尚义坊	崇仁县	古建筑	明	2006	相山镇林头村
汤溪宝塔	崇仁县	古建筑	明	2006	马鞍镇汤溪村
贡公祠堂	崇仁县	古建筑	明	2006	相山镇浯漳村
水南万寿宫	乐安县	古建筑	清	2006	牛田镇水南村
南村邓小平旧居	乐安县	近现代重要史迹及代表性建筑	1933	2006	南村乡南村村
胡用先墓	乐安县	古墓葬	清	2006	龚坊镇浯塘村
日字堂	宜黄县	古建筑	明	2006	棠阴镇下街 西巷
游垫古建筑群	金溪县	古建筑	清	2006	合市镇游垫村
竹桥古建筑群	金溪县	古建筑	清	2006	双塘镇竹桥村
榜眼第	广昌县	古建筑	明	2006	甘竹镇龙溪村饶家堡
鞍山坝明青花瓷窑窑址	广昌县	古遗址	明	2006	驿前镇赤岭村宋代家14号旁
千金陂遗址	市辖区	古建筑	唐	2017	抚河道与干港交汇处
黄塘桥	市辖区	古建筑	明	2017	梦港河水闸西南
宝应寺古井	市辖区	古建筑	唐	2017	荆公路与梵罗山路交叉口
沙井	市辖区	古建筑	明	2017	赣东大道与穆堂路交叉口
兴鲁书院遗址	市辖区	古建筑	宋至清	2017	兴鲁坊路临川六中校园内
胡家大院	市辖区	古建筑	清	2017	六水桥路30号
州学岭23号民居	市辖区	古建筑	清	2017	州学岭23号
州学岭雷家大夫第	市辖区	古建筑	清	2017	州学岭路50号
州学岭王家大夫第	市辖区	古建筑	清	2017	州学岭路46号

续表

名称	地域	类别	年代	获批时间	地点
唐家巷大夫第民居	市辖区	古建筑	清	2017	荆公路办事处唐家巷1号
壳子巷双峰第民居	市辖区	古建筑	清	2017	荆公路办事处壳子巷3号
杨家大院（都尉第）	市辖区	古建筑	清	2017	荆公路办事处杨家巷3号
梵罗山俞家大院	市辖区	古建筑	清	2017	梵罗山路16号
梵罗山大夫第民居	市辖区	古建筑	清	2017	梵罗山路15号
邓氏宗祠	市辖区	古建筑	清	2017	邓家巷1号
延陵世家	市辖区	古建筑	清	2017	邓家巷3号
箕颖流芳民居	市辖区	古建筑	清	2017	文昌里椰树下17号
西平世泽民居	市辖区	古建筑	清	2017	文昌里刘家井4号
天成居民居	市辖区	古建筑	清	2017	文昌里郭家湾4号
兴德园民居	市辖区	古建筑	清	2017	文昌里郭家湾3号
如云居民居	市辖区	古建筑	清	2017	文昌里郭家湾6号北侧
仁义居民居	市辖区	古建筑	清	2017	文昌里李家巷11号
汝东园3号民居	市辖区	古建筑	清	2017	文昌里汝东园3号
家传有道民居	市辖区	古建筑	清	2017	文昌里自立巷3号
高士第民居	市辖区	古建筑	清	2017	文昌里自立巷4号
福建会馆	市辖区	古建筑	清	2017	文昌里河东湾16号
积庆宫	市辖区	古建筑	清	2017	文昌里河东湾16-1号
江陵毓秀民居	市辖区	古建筑	清	2017	文昌里刘家井3号
横街民居	市辖区	古建筑	清	2017	文昌里横街75-1号
官沟上26号民居	市辖区	古建筑	民国	2017	文昌里官沟上26号
官沟上28号民居	市辖区	古建筑	民国	2017	文昌里官沟上28号
官沟上32号民居	市辖区	古建筑	民国	2017	文昌里官沟上32号
官沟上33号民居	市辖区	古建筑	民国	2017	文昌里官沟上33号
扶风世家民居	市辖区	古建筑	民国	2017	文昌里东乡仓21-23号
吾爱吾庐民居	市辖区	古建筑	民国	2017	文昌里刘家井1号
广丰米厂	市辖区	古建筑	民国	2017	文昌里李家巷15号

第二节　重点名胜与历史文化名人

一、王羲之与洗墨池

洗墨池,亦称王右军洗墨池,位于抚州市城区文昌桥西端州学岭,呈长方形,其池水色暗黑,相传是晋代大书法家王羲之写字洗笔的水池。

王羲之任临川内史时(335~340),见州学岭地势高昂,临近抚河,视野开阔,风景秀丽,便在这里筑房,号新城。宅内挖有生活用井和练习书法用的洗墨池。由于王羲之练习书法之勤,池水被尽染成黑色。相传,池中还有一种蜥蜴形状的小动物,时露水面,被称为"墨龙"。后世,人们为了纪念大书法家王羲之,在他练习书法的洗墨池旁边立了石碑,其上醒目刻着"晋王右军墨池"六字。对于王羲之与洗墨池之间流传的故事,曾巩也留下了千古名篇《墨池记》。该文介绍了墨池来历,颂扬了王羲之刻苦勤奋的精神,记议交错,见解精警,成为世代传颂的佳作。清顺治九年(1652)进士、临川籍文人李来泰曾有《墨池》诗云:"笔阵曾经洛下闻,临池犹忆右将军。宣和就谱临川帖,贞观兼收紫纸文。溪比兰亭传隽尾,宅从鲁壁问鹅群。余波尚识龙宾气,池上时看五色云。"历经时代变迁,墨池遗迹损毁严重。2002年6月,政府部门重建洗墨池,恢复旧貌,供游人观赏。

二、谢灵运与灵谷峰

抚州灵谷峰,海拔320.6米,范围约6平方千米,此山享有"诗山"之美誉,与东晋大诗人谢灵运密不可分。谢灵运是中国文学史上山水诗派的开创者,元嘉八年(431),谢灵运任临川内史,此后他便与灵谷峰结下了不解之缘。灵谷峰自然景色优美,他经常流连忘返,吟诗作赋,踪迹所至留下灵谷十景——洗墨池、瀑布泉、棋枰石、洒酒泉、南北井、文印峰、退心石、驻云亭、石门关、牛牯石,可谓"中国最早的旅游景区"。后人为纪念这位贤人,把此山取名为"灵谷峰",并在山下建了"灵运祠"。灵谷峰以其绝佳的江南秀美之景,引得众多文人骚客流连忘返,并在此吟诗作赋。王安石赞"吾州之东南,有灵谷者,江南之名山也",使其名声大振。其父王益咏灵谷峰诗有"山光远如画,秋色老于人"之句,汤显祖《灵谷对客》有"秀色红亭春自饶,薜萝闲受小山招。疏窗夜色寒青竹,密苑朝光暖翠条"诗句,赞美灵谷峰的景色。明末清初抚州籍古文家、诗人游东升,曾有九咏灵谷峰

图 12-1　灵谷峰（抚州市融媒体中心陈强/摄）

组诗。

三、千古名楼拟岘台

"占断江西景，临川拟岘台"，这句诗盛赞的拟岘台坐落在抚河之滨，是与岳阳楼、滕王阁齐名的千古名楼，迄今有近千年的历史，九月重阳日落成，由新科进士曾巩为其写记。乡贤王安石《为裴使君赋拟岘台》诗云"君作新台拟岘山，羊公千载得追攀。歌钟殷地登临处，花木移春指顾间"，描写了拟岘台依山傍水的优美风光，歌颂了裴材的人品政绩。台因人美，人以台显，美景美德相互辉映。从此，拟岘台成为抚州郡城第一胜景和江南名胜。南宋著名诗人陆游，于淳熙七年（1180年）任江南路常茶盐公事，其仟所即在临川城区。虽然在抚州任职时间不到一年，陆游却多次登临拟岘台，写下许多赞美拟岘台的诗歌。"雨气分千嶂，江声撼万家。云翻一天墨，浪蹴半空花"（《冒雨登拟岘台观江涨》），描写拟岘台上看抚河水涨，浪涛震天的壮阔画面。而《登拟岘台》中"萦回水抱中和气，平远山如酝藉人"，又展现抚河的温馨亲切。怪不得陆游感叹"我行万里跨秦吴，此地固应名二绝"（《拟岘台观雪》）。明朝徐霖诗句也盛赞"何人拟岘筑高台，千里风烟卷画开"。虞集、汤显祖、八大山人等历史名人也都在此留下了光辉的篇章，流传下来的有记有11篇，赋2篇，诗100多首。因此，拟岘台自古就有德政台、文化台的美誉。

图12-2 拟岘台（抚州市融媒体中心陈强/摄）

拟岘台在历史上曾经历过多次重修。2009年9月，拟岘台第七次迁地重建。重建后的拟岘台为江南典型风格的仿宋建筑，其台基两层，阁楼五层，楼高49.9米，底长80.08米，建筑面积1.1万平方米，得汝水之境，钟灵之秀，文化之韵。它兼具滕王阁之才美、岳阳楼之俊秀、黄鹤楼之逍遥、古代拟岘台的雄姿，成为抚州城区标志性景观建筑。

四、颜真卿与麻姑山

麻姑山位于江西省抚州市南城县，离县城十余里，其主峰海拔1176米，盛夏时节与山下温差8~10℃，面积46平方千米。它以俊秀奇丽的自然景观和博大深厚的文化底蕴闻名于世，自古以来就是我国东南儒、释、道三教活动中心和避暑游览养生健身的胜地。

每一座山都离不开其景，也离不开其文化或背后的名人。麻姑山，有着令其大有名气的麻姑仙子。她是寓意"长寿"的女仙。麻姑山山势秀丽，万木葱茏，鸟语花香，物产丰富，其风景名胜区分为仙坛胜境景区、麻源三谷景区、丹霞福地景区、竹海松涛景区和醉仙湖景区等五大景区。其自然风光资源丰富，有一溪、二洞、三瀑、四潭、十二泉、三十六峰等。著名景点有奇特壮观的飞瀑"玉练双飞"、千古流芳的"鲁公碑"，还有"半山亭""仙都观""神功泉""龙门桥""丹霞洞"

图 12-3　麻姑山（抚州市人民政府官网）

等。此外，麻姑山还是宗教名山，它是我国东南道教圣地。在"道佛一家"的思想基础上，麻姑山又成了佛教传播胜地。

在麻姑山留下的众多文化遗迹中，最著名的当推颜真卿的《有唐抚州南城县麻姑山仙坛记》（简称《麻姑山仙坛记》），文章扼要记述了麻姑山仙女和仙人王平方在麻姑山蔡经家里相会的神话故事，以及麻姑山道人邓紫阳奏立麻姑庙的经过。全文仅九百余字，布局大气，开阔雄壮，笔力刚健，大气磅礴，一气呵成，被历代书家誉之为"天下第一楷书"。《麻姑山仙坛记》书成后，成为历代书家临摹研习的范本，柳公权、苏轼、黄庭坚、蔡襄等一代名家，都受过其影响。它还被刻于麻姑山仙都观里的鲁公碑上，后人又在碑背镌刻了卫夫人、褚遂良、虞世南、欧阳询、薛稷、柳公权、李邕等人的楷书。此后，不少郡邑名门贵族、文人墨客以上麻姑山一睹"鲁公碑"为乐事。

麻姑山更是文化名山。南北朝时期，诗人谢灵运曾在此借景抒怀。北宋思想家李觏曾在麻姑山"十贤堂"讲学，各地学生蜂拥而至。北宋宰相晏殊在其诗《游麻姑》中表现出对麻姑山秀美景致的流连忘返和美好心境。文天祥、李纲曾任仙都观主管。唐代大诗人白居易贬江州司马（今江西九江）时，曾游历临川、南城，对麻姑山更是情有独钟。其《麻姑山》一诗云："籍庭云色卷青山，昔有真人种得仙。金骨已随鸾驭去，古坛犹在石岩边。鸟啼花笑空朝日，树高松老积岁年。愿学麻姑长不老，擗麟开宴话桑麻。"而唐代诗人刘禹锡在贬官期间也游历临川、南城，其《麻姑山》诗云："曾游仙迹见丰碑，除却麻姑更有谁。云盖青山龙卧处，日临丹洞鹤归时。霜凝上界花开晚，月冷中天果熟迟。人到便须抛世事，稻田还拟种灵芝"。诗句足以体现刘禹锡游览麻姑山时的洒脱开阔心境。此外，李商隐、杨万里等不少仕宦文人都登咏过麻姑山，共留下历代名人序、记、诗、赋900余首（篇）。

五、抚州玉隆万寿宫

抚州玉隆万寿宫坐落于抚州市历史文化街区文昌里，前身是"许仙祠"，为纪念东晋道教大师许逊而兴建，后改为"玉隆万寿宫"，简称"万寿宫"。

许逊，字敬之，道号真君，祖籍河南许昌，生于南昌县长定乡益广坡，"净明忠孝"宗的创始人。晋武帝太康元年（280），许逊被诏为蜀郡旌阳县令，后因政局动乱，弃官东归，周游江南诸郡，兴修水利，除灭毒害，孟浩然、范成大、王安石、曾巩等对其多有赞颂。

抚州玉隆万寿宫，号"玉隆别境"，又称"抚州会馆"，始建于明代，现存建筑为清代重修，是道教文化、商帮文化的重要见证（图12-4）。它规模宏大，技法精良，是江西省保存最好的、仅存的单体结构面积最大的古建筑群之一。2013年被列入国家级重点文物保护单位。2016年国家文物局拨资修缮"抚州玉隆万寿宫"，于

图12-4　玉隆万寿宫（抚州市融媒体中心陈强/摄）

2017年6月修缮一新。

该建筑坐西向东约偏南，长80米，宽约54米，占地面积4320平方米。整体建筑以主要轴线布局，以院落和天井来组织空间。沿轴线从前到后，依次为入口庭院、标志性山门、戏台、观戏厅、旌阳祠（由前厅与正殿组成）、玉皇阁等。厢楼对称分布在戏楼的两侧并连接戏楼空间，配殿火神庙、文兴庵沿轴线分布在旌阳祠的两侧。万寿宫整个院落为面阔三间、进深三进的建筑格局，其中第一进用于古代戏班搭台唱戏；第二进以旌阳殿为主用于举行道教相关仪式；第三进以玉隆阁为主用于商会议事和接待贵宾。

第三节 著名寺庙与名胜遗址

一、正觉寺

正觉古寺始建于唐代，位于抚州临川区东门外的犀牛山，据传建寺前此处地形如同一只犀牛。所以，正觉寺又称"犀牛山正觉寺"。山门前可泊船，寺内池塘莲花婷立，有合抱柏树，门户幽静。据史料记载，正觉寺由南宗八祖马祖道一禅师开基立寺，初称开元寺，至元代改称妙觉寺。寺院初建时不大，但其为马祖道一禅师江西弘法的第一道场，因道风严谨、禅法宏深，四方学者慕名而来，络绎不绝，涌现出一批禅门巨匠。经历代修建扩充，开元寺至宋代已有宏大规模。

正觉寺风景雅致，清同治《临川县志》载，寺前有东湖，与文昌桥头的抚河相通，湖水如镜，杨柳轻拂，非常迷人。历代名人慕名而来，在正觉寺品茗谈禅，吟诗作赋。北宋临川籍文人谢逸游寺之后，则以诗记曰"何处可盘礴，有寺临江皋。门户颇幽邃，野径深蓬蒿"（《正觉寺》）。北宋著名政治家、文学家王安石回乡省亲时，曾数次莅寺游赏，留下《筹龙轩诗》三首。其《题正觉相上人筹龙轩》诗云"风玉萧萧数亩楸，筹龙名为道人留。不须乞米供高士，但与开轩作胜游。此地七贤谁笑傲，何时六逸自赓酬。侵寻衰境心无著，尚有家风似子猷"，表达了追慕先贤道义和传承优良家风的坚定信念。

明代大戏剧家汤显祖祖居临川城东文昌里，与正觉寺寸步之遥，早年居家求学和晚年弃官归家，都经常到正觉寺游览，仅在诗题中点明正觉寺（或正觉院）的就有八首。20岁前后，汤显祖在《孟冬闲步后池园田，偶至正觉寺》中写道："秋日

图 12-5　正觉古寺山门

自孤清,云山好天气。酌水翠凝空,漱石寒犹未",描写了寺前秋日景象。后来,他经常与文友在正觉寺相会,借用禅房读书,或切磋经义,交流心得;或饮酒赋诗,畅谈国是。汤显祖年28岁时,已经历了3次会试落榜的打击,与仕途坎坷的同乡帅机(1537~1595)同病相怜。他写的《与陈汝英送帅郎中,夜饮宿正觉院》《正觉院箬龙轩饮帅大仪得七字》《正觉寺示弟儒祖》三首诗,见证了汤显祖与帅机等文友的深厚友谊。明代思想家、文学家李贽游历抚州时,与汤显祖在正觉寺箬龙轩相会,二人志趣相投,相见恨晚,品尝寺内"醒泉"后赞不绝口,李贽欣然手撰《醒泉铭》直抒胸臆。

正觉寺经历代修建,规模愈趋宏大,至清代进入鼎盛,抗日战争时期曾遭日军严重破坏,抗战胜利后,逐渐修复,"文化大革命"中再次受到损毁。改革开放后,政府落实党的宗教政策,支持加大对正觉寺的维修力度。现今的正觉寺内殿堂达到7座,各种用房90余间,整个寺院占地面积7000余平方米,建筑面积近6000平方米,成为市区内规模宏大的佛教场所。

二、疏山寺

疏山寺，位于金溪县城西郊 28 千米的疏山群岭之中，历有 1100 多年的历史。唐中和二年（882），开山祖师匡仁禅师始创白云寺。次年，匡仁禅师请护法居士、时任抚州刺史危全讽持书上表，唐僖宗御笔亲书"敕建疏山寺"，疏山寺因此而得名。

明代大戏剧家汤显祖《疏山寺寻达公游处并问吴选部》一诗云"可望袈裟复紫烟，半臂袈裟水一方"，也提到了疏山寺建寺的传说。相传建寺之前，一位俗称"明眼和尚"的长老云游至疏山，向乡人募捐一袈裟之地建寺院。乡人同意后，长老将袈裟抛向天空。霎时，袈裟化作一朵彩云遮天蔽日，阴影覆盖之处方圆十里遂尽归长老建寺用。此长老就是佛法渊深的疏山寺开山祖师匡仁禅师。

疏山寺极盛时僧众多至千人，曾是曹洞宗、临济宗二派禅宗的传教圣地。其秀丽幽雅的景致也招来许多名人骚客游览，王安石、曾巩、陆九渊、陆游、汤显祖等都在此留下了诗文。被皇帝赐封为"百世大儒"的陆九渊，与疏山禅寺有不解之缘。他曾与其兄陆九龄负笈读书于疏山禅寺。寺庙和尚还教九渊参禅打坐、领悟佛经。陆九龄的朋友许忻，还将很多儒家经典著作送到疏山寺，让陆家兄弟学习。陆九渊在疏山禅寺时，与陆九龄论及"艮卦"含义，仅用"无我，无物"四个字概括，在当时士子间广为传颂。当时宜黄曹山宝积寺的净璋禅师也常来往于疏山禅

图 12-6 疏山寺

寺。陆九渊长大后一直敬仰疏山禅寺，还写过《赠疏山益侍者》文。如今在疏山寺，有一座"问天碑"，还有一座"悟心亭"，正是为了纪念陆九渊在疏山寺问天悟心的佳话。

现寺院主体为清代建筑，大殿宏伟，庭院开阔，佛像庄严，亭阁巍然，既是善男信女礼佛念经的宗教场所，又是游人观赏风景的佳胜之处。疏山八景，如袈裟地、倒栽柏、无人渡、眺日台、普同塔等都保存完好，引人入胜。

三、曹山寺

曹山宝积寺，简称曹山寺，坐落于宜黄县城西北12.5千米处的城南乡陈坊村曹山山麓，是佛教禅宗五大派系之一曹洞宗祖庭，已有1200多年的历史。

曹山原名何玉山，重峦叠嶂，矗立四周若"数瓣青芙蓉""魁大秀伟，雄视一方"。这里翠林掩冉、古木参天、溪水环绕、静谧幽雅。曹山寺便坐落在莲花瓣当中，犹如一颗莲芯。正对着寺庙的山叫供养山，它的形状就像一碗盛满的斋饭，供奉着菩萨。与供养山相对的是虎山，虎山的右边是龙山，它与虎山形成了龙虎之势，与四周的莲花瓣围抱着曹山寺，让曹山寺院端正坐落于正中广阔的空间，面对供养山，形成一个天然的大佛法坛。寺初为"今龙堂"，后唐代居士王若一改为

图12-7 曹山寺

"何玉观"。本寂改"荷玉观"后，日渐兴隆。

晚唐高僧本寂禅师（840~901），为我国禅宗史上五家七宗的"曹洞宗"创始人之一。本寂俗姓黄，福建莆田人，19岁在福建灵山出家，25岁受戒，得到江西宜丰洞山高僧良价禅师真传，前往广东曲江曹溪（今广东韶关）礼禅宗六祖（慧能）墓塔，决心寻找新的曹溪以广弘禅法。相传他返赣后一路风餐露宿，磨破了许多僧鞋，脚上也打起了血泡，找了许多地方也未找到新的曹溪。有一夜本寂梦见六祖在他手心写下"心坚石穿"四字，遥指东北方向。本寂会意而行，最终于唐成通十一年（870）在宜黄找到这个酷似曹溪的圣地。王若一舍观请其住持。因本寂歆慕曹溪六祖，于是把山名改为曹山，观名改为"荷玉观"。本寂住持曹山后，"家风细密，言行相应，随机利物，就语接人"的禅宗五家之一"曹洞宗"即此始成。"法席大兴，学者云萃，洞山之宗，至即为盛。"后人取初祖洞山、二祖曹山之号，称为"曹洞宗"，良价与本寂并称为曹洞宗始祖。

宋祥符二年（1009）改观为寺，称号"宝积"，因地处曹山，善信俱称"曹山寺"。真宗皇帝敕封为"曹山宝积禅院"。曹山寺法脉延绵不绝，虽在历史上曾几次遭兵祸被毁，但总能渡过劫难，发扬光大。作为曹洞宗的发源地，其法系远播海外。

时光流转，岁月变迁。历经风雨剥蚀的曹山寺依然矗立在曹山山麓中，寺中那棵开山祖师本寂手植的银杏，现长成10多米高、需五人合抱的千年雄伟古木。这颗千年银杏，虽疤痕累累，但仍枝叶茂盛，仿佛一个参透世象、超脱轮回的高僧跏趺于此，静穆渊默，法相庄严，诉说着佛法真言。

四、石巩寺

石巩寺，正名石䂬寺，坐落于宜黄县二都镇二都村西北约2千米处的石䂬下。南北朝时期，义泉和尚云游至石䂬，遂结庐修舍，日耕夜禅，是为石巩寺开山祖师。唐开元至天宝年间，马祖道一禅师自建阳佛迹岩，迁至宜黄石䂬，结庵䂬下，大摆法席，领众熏修。后有徒石巩慧藏，秉师法脉，住持道场。禅宗著名之"慧藏逐鹿""石巩张弓三平受箭"公案，即源于此。石巩寺为中国禅宗重要的祖师道场，虽几经兴衰，然法脉从未断绝。

石巩寺周围地貌奇特，山色秀丽，古刹入口两侧，各有一山拔地而起，一座似狮，一座如象。从寺内沿石级而上，约百米开外便有巨石如拱，石巩寺就坐落在石巩山上的石巩洞中。"石巩"即"石拱"，如桥横空，巩上岩山崩裂、天然形成三叠，是丹霞地貌的典型代表，状如太极图，故又称太极岩，跨径40余米。抚州郡守张伯琮书有"石巩"二大字，每字宽丈余，刻在倒悬苍崖上。此地钟天地精气，凝日月奥蕴，昔人谓之曰洞天福地，非有奇缘清福者，未易登涉。唐肃宗敕寺名"石巩义泉禅院"，宋仁宗赐"石碧义泉古寺""马祖第一道场"匾额。明代地理学家徐霞客游览此地，在游记里留下了"东西横跨，若飞梁天半，较贵溪古桥，高与大俱倍之"的记载。

现在复建的石巩寺采用唐代建筑风格样式，并结合石巩寺本地自然景观元素，因地制宜、依山就势，营造出山中有寺、寺中有园、园法自然的古典山水园林空间，极具禅学之美，是宜黄佛教辉煌历史的象征。

值得一提的是，宜黄的灵山秀水孕育出众多优秀人才，近代佛学大师欧阳竟无（1871~1943）就是其中杰出代表。因其在宜黄出生，世人又称其"宜黄先生"。欧阳竟无从小刻苦学习，一生求索不断，20岁中秀才，早年潜心王阳明、陆九渊学说研究。1904年，欧阳竟无在南京拜访金陵刻经局杨仁山，受其影响开始研究佛学，并去日本学密宗佛法。1912年，欧阳竟无在北京、南京创办佛学会，编印唯识宗经卷，成为著名的佛学家。他几经辗转，最终回到宜黄潜心研究梵经，并引领启发了一大批佛学弟子和佛学研究者。欧阳竟无编撰过许多佛学著作，其中以《藏要》的影响最大。欧阳竟无是近代佛学发展中的重要人物，被视为人间佛教的奠基人之一，提出的"佛法非宗教，非哲学""法相唯识非一"等佛学思想，把佛教与世间生活视若一体，阐明了"人间佛教"的思想宗旨，在佛学中具有革命性意义。

第十三章
赣抚大地上的革命烽火

> 抚州，是一块充满激情和希望的革命热土。土地革命战争时期，除临川外，其他地方都建立了红色革命政权。抚州还是中央苏区反"围剿"第二、四、五次战役的主战场。老一辈无产阶级革命家毛泽东、周恩来、朱德、彭德怀、邓小平等人曾在抚州度过一段艰苦卓绝的峥嵘岁月。本章主要介绍老一辈革命家在抚州经历的革命斗争和地方苏维埃政权的创建，历次反"围剿"在抚州发生的重要战役，以及从抚州走出去的我党我军杰出革命家的光辉事迹。

第一节　老一辈革命家在抚州的奋斗历程

在中国革命历史长河中，抚州这座古老而又革命的城市，见证了一幕幕激荡人心的壮举。在这片土地上，老一辈革命家们铸就了一段永载史册的奋斗历程，为中国革命事业作出了卓越的贡献。南昌起义部队在这里掀起了一场革命浪潮，开抚州乃至整个赣东地区的革命先河。在赣东苏区的腹地，革命者们奋勇开拓，筚路蓝缕，建立起了一系列坚实的革命根据地和政权组织。一幕幕历史瞬间，留下的不仅是革命者坚定不移、不畏艰险的精神风貌，更是一笔宝贵的财富，也是对革命志士精神的一次启迪。

一、南昌起义部队对抚州的影响

1927年8月1日，由周恩来、朱德、贺龙、叶挺等领导，总人数超过2万人的共产党直接指挥和影响的军队，发动了南昌起义。然后，起义军根据中共中央在起义前的决定，选择经过抚州南下广东，旨在重建广东的革命根据地。

图 13-1 南昌起义

作为先头部队的第九军（实际上约一营人）在朱德的率领下于 8 月 3 日率先出发。朱德向国民党驻临川某军师长杨如轩发了一封信，动员他参加起义。与此同时，临川特别支部接到起义部队即将经过抚州的消息后，召开了紧急会议，商讨了如何安排起义军过境的工作，并决定要通过组织工人纠察队和农民自卫军来强化防御，并为起义军过境所需的各项物资做好准备。同时，临川特支还派人与驻扎在赣东一带的杨如轩、杨池生二师进行谈判，策动他们加入革命。"二杨"并未给出回复，而是选择带领部队离开临川，撤退至金溪、东乡等地，从而为起义军南下打开了通道。

8 月 6 日至 8 日间，起义军的大部队陆续进入抚州城。同时，起义军与抚州人民在曾家园举办了隆重的军民联欢大会。其间，前委重点加强政治思想工作，深入宣传南昌起义的意义和南下的目的，同时，对部队内部党的组织进行了初步整顿，把优秀党员选进部队，加强了对政治和军事工作的领导。周逸群是第二十军第三师的师长，该师在临川组建，党代表是徐特立。该师下辖六团和教导团两个部分，团长分别为傅维钰和侯镜如。行军途中，少数战士因部队行军时间太长，粮源不足，不得不到田间地头摘果子解渴，或者到池塘里捞鱼、入户抓鸡充饥，这在民众中造成了不良影响。第二十军第三师虽然刚刚成立，但其六团特务长在半夜闯入民宅偷鸡，被第二十军总指挥贺龙识破后痛批了一顿，并宣布了惩罚措施：凡是无故开枪、擅闯民宅的，一律就地枪毙。起义军的纪律在这之后有了明显的好转。

起义军还研究改进了财政政策，解决了部队的供给问题。以往，军阀部队通常通过土豪劣绅筹集资金，而土豪则以各种名目向民众征收财物，从中渔利。前委决定放弃此法，改为直接收地主粮、没收劣绅财物、罚款。同时，给士兵的军饷由纸币改为银圆，解决了他们的购物问题。有了足够的银圆，士兵在随后的行军中购物不再困难，军纪有了明显改善。

8月10日，起义军离开临川，一些工人和农民踊跃加入运输队，并在临川的战斗中表现得非常出色。洋洲乡周冬瓜等一批农民在参加运输队后，积极要求参加起义军，投身革命大潮。

8月11日，起义军进入宜黄县后，部队与当地人民群众加强联系，动员劳苦大众团结起来开展土地革命。

8月16日，起义军到达广昌。在离开南昌时由于匆忙，宣传工作并未做足，导致许多士兵对起义的意义和南征的目标并不清楚。到达广昌之后，部队广泛开展了政治和宣传活动，临川籍的李井泉担任宣传员。当晚第二十军总指挥贺龙强调了革命者必须遵守的群众纪律，不能像国民党军阀一样忽视老百姓的利益。

次日早晨，起义部队在东门广场召开了群众大会。李立三、叶挺、郭沫若等人依次发表了讲话，他们对广大群众热烈欢迎并接待起义军表示感谢，强调了起义军的目标是保护工农的利益并对国民党的反动派进行打击。

群众大会结束后，起义部队分别展开整训工作。前敌委员会书记周恩来向第二十军第三师教导团的官兵作了报告，鼓励他们在战斗中不断学习、不断进步。

第二十军第三师也组织了全师党代表大会，并在会议上选出了由师长周逸群和六团团长陈赓等人组成的师党委。会议决定，各级党组织都要建立起来，加强部队的思想政治教育工作。

8月19日，起义军分两路向瑞金进发，分别是第二军为左纵队和第十一军为右纵队。

在抚州各地，起义军的到来掀起了一股热烈的欢迎浪潮，无论是城镇还是乡村，沿途的人们都纷纷出来慰劳和支持。这一过程中，不少抚州本地的优秀青年纷纷加入起义军的队伍中，为革命事业增添了新的力量。同时，起义军在抚州的宣传活动也成效显著，不仅将革命理念和信念传播到群众中，还激励了更多民众投身革命洪流、共同为实现民族独立和社会解放而奋斗。

二 赣东苏区的开辟和政权组织的发展

1929年2月，为了宣扬革命理念，吸纳更多的群众，毛泽东和朱德带领红四军来到黄龙坑和洽村等地。接着中共南（丰）宁（都）特委成立，随后洽村区、高池区、白舍区的苏维埃政府相继成立。1930年4月，隶属于赣西南苏维埃政府东路办事处的南丰县苏维埃政府成立，同年5月，中共洽村区委成立，在东田召开的中共南丰县第一次党代会上，中共南丰县委成立。

在宜黄县，1930年2月中共新丰、东陂两个区委成立，区、乡的苏维埃政府同时成立；1931年11月，宜黄县苏维埃政府成立。

在广昌县，毛泽东于1929年3月领导红四军在广昌县的苦竹、县城、白水、驿前等地进行了一系列的革命宣传活动。到了1931年1月，红四军在广昌设立了广昌县革命委员会和中共广昌县委，杨成武担任县委书记。同年3月，县革命委员会改称县苏维埃政府。

在东乡县，共有26个贫农团于1932年4月被创建，在有贫农团的村庄中，也分别建立了村苏维埃政府，设置了村苏主席。同年7月，东乡县临时苏维埃政府正式成立，下设四个工作区。

图13-2　南广县苏维埃政府旧址

1930年9月24日，由罗炳辉率领的红十二军中一千人多人组成的队伍从临川出发，攻入南城县城，并在此建立了县苏维埃政府。到1933年3月，在金溪和南城县交界的地方，金（溪）南（城）特区革命委员会成立，并归闽浙赣省苏维埃政府管辖。1933年3月中共崇仁县委、崇仁县苏维埃成立，位于东山、凤岗、谷岗、港下的四个区苏维埃政府也相继成立。

抚州苏区承担着保卫中央苏区北部的任务。在反"围剿"斗争中，抚州成为第二、第四和第五次反"围剿"最关键的战场。在第四次反"围剿"中，抚州地区的战斗尤其激烈。到第五次反"围剿"，抚州再度成为主战场。当时临时中央负责人奉行"左"倾教条主义，采取"堡垒对堡垒"和"短促突击"等战术，导致硝石、资溪桥、八角亭、广昌以及大寨脑等地的战斗造成红军巨大损失，中央红军已无在原地扭转战局的可能。中共中央被迫进行战略转移，率领中央红军主力开始长征。

第二节 反"围剿"战役中的抚州

抚州地处中央苏区北部，战略位置十分重要，是中央苏区的天然屏障，也是中国工农红军五次反"围剿"的战场，更是第二次、第四次和第五次反"围剿"的主战场。在反"围剿"战役期间（1930~1934），中国共产党在抚州区域内带领人民先后同国民党军进行了27次大的战役战斗，召开了1次重要军事会议，开展了1次重要军事整编，这些战役、事件在中国革命斗争历史上具有重要意义。

一、南丰康都会议

红军第二次反"围剿"胜利后，红一方面军主力向赣东移师，乘势开辟新苏区。1931年6月3日，毛泽东、朱德率红一方面军总前委从福建建宁移至南丰康都。为了粉碎国民党军即将对中央苏区发动的第三次"围剿"，做好各项军事准备工作，4日，总前委召开第七次会议，主要研究红军的分兵区域。10日，红军按照总前委第七次会议部署，各部进入预定工作区域后，总前委召开第八次会议，主要研究政治形势的估量、前委分工、召集前委扩大会、福建工作等十大问题。认为当时红军应该向北发展，才能促成以两广军阀陈济棠、李宗仁为主的广州国民政府出兵，借此发展红军。同时，会议还决定将在20日召开总前委扩大会议。20日至22日，总前委召开第一次扩大会议。在举行开幕仪式后，会议选出王稼祥、毛泽东、周以栗三人组成主席团,并讨论红军部队的布置、训练、筹款、群众工作及敌情动向等。会议明确指出当前的中心工作是争取第三次反"围剿"的胜利。21日下午,召开主席团会议,讨论部队部署、干部任命及补充等问题。22日,召开总前委第九次会议,研究部队布置、时局估量和行动方针等问题。6月4日至22日,毛泽东在康都主持召开的第七次、第八次、第九次总前委会议和一次扩大会议(含主席团会议),统称"康都会议"。

康都会议是红军第二次反"围剿"胜利后举行的重要会议,在我国的军事史和革命史上都具有一定的历史地位。会议总结了第二次反"围剿"的重要作战经验,部署了红军的行动方针、政治宣传和队伍建设等工作,研究了开辟建宁、黎川、泰宁根据地、第三次反"围剿"的战区选择以及成立康都苏维埃政府等重大事项。会后,红军改变原来向北发展、进军抚州的计划,主力部队迅速向闽西北区域移动分散,在闽西北地区开辟新苏区,开展群众工作和进行军需筹款等,为红军赢得第三次反"围剿"的胜利奠定了思想、政治、组织、军事及经济基础。

二、宜黄黄陂战役

1933年1月,蒋介石到南昌亲任赣粤闽边区"剿匪"军总司令,调集30多个师近40万兵力,分左、中、右3路,以"分进合击"战略,对中央革命根据地发动第四次"围剿",企图在黎川、建宁地区一举歼灭红军主力,摧毁中央革命根据地。其中,陈诚率蒋介石嫡系12个师组成的中路军,约16万人,编为3个纵队,负责主攻,以蔡廷锴指挥的第十九路军和驻闽部队为左路军,以余汉谋指挥的广东部队为右路军,负责就地"清剿",并策应中路军行动。中央红军由周恩来和朱德指挥此次反"围剿"。依据毛泽东的游击战术,他们选择了大兵团伏击战法,即以红一、三军团和红二十一军为左翼,隐蔽集结在大龙坪、蛟湖地区,伏击敌第五十二师;以红五军团、红二十二军为右翼,隐蔽集结在霍源、西源地区,伏击敌第五十九师。2月22日,敌五十二、五十九师由乐安分两路向黄陂前进。两师之间被摩罗嶂大山阻隔,联络协作困难,加之当时细雨浓雾,10米之外人物难辨,为红军在黄陂山地伏敌提供了良好条件。26日,红军各部先后进入预定地域。27日,国民党第五十二师沿登仙桥、大龙坪一线,第五十九师沿谷岗、霍源一带分别到达红军预设战场,隐蔽的红一、三军团和红二十一军在登仙桥地区突然对敌五十二师发起进攻,战斗打响。激战至28日上午,敌五十二师全被歼灭。红五军团和十二、二十二军在霍源一带与敌五十九师激战一天,敌五十九师除一个团逃脱之外,其余全被歼灭,红军取得了黄陂战役的伟大胜利。

黄陂战役是红军战史上首个大兵团伏击战胜利的范例,是第四次反"围剿"取得决定性胜利的战役之一。此役,红军歼灭国民党军近2个师,俘虏含2名师长（李明、陈时骥）在内官兵1万余人,缴枪1万余支,炮40余门,机枪百余挺,对蒋介石发动的第四次"围剿"予以致命打击,显著地提升了红军的战斗力和影响力,对中央苏区的进一步巩固和发展发挥了重要作用。此战,红五军团三十九师师长王树亚英勇牺牲。

三、宜黄东陂战役

黄陂大捷后,红军主力迅速向东陂至新丰一带休整。蒋介石不甘黄陂战役的失败,命令陈诚指挥中路军由黄陂向东陂继续攻击。陈诚误判红军主力在广昌地区,于是将中路军的3个纵队改为前后梯队,向广昌推进,寻求红军主力进行决战。为分散敌军、创造战机,红军一面派红十一军佯装成主力前往广昌西北地区,诱敌前纵队加速南进,拉开敌军前后纵队的距离;一面让主力秘密北移,埋伏于东陂至草鞋岗（草台岗）、徐庄一带的山间,待机歼敌。1933年3月20日,敌前纵队至甘竹、罗坊、洽村一带,后纵队第十一师至草鞋岗、徐庄一线,敌第九师和第五十九师残部尾随而来,此时两纵队前后相隔近50千米,中间又被雷公嵊大山隔开,红军的大好战机再次出现。21日拂晓,红一方面军集中优势兵力,首先发起东陂战役。红一军团以部分兵力牵制敌军力量相对薄弱的第九师,并向新丰方向警戒,阻止敌前纵队回援;以主力在草鞋岗地区围困敌军第十一师,当日13时,敌十一师被歼,敌九师一个团和五十九师残部妄图增援敌十一师,也在雷公嵊以南遭到红军的猛烈打击。敌十一师被歼后,中路军其他各纵队纷纷后撤,国民党对中央苏区的第四次"围剿"基本被打破。

东陂大捷为红军以弱胜强开创了战例,毛泽东在《中国革命战争的战略问题》一文中称赞"这是一次大胜仗"。此次战役,红军歼灭敌军近1个师,国民党第十一师师长萧乾和一旅长受伤逃脱,击毙敌旅长1人、团长30人,俘敌官兵8000余人,缴获武器无数,打破了国民党军对红军的第四次"围剿",抚州苏区也随之进入全盛时期。

在黄陂战役、东陂战役中,红军以弱胜强,共消灭蒋介石嫡系部队3个师,俘

图 13-3　东陂大捷主战场

房敌人 18000 多人，宣告了第四次反"围剿"的彻底胜利，积累了红军大兵团伏击歼敌的重要经验。蒋介石在得知黄陂战役、东陂战役惨败后，在给陈诚的手谕中写道："此次挫失，惨凄异常，实有生以来唯一之隐痛！"陈诚在接到手谕后检讨："诚虽不敏，独生为羞。"蒋介石的嫡系部队遭受如此沉重的打击，这在以往各次战役中是不曾有过的。

四、乐安红一方面军大湖坪整编

红军第四次反"围剿"胜利后，参战的红一方面军本应开始休整和训练，准备粉碎敌人新的"围剿"，但临时中央负责人王明、博古被几次反"围剿"的胜利冲昏了头脑，无视敌强我弱的军事实际，进一步在红军内部推行"向北发展，夺取中心城市"的错误方针，搬用正规战争经验，要求红军部队实现"正规化"，打"正规战"。1933 年 6 月 7 日，中央革命军事委员会在永丰东沙召开军事会议，发出《关于改编红一方面军所属的独立军团的通令》，要求"将红一方面军及独立军团、独立军等按照中国工农红军编制改编"。红一方面军在总司令朱德、总政委周恩来的指挥下，在乐安湖坪、善和及永丰东沙等地进行了一次军事整编，即"大湖坪整编"。此次整编，取消了军的番号，由军团直辖师，按"三三制"原则，由军团直辖 3 个师，每师编 3 个团，每团编 3 个营，每营编 3 个步兵连、1 个机枪连。此次改编取消了原红五、七军的番号,将原红五军第一、二、三师改编为第四师,将原红七军同红二十一军改编为第五师,将兴国模范师改编为第六师,全军团共16677人。整编后,红一方面军仍由朱德兼任司令员,周恩来兼任政委。另外,红三军团和第十九师共10000余人组成东方军,并于7月1日在大湖坪举行东征誓师大会。周恩来、彭德怀等领导人在大会上作报告,传达中共临时中央提出的"筹款百万,赤化千里""把红旗插到福建去,开辟新的根据地"等东征指示。誓师后,东方军奉命在广昌头陂集结,执行入闽作战计划。

大湖坪整编是"左"倾错误军事路线在红军中的一次全面贯彻与实施。整编将红军的小军小师改为大师大团,将小团改编为营,虽减少了部队的组织机构,扩充了师以下部队实力,但却改变了原先适合山地作战的小师小团的组织形式,给之后红军第五次反"围剿"的失利埋下了隐患,但此次军事整编在党史、军史上仍为一次重大历史事件。

五、广昌保卫战

广昌保卫战是第五次反"围剿"的第三阶段。1934年4月下旬,蒋介石集结国民党11个师约100万兵力,以"堡垒主义"为战略,由陈诚统一指挥,分为两路纵队沿盱江向位于中央苏区核心区北大门的广昌发起猛攻,企图拿下广昌(地处赣、闽、粤三省交通要冲)之后,占领瑞金(中华苏维埃共和国首都)。中共临时中央负责人博古和军事顾问李德未采纳毛泽东、张闻天等人不与敌人死拼的正确意见,无视红军缺少重武器难以攻破碉堡的现况,多次下令在该地筑造永久性工事,决心在广昌以北同国民党军决战,"死守广昌"。4月10日,陈诚以第十四师为先头部队向广昌发动进攻,中革军委调集红一军团、红三军团和红五军团第十九师与敌进行阵地战,红军损失巨大。4月中下旬,国民党军队集中盱江东西两岸10个师的兵力,在飞机、大炮的掩护之下,对广昌发起总攻。中革军委调集红一军团、红三军团、红五军团和红九军团的9个师,以阵地防御和"短促突击"战术向敌反击,但由于敌我兵力相差悬殊,并未真正奏效。经过18天血战,红军遭受重大伤亡,广昌失守。

广昌保卫战,是红军历史上最为典型的阵地战、消耗战,使得红军遭受重大伤亡,给第五次反"围剿"带来极为有害的影响。此战历时共18天,红军毙伤俘敌2626人,自身伤亡5093人,约占参战总人数的四分之一。红六师政治部主任曹其灿牺牲。广昌失守后,中央苏区核心区北大门被打开,红军向广昌头陂、白水(今赤水镇）方向撤退。此后，国民党军进一步加强对中央苏区的进攻，继续向中央苏区腹地推进，瑞金岌岌可危。同年10月，中央红军主力撤离中央苏区，实行战略转移，开始了艰苦卓绝的二万五千里长征。

六、驿前镇高虎脑战斗

1934年4月28日，国民党军攻占广昌后，沿广昌—石城一线向中央苏区腹地逼近。7月上旬，国民党开始对中央苏区中心地区发动全面"围剿"，妄图于8月占领苏区中心瑞金。8月初，国民党军集结3个纵队共9个师，开始向石城方向发起进攻，以汤恩伯3个师为左纵队、樊崧甫3个师为右纵队，逐步向南推进。高虎脑位于广昌县与石城县之间，是瑞金北面的一道重要护栏。为保卫石城，遏制南进之敌，红三军团奉命在高虎脑一线构筑5道以支撑点为骨干的防御阵地。8月5日拂晓，国民党军出动近10架飞机和数十门大炮对高虎脑阵地进行猛烈轰炸，高虎脑战斗打响。红四师、红五师、红三十四师依托阵地，密切配合，6次击退敌军6个师的轮番冲锋，守住了阵地。6日，国民党军6个师的主力以密集方队轮番向红军发起冲锋。红五师3个团英勇抗击，打退敌军8次冲锋，守住了阵地。7日，红军再次击退国

图13-4　高虎脑战斗旧址——广昌县驿前镇贯桥高虎脑村

民党军4次冲锋。胜利完成阻击任务后,红军奉命撤出高虎脑阵地,转移到万年亭布防。

高虎脑战斗,是一场典型的阵地防御战,也是红军第五次反"围剿"中取得重大胜利的一次关键战斗,保卫了年轻的苏维埃政权,为党中央、苏维埃中央政府和中央红军主力的战略转移赢得了时间。在这次战斗中,红军伤亡1415人,打败了六倍于自身的国民党军队的猖狂进攻,阻滞了国民党军侵占瑞金的进程。国民党军费时3天,只攻下不到3千米水平距离的山地,伤亡约3000人(团以上军官5人,营长10余人,连排长等400人),其精锐部队第八十九师也丧失了战斗力。战后,国民党指挥员自言:这是"进剿"以来"未有之牺牲"。红三军团宣传部部长刘志坚创作《祝捷歌》:"高虎脑战斗,我们胜利了。打垮了蒋介石六个主力师,我们百战百胜,真是无敌的红军。顽强守备,英勇抗击,继续发扬英勇精神,胜利属于我们!"

在五次反"围剿"战役中,抚州人民为保卫年轻的苏维埃政权进行了艰苦卓绝的斗争。除了不怕牺牲,积极参与红军的反"围剿"战役外,抚州人民还在红军撤离中央苏区后,继续坚持游击战争,牵制敌人兵力,同时积极组织担架队和运输队,为长征运送必需物资,为中国革命的最终胜利作出了重要贡献。

第三节 抚州热土上成长的革命家

抚州是一方红色热土,走出了赵醒侬、傅大庆、傅烈、李井泉、周建屏等老一辈无产阶级革命家。他们在残酷的斗争环境中,坚定信念,不畏强暴,为实现国家独立、人民解放贡献了自己力量。让我们一一走近他们。

一、革命家赵醒侬

赵醒侬(1892~1926),原名性和,又名心农、赵干,化名赵兴隆、邵兴隆,出生在江西省南丰县城一个裁缝家庭。1912年进入南丰高等小学堂学习,后因家境窘迫学业被迫中断。1914年,开始接触进步刊物及马克思主义书籍,同年,与沈资田成为同窗好友,随后进入江苏省立第二师范附设职业补习学校学习。不久,转为中国共产党党员。

1922年11月,经中共中央和团中央的派遣,他毅然返回南昌,肩负起创建中国共产党和中国社会主义青年团江西地方组织的重任。同时,与方志敏、袁玉冰等志同道合之士共同创办了南昌文化书社，积极推广并销售《中国青年》《向导》《先驱》《共产主义 ABC》《唯物史观》等革命书刊，为传播马克思主义和革命思想贡献了自己的力量。1924年3月，他积极响应党的号召，加入国民党，并迅速承担起领导江西省国民党改组工作的重任。作为国民党江西党务筹备员，他成功领导了江西省国民党的改组，并成立了国民党江西省临时党部，担任常务委员兼组织部部长一职。同年5月，中国共产党南昌独立小组成立，他担任组长，肩负起领导南昌地区党组织发展的重任。为了进一步传播马克思主义思想，他于6月创办了"明星书店"，通过销售党的刊物，向广大群众宣传革命理念。同时，他还创办了黎明中学，旨在培养革命骨干，为革命事业输送新鲜血液。9月，他成功改组了江西省和南昌市的学生联合会，确保了共产党员在省市学联中的领导地位，进一步扩大了党在青年学生中的影响力。

1926年，赵醒侬奉命由九江赴南昌工作，不幸被捕。在南昌德胜门外的一块芝麻田里，一阵凄厉的枪声响起，赵醒侬为革命献出了宝贵的生命。"哭鄱湖，鬼雄人杰同流，长恨洪都风波起，顿教生命即时休，天地人同仇！"他的壮烈牺牲，震动了无数仁人志士，引来方志敏、袁玉冰、张朝燮等革命先辈的悲痛惋惜。方志敏深情地写下悼念诗《祭醒侬》，并称他为"在江西为争取中华民族独立解放的革命

图 13-5　赵醒侬塑像

运动的第一个牺牲者"。

为了纪念赵醒侬烈士,南丰县在赵醒侬少年时就读的学校——南丰一中校园内,为其建造了一座大型花岗岩塑像,还建设了一座醒侬公园,成为当地人追思革命英烈的好去处。此外,南丰县设立了赵醒侬中学,以培养更多的优秀学子。

二、革命家傅烈

"拼将七尺男儿血,争得神州遍地红",这是革命先烈傅烈在生命最后之际给妻子陈才留下的悲壮遗言,其情真挚,读之仍令人动容泪下。傅烈(1899—1928)原名见贤,化名贺德、贺泽、吁伯凯,江西临川上顿渡人。他早年就读于江西省立第七中学,25岁那年,远赴法国勤工俭学,并在那里加入中国共产党。在短暂停留后,他踏上了前往苏联莫斯科东方劳动大学的求学之路。1925年夏天,他应召回到祖国怀抱,担任国民革命军第三军政治部秘书,随后投身于北伐战争的洪流之中。1926年11月起,他肩负起江西省政府秘书的重任。

图 13-6　傅烈

一年后,随着中共江西区委的成立,他被任命为组织部部长,并同时担任军委书记。1927年5月,傅烈被调至武汉中共中央军事部工作。同年8月,肩负起更为重大的责任,出任中共四川临时省委书记。到1928年2月,随着中共四川省委的正式组建,傅烈肩负起省委书记及军委书记的双重职责,展现了坚定的革命信念和卓越的领导能力。

1928年4月,国民党当局以他"身为共产党核心成员,执行关键任务"为由迅速将他逮捕并判处死刑。这位中共四川省委的首任书记,在担任省委书记仅一个多月便遭此厄运,被捕后不到一月便惨遭杀害。在重庆昏暗的牢房内,傅烈面对着冰冷的墙壁,却保持着坚定的眼神。他从容地铺开一张信纸,蘸取微弱的墨水,用颤抖但坚定的笔触写下与亲人的诀别信,字句间充满了对革命事业的忠诚和对家人的深深眷恋,也透露出对未来的坚定信念和对革命必胜的坚定信心。

傅烈的一生短暂而辉煌。他是一位忠诚的共产主义战士,也是一位才华横溢的领导者。在革命道路上,始终坚定信念,不畏艰险,勇往直前。他的革命精神和英勇事迹将永远铭刻在人民心中。

三、革命家傅大庆

作为中国共产党的早期优秀党员，傅大庆以坚定的信仰和无畏的勇气，为革命事业奋斗至生命的最后一刻。傅大庆（1900~1944），江西临川上顿渡人，中国革命的先驱者之一，出生于一个普通贫民家庭。自幼受到家庭文化的熏陶，酷爱读书，崇尚进步思想。

图 13-7　傅大庆

1920 年，在陈独秀的引荐下，傅大庆前往武昌，与陈潭秋、包惠僧结识，毅然决然地成为社会主义青年团团员，投身到革命青年的行列中。1921 年，与刘少奇、萧劲光等志同道合的同志一同踏上了前往莫斯科东方劳动大学的求学之路。在那里他不仅深入学习，还光荣地加入了中国共产党，开启了作为共产主义战士的新篇章。1926 年，他参与了北伐。南昌起义后，根据党组织的安排，他返回临川，随后前往广东参加"广州起义"。然而，革命浪潮遭遇挫折，他不得不来到香港继续寻求革命道路。1928 年，中共广东区委派遣傅烈前往新加坡，出任中共南洋临时委员会常委兼宣传部部长。在此关键时期，他深入泰国、印度尼西亚、缅甸、菲律宾等国家，成功建立了地委或支部，积极引领海外华人及当地民众投身反对殖民主义、争取民族解放的壮丽斗争之中。

1930 年 5 月，马来西亚共产党中央委员会正式成立，他凭借卓越的领导才能和坚定的革命信念，当选为马共中央常委并兼任宣传部部长，继续为革命事业贡献着自己的力量。1931 年 6 月，在负责建立东方局办事处的过程中，他巧妙地利用"洋行"作为掩护，但不幸的是，由于叛徒的出卖，被英国殖民当局捕获，随后被遣返回国，先后被囚禁在上海和南京的监狱之中。抗战爆发后，傅大庆在宋庆龄的援助下重获自由。然而，在 1944 年 7 月 23 日深夜，他的助手汪青城不幸被日军逮捕，随后傅大庆也遭逮捕。自那日起，傅大庆便杳无音讯。直到 1946 年 1 月，傅大庆被杀害的真相才揭开。

傅大庆的一生是充满革命激情和奋斗精神的一生，他为中国的革命事业作出了巨大的贡献。他的事迹告诉我们，革命的道路是艰难的，需要付出巨大的牺牲和努力。只要坚守信念、勇往直前，不怕牺牲，就能最终实现革命的目标。

四、革命家李井泉

李井泉（1909~1989），江西临川唱凯人，是抚州走出去的卓越的无产阶级革命家和杰出领导人。出生于普通的农民家庭，自幼展现出非凡的毅力和聪明才智。

1926年秋，李井泉开始了他的革命生涯。他作战勇敢、机智过人，很快得到组织的信任和重用。1927年8月，跟随"八一"起义军南下。1930年，庄严宣誓成为中国共产党的一员，并坚定不移地为共产主义事业而奋斗。在中央苏区的艰苦岁月里，李井泉先后担任三十五军、二十一军政委、红三军团第四师政治部主任职务。

图 13-8　李井泉

带领部队参加了中央苏区第一至第五次反"围剿"作战，为保卫红色政权作出了重要贡献。在战斗中，他总是身先士卒、勇猛冲锋，带领部队打赢了一场又一场的恶仗。他的勇敢和智慧，成为红军指战员们学习的榜样。

在漫漫长征途中，李井泉再次挑起了艰巨的使命。他带领部队，英勇地冲破敌人设置的层层包围，克服了无数艰难困苦，最终取得了长征的完全胜利。在漫漫长征路上，他不仅娴熟指挥战斗，更心系战士们的冷暖，积极为他们排忧解难。他的杰出表现和无私奉献，赢得了广大指战员们的深深敬意和衷心爱戴。

新中国成立后，李井泉先后担任中共川西区委第一书记兼川西军区第一政治委员、四川省委书记兼省军区政治委员、中共江西省委第一书记兼省军区第一政治委员等职，为建设新中国作出了巨大贡献。在漫长的革命历程中，他坚守共产主义信仰，对党和人民怀有深深的忠诚与热爱。他的崇高精神和卓越作风，将永远激励着我们不断前行。

五、革命家周建屏

周建屏（1892—1938），原名周宗尧，祖籍江西金溪。1909年，他考入云南讲武堂，更名为建屏，在云南新军十九镇当兵。在革命生涯中，他积极参加辛亥革命，在护国运动、护法运动以及讨伐陈炯明叛乱的斗争中贡献了自己的力量。1923年9月，返回原籍金溪县左源村。1926年，经周恩来举荐，进入黄埔军校深造，并

图 13-9　周建屏

参与了北伐战争。1927年春，在朱德的引荐下，光荣加入中国共产党，之后转入朱德军官教导团接受进一步培训。1927年，参加了八一南昌起义，此后在上海、青岛等地从事革命工作。

1929年，受党组织委派，前往赣东北根据地工作，先后晋升为红军团长、师长，红十军和红十一军军长。1934年2月，光荣地参加了第二次全国苏维埃代表大会，并被选为中央执行委员。同年10月，中央红军被迫长征，周建屏率红七军团第二十四师掩护中央红军主力离开苏区后，继续坚守根据地，与敌人周旋到底。1936年，抵达延安。

全面抗日战争爆发后，周建屏任八路军第一一五师三四三旅副旅长，率部开赴晋东北抗日前线，参加了平型关战役，后率部挺进五台山至河北阜平一带，发动群众，开展敌后游击战争，建立敌后抗日根据地。1938年6月13日，周建屏旧伤复发不治去世。当地群众为纪念周建屏烈士，自发建起了一座烈士墓。尽管日军在三次扫荡中炸毁了这座烈士墓，但群众每次都坚定地将其修复，以此表达对他的敬仰和怀念。新中国成立后，为表达对他的崇高敬意和深切缅怀，其遗骨庄重地移至华北军区烈士陵园安葬。

周建屏将军戎马生涯长达三十年，始终怀揣对革命的赤诚之心，全心全意为人民服务，将一生奉献给了国家和人民。他的人生虽然短暂，但犹如璀璨星辰，光芒四射，为后世留下了丰富的精神财富。他对革命的坚定追求和对共产主义的执着信念，将永远是我们前行的动力，激励我们将爱国之情、报国之志转化为努力工作的实际行动，为实现国家繁荣富强、人民幸福安康贡献自己的力量。

老一辈革命家在艰苦卓绝的革命斗争中，展现了无比的勇气和坚定的信念。他们为了民族解放和人民幸福，不畏强敌、不惧困难，进行了长期而顽强的斗争。我们要努力发扬老一辈无产阶级革命家的革命精神，在建设中国特色社会主义事业的伟大实践中，不负重托，奋勇前行。

第十四章
抚州文化在近现代的延展

近代以来,抚州继续传扬着文化之邦的美誉,"临川才子"群体的规模仍在进一步扩充。近现代抚州文化的精英们分散在政治、经济、文史、艺术、科技、艺术、医学、法律等各个领域,作出了令人瞩目的成就。本章主要介绍近现代抚州文化的发展概况和特点,以及书画家李瑞清,文学史家游国恩、萧涤非,科学家饶毓泰、余瑞璜、程孝刚、吴式枢等杰出代表的生平和成就。本章还描摹了新时代以来抚州文化发展的新面貌。

第一节 抚州文化在近现代的发展与特点

1840年鸦片战争后,中国进入了风云变幻的近代时期,在救亡与启蒙的双重变奏中开启了艰难的现代化进程。这一时期,一大批仁人志士开始觉醒,正视民族发展落后的事实,意识到以儒家思想为主干的中华传统文化(包括物质文化、制度文化、精神文化)亟须更新。于是,他们开始积极引进外部文化以革新民众思想,学习现代科学以开启民智、增强国力,尝试建立新的制度以造福国民。在这一时代背景之下,抚州文化秉承着它厚重的历史文化遗产,以其独特的精神气质融入时代的洪流之中。

一、近现代抚州文化发展概况

文化的发展总是与社会政治经济结构的变迁密切相关。近代以来,抚州文化所根植的社会土壤发生了巨大的变化。首先是新的生产工具、制度开始进入抚州。1902年,抚州建立了邮局和电报局;1903年抚州创办了具有工业生产性质的"劝工所"，生产夏布、棉布等产品；1904年，东乡开辟了抚州地区最早的科学试验机构农林试验场；1915年，抚州成立了第一所西医医疗机构——中国红十字会抚州分会医院。其次是抚州传统的科举教育向现代教育制度变革。1905年，抚州创办了初级师范学堂，为全省最早创办的三所师范学堂之一。1911年，抚州黄道林创办了区境内第一所女校——私立毓秀女子初级中学。1916年，抚州第一所职业学校——公立昭武甲种农业学校诞生。新的生产关系和新式教育，孕育出新一代的"临川才子"和抚州文化，在人文社会科学及自然科学等各个领域表现夺目。

在社会科学领域，近代抚州走出了一大批著名专家和学者，遍及经济学、法学、心理学、语言学等各个学科。潘震亚（1889~1978），著名法学学者，出生于南城县，曾担任复旦大学校委会常务委员，兼任法学院院长，著有《刑法名论》《刑事诉讼法论纲》《中国继承法论》《中国破产法论》《中国法制史》等多部法学著作。张为纲（1941~1964），语言学家，南丰县人，曾任中山大学文学院委员、中文系副教授，代表作有《汉语同族词谱》《方音辨正》等，在语言研究领域声望卓著。除此之外，还有担任过中国国际贸易促进委员会研究室主任的经济学家程希孟（1901~1976）；曾被聘为国家高级法律顾问的法学专家程友白女士等。

在人文科学领域，抚州人民继续发扬严谨求实、守正创新、孜孜以求的治学精神，在文学、史学、哲学等研究领域开拓了一片广阔天地。游国恩（1899—1978），临川人，现代楚辞学集大成者、文学史家。萧涤非（1907—1991），临川人，杜甫研究专家、文学史家。吴士栋（1903—1986），逻辑学家，南城人，14岁考入清华学堂，又先后在芝加哥大学、哈佛大学深造，毕业后曾在哥伦比亚大学研究院、复旦大学、浙江大学等多所高校任教或任职。其著作有《伦理学》《实践与逻辑》《逻辑新论》等；此外，在哲学上颇有建树的还有芝加哥大学哲学博士、北京大学哲学系教授程乃颐（1900~1970）。

在文学艺术领域，由于近代中国的政治经济格局发生了深刻的变化，抚州文化在地缘上的劣势逐渐凸显。但是不甘寂寞的抚州才子仍然在有限的条件下创造出了不俗的成就：一是作家的数量居于全省领先地位，《江西历代文学艺术家大全》中收录的江西近代文学艺术家66人，其中籍贯为抚州地区的有16人，占据全省总数近四分之一。其中比较有代表性的有南城人饶芝祥（1861~1912），文学家，前清进士，历任翰林院编修、顺天乡试同考官、四川道监察御史等，清末同光体巨擘陈衍赞其"诗文抗希古人，下笔有法度"，有《占斋诗文集》存世。刘孚京（1856~1898），南丰县人，文学家，著有《求放心斋文集》，其诗文"深醇朴茂，直通周秦，不袭而入于古"。赵承恩（生卒年不详），金溪县人，著有《省庵初稿》。乐嗣青（1894~？），金溪县人，著有《一声铎》《精卫石稿》。后者是抚州文学史上第一部长篇小说。此外还有临川的雷凤鼎、吴自强；崇仁的王谦、华焯、许瑞芳等诗人。二是艺术领域的多维拓展。书画家李瑞清、书法家舒同皆能在艺术特色上自成一家。黄鸿图（1880~1940）也以书法名世，是当时江西省书法界四大名手之一，被称为"国手"。汤燮（？~1926），南丰人，画家，尤善画兰花，有画集《兰花百种》。刘凤起（1866~1933），南城人，画家、书法家、诗人，担任过江西民政长等职，以山水画、书法扬名。鲁之翰（1911~1941），抚州黎川人，音乐家，师从世界著名提琴家法利国，是"中华全国音乐界抗敌协会"发起人之一。

自然科学与工程技术领域，抚州人民同样取得了令人瞩目的成就。南丰人吴嘉善（1819—1885），近代数学家，也是近代中国第一位学习外语的翰林，著有《算数廿一种》。物理学方面有饶毓泰、余瑞璜、吴式枢几位泰斗级人物。此外还有我国波普学学科的主要创建人丁渝（1920~1974）。化学方面，有中科院院士、山东大学校长邓从豪（1920~1998），他在量子化学基础理论和微观反应动力学理论两个方面硕果累累。工程技术方面，有纺织专家朱仙舫（1887~1964），临川人，著有我国最早、最具系统性的纺织学著作《理论实用纺织学》，并通过创办实业、组建协会为我国民族纺织业的发展作出了突出贡献。罗英（1890~1964），南城人，著名桥梁专家，曾留学美国，在我国近现代多起重大工程如钱塘江大桥、武汉长江大桥等建设中发挥过重要作用。此外，还有铁道专家鲁承枫、陈平端；水电工程专家黄育贤，公路专家艾怀瑜、赵兰台等。医学方面有李铎、刘义江、谢佩玉、李行清等名医；农学方面有艾延年、许调履、王云森等著名科学家。据统计，截至目前抚州籍两院院士已有11人（饶毓泰、余瑞璜、程孝刚、吴式枢、陈芬儿、陈晔光、黄晓军、童小华、邱定蕃、艾兴、郑泉水）。此外，挪威技术科学院院士白勇，首都医科大学校长、生物学家饶毅等，也都是从抚州走出的活跃在中国乃至世界科坛的精英翘楚。

二、近现代抚州文化的特点

近现代抚州文化秉承着深厚的文化积淀参与到中国的现代化进程中。抚州人民在家国情怀的激励下，奋发图强、务实进取，以经世致用的文化精神引领人生走向，在民族救亡、思想启蒙、国家建设等各个方面贡献着自己的力量，造就了近现代抚州文化的如下特点：

一是个人奋斗与国家命运深度绑定。近代中国战争频仍，内忧外患，积贫积弱。民族危亡时刻，抚州人民时时以家国命运为念，自觉承担起"扶大厦于将倾，救民众于水火"的历史重任。在鸦片战争到清王朝覆灭期间，抚州有禁烟名臣黄爵滋（1793~1853），敢于与权宦李莲英对抗的御史饶芝祥，率先学习西方文化的翰林吴嘉善等。辛亥革命期间有孙中山的忠实追随者、为革命立下汗马功劳的史学家吴宗慈；积极响应辛亥革命，革命成功后被推举为江西省民政长的书画家刘凤起。五四时期有多次参加学生运动的语言学家张为纲，宣传民主思想不遗余力的法学家潘振亚。抗日战争时期有为支持抗战兴办实业的纺织学家朱仙舫，为抗战谱曲的音乐家鲁之翰。此外，抚州还涌现出了赵醒侬、傅烈、傅大庆、周建屏、李井泉、黄火星、舒同等一大批无产阶级革命家。

二是人文社会科学与自然科学齐头并进。抚州人民快速适应了现代学科体制的转变，接受了科学思想，在数学、物理、化学、医学、纺织、建筑、交通、国防等自然科学和工程技术等领域都有所成就。而在传统强项文史类学科中，也诞生了不少享誉全国、具有突出成就的大学者。

三是传统精神与现代意识有机融合。近现代抚州地区"临川才子"频出，印证了抚州文化的文脉和"才气"绵延不绝，崇文尚教、务实进取、追求卓越的精神气质早已根深蒂固地融入抚州人民的文化血脉。与此同时，他们又吸纳了现代民主精神、科学精神、革命精神，很好地适应了时代要求。这两点结合，使他们在很多新领域或新事业中成为奠基者或引领者，如饶毓泰、余瑞璜之于中国物理学；程孝刚之于铁道交通事业；游国恩、萧涤非之于文学史研究等。

近现代的抚州，民风依然淳朴，百姓依然勤奋，教育依然发达，"临川才子"这一独特的地域性精英群体仍然呈扩张之势。一直到现在，抚州市仍在持续为国内顶尖名校输送大量人才，清华、北大录取人数位居全省前列。临川一中、抚州一中、临川二中在高考中创造过多次辉煌纪录，是全国著名的中学学府。那些从抚州走出的青年才俊践行着务实进取、经世致用的信条，在各个领域攀登着事业的高峰。

第二节　杰出的艺术家、教育家李瑞清

李瑞清（1867~1920），字仲麟，号梅庵，晚号清道人，江西临川县温圳镇（1969年划归进贤县）人，中国近代著名教育家、书画家、文学家。

一、李瑞清生平

李瑞清生于官宦世家，其父李必昌长年在湖南为官，曾任武陵县令。李瑞清自小随父亲在湖南长大。得益于良好的家庭教育环境，李瑞清幼年时期便喜欢读秦汉古文，又研习了《说文》《三礼》和《春秋公羊传》，为他的古文和儒学修养打下了深厚的基础。少年李瑞清天真质朴，秉性自然，厌恶科举八股文章。他的高祖李宗瀚是清朝著名书法家，家中藏有很多金石拓本、书画古册，培养了他对书法和绘画的兴趣。19岁时，李瑞清功名未就，但其老师余祚馨对他十分赏识，欲将长女许配给他，但其长女未及成婚便早逝。后又将次女梅仙嫁给他，两人举案齐眉，锦瑟和鸣，可两年后梅仙也因难产而死。余祚馨又将小女儿许配给他，不久亦病逝。不幸的婚姻经历给了他巨大的打击，21岁的李瑞清之后便终身不复娶，并自号梅庵、梅痴以纪念亡妻。光绪十九年（1893），李瑞清在家乡抚州中举，次年中进士，又过一年参加殿试，获二甲朝考一等，选翰林院庶吉士。在京赴考期间，他还参与了康有为的"公车上书"。后因母亲去世，他辞官回乡。此后的六七年时间里，李瑞清随着父亲的任职轨迹游历湖南、云南两地。光绪二十八年（1902），年已35岁的李瑞清受时任云贵总督魏光焘赏识，被聘至书院主讲《大学》。

1905年，江苏总督周馥建立师范传习所，委任李为总办，很多学子慕名而来。不久，李瑞清被任命为江苏提学使、兼任两江师范学堂监督。李瑞清有着强烈的教育情怀，办学呕心沥血，尽心尽力，刚一上任就在体制、财务、人事等方面大力改革，还亲自赴日本考察，引进办学经验。李瑞清还开设了中国近现代教育史上第一个美术教育专业——图画手工科。他治下的两江师范学堂，上下一心，求实奋进，迅速崛起为一所全国名校。

1911年，辛亥革命爆发。武昌起义期间，南京战事告急，大小官员纷纷出逃，唯独李瑞清岿然不动，两江师范学堂秩序井然，书声依旧。朝廷遂任命其为江宁藩司，李瑞清临危受命，成为当时江苏最高行政长官。他竭力维护百姓安危。当时提

督张勋大肆捕杀剪发者，李瑞清不仅设法为剪发学生弄到出城符令，连夜将他们送出，还资助学生返乡。革命军攻入城中时，张勋等人弃城逃窜。美日等外国使臣及友人主动邀请李瑞清前去避难，被李瑞清严词拒绝，他说："弃城而去，如臣职何？讬庇他族，如国体何？吾宁与阖城百姓同尽耳。"城破时，革命军仰慕李瑞清为人，请其出任新职，被其婉拒。他将掌管的数十万金和两江师范学堂清册交割完毕后便离开南京去往上海。

隐居上海后的李瑞清自号"清道人"，靠着写字画画养家糊口，生活穷困，时常无米下锅。约三四年后，他在书画界名气越来越大，很多人都慕名而来抢购，他的生活才得以好转。隐居期间，他仍然关心家乡教育事业，提出了很多宝贵建议。1920年，五十四岁的李瑞清病逝于上海，葬于南京牛首山。

二、书画成就

李瑞清在书画上的成就在当时即为世人所推崇，与同时期的黄宾虹、吴昌硕、曾熙并称海上四妖。

在书法上，他是二十世纪书法史上"金石派"的代表人物。李瑞清自幼钻研书法，尤爱临摹鼎彝和碑刻上的金文及篆书，故而他的书法养成了一种"金石书风"，时人称他的书法特点是"化碑入帖"。他的字带有一种篆刻般的痕迹以及风雨剥蚀的质感，显出一种诘屈颤掣、古拙方硬的艺术效果。

这种艺术风格得益于李瑞清独特的"颤笔"技法，他用颤笔写大篆，笔势曲折，顿挫有力，一涩到底。李瑞清临摹的金文，万毫齐力，真气贯注，笔能杀纸，极有力度。胡小石赞叹其笔法"梅庵先生尽破前人窠臼，始有血肉之感，生动飞舞，耐人寻味"。

在书法理论方面，李瑞清也有自己的创见。他明确主张"求篆于金，求分于石"，以金文作法入大篆，丰富了大篆书法的表现形式。他认为金文是中国书法之祖，学习书法应由大篆入手，再由石刻文字学隶，只有打好篆隶基础才能纳碑入帖。"余书本从篆分入学，书不学篆，犹文家不通经也。故学书必自通篆始，学篆必神游三代，目无二李，乃得佳耳。"李瑞清的观点符合汉字书体演变过程，具有重要意义。

李瑞清的画也与书法一样，具有强烈的个性，富有格调。他的画师法石涛、八大山人，擅长画佛像、花卉、松石等；风格上"以书入画""以篆入画"，画中融入了书法尤其是篆书的元素，使其绘画也带有一些"金石"风味。如他画的松树，树干线条艰涩诘屈，古朴硬拙，形成一种刚正高古之气，也显示出其人品中不循流俗、狷介自守的一面。

从内容上看，他的绘画多表现他作为亡国之臣的失落心境。如其《自画山居图跋》云："此清道人读书处也。其山本不在此地球中，不似渊明先生之桃花源，令后人可以释证也。"其《跋自画山水四帧》之二复云："此山在广莫之野，无何有之乡，自盘古以来，不与世通。"这绝美山水寄托了李瑞清的理想，但是他又断然否定此世间有此胜地，故画中山水虽美，却总流露出一些苦涩怅然的味道。他的弟子柳肇嘉评价他的画："合书画一炉而冶之，寄麦秀黍离之感于楮墨间，故善于穷荒寒之境也。"

李瑞清一生授徒甚多，桃李遍天下。著名学者秉忠、胡小石，国画大师张大千，美术教育家吕凤子以及抚州书法家李仲乾、何砚青、黄鸿图等，均出其门下。

三、文学成就

李瑞清的文学成就常常被其书画成就所掩盖，而实际上他于诗、词、文、赋无一不工，国学大师汪辟疆称赞他的诗"五古最高，七言绝句有东川（李颀）龙际（王昌龄）格意"。时人陈可毅有诗云："来往金陵又几时，久闻人说李梅痴。过江名士知多少，争诵抚州古体诗。"可见其古体诗在当时很受推崇。

李瑞清的古体诗创作可分为前后两个阶段，前期为辛亥革命之前，多是纪游诗，后期则多是画作题诗。他的诗以五言古诗成就最高，得法魏晋，自然淳朴，无斧凿雕刻之痕，有古直苍凉之意。其五言诗多以悼念亡妻、忧国忧民、感时伤怀为主要内容，表达情感或婉转曲折如泣如诉或长歌当哭直抒胸臆，皆能做到情真意切、感人肺腑。如《邓尉看梅悼逝》，由冰清玉洁的梅花联想到自己亡妻，勾起了三十年的遗恨。他仿佛从氤氲的"花气"中见到了妻子的音容，不禁向其倾诉起这飘零半生的孤独与凄苦，悼亡的同时融入了对自身命运、处境的感伤。作品文随意动，言浅情深，真挚感人。

李瑞清的散文也值得称道，于抒发胸中意绪的同时，暗含讥诮讽刺，机智而富有趣味。最典型的要数他的题跋文字，寥寥数语，意味隽永，于平淡不经意中暗藏机锋。如"午日，戏以菖蒲汁和墨作此。不画钟馗者，以斯世鬼多，不令老馗饱欲死，佛法无边，愿令一切众生俱登正觉也"（《画佛跋》）。另有一些寻常手札，属随手记录生活，作者虽信手拈来，也写得趣味盎然，生动活泼，别有一番情趣。如

"于京师居吕祖阁，与曾季共研席。曾季嗜樱桃，每以水晶盘贮斋头以为玩。而季好午睡，余每见则啖，立尽，寤乃大窘，尝斥余为'樱虎'。此景时时忆之，已十年已"（《为金楚青画花卉跋》），记载了李瑞清与曾季相处时偷吃其樱桃的小事，两人同是当时书法名家，还是一生挚友，书法界有"南曾北李"之说。一则偷吃樱桃的小事，作者信笔而书，几句话便写出了两人亲密无间的友谊，生动地再现了两人相处时轻松愉悦的情感记忆。

总之，其诗文古直苍凉、深情隽永、天真淳厚，不仅寄寓了作者高洁的品性，而且显示出很高的艺术水准。

第三节　杰出的文学史家游国恩、萧涤非

游国恩与萧涤非，是近现代抚州文化在文史研究领域的双子星，他们在治学精神、人格风范上都足以堪称一代学人的典范。两位文学史家一个治楚辞，一个研究杜甫，学术生涯中又曾共同主编《中国文学史》，上演了抚州才子在文史研究领域的一段佳话。

一、游国恩生平著述及成就

游国恩（1899~1978），字泽承，楚辞研究专家、文学史家，出生于临川湖南乡戴湖上游村。游国恩童蒙时期在祖父的教育下读了很多古代典籍，辛亥革命后进入临川中学（现抚州一中）就读，高中毕业后考入北京大学。读大学期间，他对楚辞研究产生了浓厚的兴趣，先后发表了《离骚研究》《天问研究》两篇文章，并出版了《楚辞概论》一书，影响广泛。

大学毕业后曾于江西省立第四中学、临川中学等省内中学任教，两年后（1929年）受闻一多邀请赴武汉大学中文系任讲师。1931年至解放前，他先后任教于青岛大学、华中大学、西南联大，出版有《读骚论微初集》《先秦文学》《屈原》等。

新中国成立后，游国恩随北京大学返回北京，历任政协全国委员会委员、九三学社中央委员、中国社会科学院文学研究所学术委员会委员等，编著了《陆游诗选》《中国文学史教学大纲》《中国文学史》（与萧涤非等人共同主编）。"文化大革命"期间，游国恩受到冲击，被剥夺工作权利。1976年，"四人帮"被粉碎后，年事已高、身体欠佳的游国恩深感时间紧迫，加紧整理他倾注了毕生心血的《楚辞注

疏长编》，但天不假年，游国恩未及见到这部书的正式出版便于 1978 年 6 月逝世。

游国恩一生成就首先在楚辞研究，他被誉为现代楚辞学的集大成者。他的成名作《楚辞概论》是第一部全面介绍楚辞，并尝试解答楚辞研究中各种争论的著作。这本书出版于 1925 年，以历史的眼光探明了楚辞的来源和影响，受到鲁迅、郭沫若等人的关注和肯定。现今关于楚辞的很多基本认识都由此书奠定。《读骚论微初集》（1937 年）是游国恩楚辞研究的又一力作，这本书重在对楚辞进行微观研究，从民俗学、古史等各方面进行考证和解释，廓清了很多疑难问题。《楚辞注疏长编》是游国恩楚辞研究的一部巨著，这本书旨在"网罗众说，考核群言，钩稽参校"，几乎全面占有了前人楚辞研究成果。书中虽引征数量庞大，但作者并未迷失其中，而是时刻保持自己鲜明的学术立场，抒发个人独到见解，将楚辞研究推上了一个新的高度，成为古籍研究的典范。

游国恩在文学史研究方面也造诣极高。1957 年发表的《关于编写中国文学史的几点意见》论及了中国文学史编写中的几个核心问题，主张《左传》等历史散文也应被囊括进文学史中，体现了他对中国文学特质的精准把握。1963 年出版的《中国文学史》由游国恩担任第一主编，这是中国当代一部权威性的文学史著作，框架基本由游国恩确定。他还负责先秦两汉部分的撰写，这部分既是中国文学之肇基，又集中了很多重点难点问题。游国恩凭借着深厚的学术功底将这部分写得观点鲜明，同时又保证了共识性，为整本书的成功打下了坚实的基础。这本书编成后，被全国许多高校选作文学史教材，一直沿用至今。

二、萧涤非生平著述及成就

萧涤非，原名忠林，杜甫研究专家、文学史家，1907 年 1 月出生于临川茶溪村。萧涤非母亲在他 1 岁时去世，他童年跟随父亲生活、学习，就读于父亲在村中创办的三义小学，直至 10 岁时父亲离世。小学期间，他读了《论语》《孟子》《诗经》等古代典籍，从中吸取了儒家文化刚毅坚卓的精神。双亲早故的萧涤非后随大伯生活，先后在开封留美预备学校、南京江苏省立第一中学求学。1926 年，萧涤非考入清华大学中文系，开始了他 7 年的清华求学生涯。其间，他发表了第一篇学术论文《读词星语》，迈出了学术研究的第一步。大学毕业后，萧涤非免试进入清华研究院继续深造。萧涤非不仅学习成绩优异，而且还是一位酷爱足球的运动健将，在读期间曾担任过清华及华北足球队队长。

1933 年萧涤非从清华大学毕业，他的第一份教职是青岛国立山东大学中文系讲师，讲授"词选""乐府"等课程。1936 年，萧涤非转赴四川大学任教，1941 年因拒绝参加国民党被解聘，同年受聘于西南联大。在昆明期间，艰苦的生活也阻挡不了他对学术的追求，《汉魏六朝乐府文学史》（1943）以及一些重要论文都在此时发表。抗战期间，由于亲身体验、见证了老百姓艰难困苦的生存状况，他对劳动人民的处境越发同情，对杜甫诗歌中的忧国忧民感怀尤为深切，从而正式踏上了杜甫研究的道路。1947 年，他回到山东大学，开始讲授和研究杜甫诗歌，此后有多种研究成果问世。1956 年至 1959 年，他先后出版《读诗三札记》、《杜甫研究》下卷、《皮子文薮》。1961 年至 1963 年，他与游国恩等学者一起编写《中国文学史》，负责魏晋南北朝隋唐五代部分。"文化大革命"期间，萧涤非被扣上了"反动学术权威"的帽子受到批判。"文化大革命"结束后，他继续研究杜甫，除发表多篇有分量的论文外，还出版了《杜甫诗选注》（1979）、《乐府诗词论薮》（1985）。萧涤非晚年除进行学术研究外，还于青年学者培养、中学语文教育、家乡抚州文化建设等事业上甚为用心，展现出金针度人、甘为人梯之奉献精神。

萧涤非致力于杜甫研究四十余年，是新中国首屈一指的杜甫研究专家。他在杜甫研究中自觉采用马克思主义文论的思想观点，为杜诗研究打开了新的局面。这方面的贡献主要集中在《杜甫研究》一书中。综观该书，有以下几大贡献：一是自觉坚持以马克思主义唯物史观为指导，强调"知人论世"的研究原则。萧涤非在书中花了大量篇幅介绍杜甫所处的时代背景和人生经历，并由此把握他作品的思想。二是坚持思想性与艺术性的统一，既注重从思想上剖析杜甫诗歌，又注重从艺术上、形式上去评价杜甫诗歌的成就，纠正了当时学界只谈思想性、政治性，不谈艺术性的不良取向。三是提出了"以杜解杜"的注解方法，对于"接近真相，还杜诗本来面目"具有重要的方法论意义。

萧涤非的学术进路是博而后约，他在杜甫研究领域所取得的高度，是建立在对中国古代乐府、诗词等理解的深度和广度之上的。他的《汉魏六朝乐府文学史》对乐府诗之本事及背景，求之而不厌其详，阐明了乐府民歌"皆感于哀乐，缘事而发"的现实主义精神。《乐府诗词论薮》对乐府诗研究多有创见。此外，他还亲自校点了唐代作家皮日休的《皮子文薮》，参加了《中国文学史》这一重大工程的主编工作，并出色地完成了魏晋南北朝和隋唐部分。

第四节　新中国科坛上的"抚州四杰"

在现当代中国科学技术领域，活跃着不少抚州才子的身影，其中成就最为卓著者，当数有着"抚州四杰"之称的饶毓泰、余瑞璜、程孝刚、吴式枢四位院士。

一、饶毓泰

饶毓泰，中国现代物理学的卓越奠基人，1891年出生于临川县钟岭乡朱饶村。幼年学习《四书五经》，1903年进入抚州中学堂（现抚州一中）学习，1905年只身赴上海就读于中国公学，后转入中国新公学，1911年毕业于上海南洋公学（现上海交通大学），后回家乡省立第三师范学校任教。1913年，饶毓泰考取公费留学生，开始了他的异国求学之旅，先后在美国芝加哥大学、哈佛大学、普林斯顿大学等攻读物理学。1922年获博士学位学成归来，饶毓泰受聘于南开大学，创建物理系并担任系主任；7年后赴德国莱比锡大学访学，1932年回国担任北平研究院物理研究所研究员，翌年任北京大学物理系主任；1935年起兼任理学院院长。此后，他一直在北大工作，新中国成立后还担任北京大学校务委员会委员。由于成就卓著，他曾先后当选中央研究院院士、中国科学院数学物理学化学学部委员。1968年10月，由于在"文化大革命"中备受折磨和侮辱，饶毓泰愤而自杀，离别了人世。

饶毓泰品行崇高，富有家国情怀，不在乎个人得失。他以祖国科学事业发展为己任，毅然放弃欧美国家丰厚的物质经济待遇，选择回国在战火纷飞中建立中国的物理学。新中国成立后，年事已高的饶毓泰身体大不如从前，本应多休息的他反而更加争分夺秒地从事科学研究、教学和青年教师培养等工作，展现了"春蚕到死丝方尽"的为国奉献精神。

饶毓泰为我国物理学的发展作出了不可磨灭的贡献，体现在：其一，他凭借自身的研究，对低压汞弧放电机理的研究有突出贡献，在原子光谱、分子光谱等研究领域中有重要建树。其二，他创建了南开大学物理系，执掌北京大学理学院，对我国物理学的发展具有开创之功。其三，他为我国物理学培养了大批人才，执掌南开大学时，学生中有吴大猷、吴大任、郭永怀、申又振、陈省身、郑华炽等；在西南联大期间又培养了杨振宁、邓稼先、李政道等一大批优秀物理学家。

二、余瑞璜

余瑞璜，世界一流晶体学家，1906年4月出生于宜黄崇二都村。余瑞璜1岁时父亲去世，其母亲辛苦支撑起全家的生计和子女的教育。母亲曾教余瑞璜背诵古诗，并给他讲述古代仁人志士的爱国故事，为他树立了良好的人生榜样。余瑞璜10岁时开始在崇文书院读高小，12岁考入省立第三师范学校，在这里他见识到物理实验的神奇，培养了对物理学的兴趣。1925年，余瑞璜考入国立东南大学物理系。

1930年，余瑞璜开始在清华大学物理系担任助教，在著名物理学家吴有训的指导下开展科学研究，主攻X射线物理学。他成功自制了一台灵敏度可以测出3个电子的二象静电仪，后又制作了中国第一台盖革计数器，只比第一个制出的德国晚一年。1934年，余瑞璜考取公费留学生，次年赴英国曼彻斯特大学物理系学习，师从诺贝尔奖获得者、布拉格定律发现者W.L.布拉格教授；1937年获理学博士学位，翌年赴英国北威尔士大学物理系和伯明翰大学冶金系学习，出于国内抗战的需要，他选择了学习金属学。1939年，余瑞璜携眷返回祖国，在西南联大筹建清华大学金属研究所。1942年，他提出了"晶体分析X光数据的新综合法"和"由相对X光强度资料确定绝对强度"而不需实验工作的方法，引起国际晶体学界极大反响，由此奠定了他"第一流晶体学家"的声望。抗战胜利后，他随清华大学返回北京，任清华大学教授。

新中国成立后，他与冶金部副部长陆达一起筹建了中国金属学会。1952年，全国院校调整，他主动要求到东北人民大学（现吉林大学）筹建物理系，为东北重工业基地培养人才。在这里，他创建了中国第一个金属物理专业，还试制成功了医用X光管，填补了国内空白。1955年，他当选为中国科学院学部委员。1957年，他被错划为"右派"。1960年，他创建了中国第一个金属物理与X射线晶体学研究室，着手"固体与分子经验电子理论"研究。1964年，他指导制成了中国第一台细聚焦X光机。"文化大革命"期间，他在极为艰苦的条件下坚持研究，用坏了一台手摇计算机，留下了近百本研究笔记。得益于这种孜孜以求的科学精神，他在1978年发表了《固体与分子经验电子理论》，建立起一种新的固体电子结构模型的理论。1997年5月19日，余瑞璜与世长辞，享年91岁。

三、程孝刚

程孝刚，中国铁道机械工程研究的先驱，1892年6月出生于宜黄县城的一个书香门第。他自幼聪明好学，童蒙时期接受过传统教育，1911年毕业于江西高等实业学堂，1913年留学美国普渡大学，1917年获该校机械工程学士学位。1919年回国后，程孝刚长期从事铁路机车运营、检修、制造、科技和技术教育工作。在铁路方面，他与詹天佑齐名，为我国铁路建设、机车牵引动力的发展作出了重要贡献。1947年4月后，他主要从事高等教育工作，1947年任交通大学校长，1949年调任浙江大学任工程系主任、教授，1952年起转任上海交通大学教授、副校长，1955年当选为中国科学院学部委员，1977年8月逝世于上海。

程孝刚是我国铁路管理改革的先驱，长期在铁路系统任职，具有丰富的管理经验。他作为主要参与人之一的《机车制造风范》和《车辆材料标准》等铁路规章、制度，一直使用到新中国成立后相当长一段时间。以程孝刚为主撰写成的《铁道部赴日本国有铁道工场考察报告》有两大册上百万字。该报告除了介绍日本机车车辆工业的生产组织机制、车间布局、工艺流程以及铁道科研开展情况外，还附有大量图片资料和统计数据。《报告》分析了当时中国铁路状况，对发展机车车辆工业提出了例行标准，对健全组织机构、建立铁道中央制造工厂、开展计划制度、进行人才培训等问题，都提出了改进意见。这部厚厚的报告，对全国铁路建设的发展有重要的指导意义。此外，他撰写的《轻便机车试验报告》解决了后方铁路机车不足的问题，在中国机械工程界受到好评。

四、吴式枢

吴式枢，世界著名理论物理学家，抚州宜黄人，1923年5月出生于北京。吴式枢出身于一个富有的商人家庭，自小接受了良好的教育，加上聪慧过人，16岁就考取了上海同济大学机械工程专业，1944年毕业后留校任教。由于对工程机械领域的工作缺乏兴趣，吴式枢转而自学物理，1947年赴美国伊利诺伊大学研究生院攻读物理学，1951年获哲学（物理学）博士学位。同年，响应周恩来对海外科学家的号召，吴式枢毅然回国参加建设，被聘为大连工学院教授。1952年，他赴吉林参加东北人民大学（现吉林大学）物理系建设，三年间虽身兼十门大课，但教学一丝不苟，要求极为严格。吴式枢亲手创建了吉林大学理论物理专业，使吉林大学物理学走在了全国前列。特殊时期，他被剥夺了研究资格，但仍然在缺乏文献和设备的条件下凭借着记忆和纸笔演算，取得了一定研究成果。1980年，吴式枢当选为中国科学院学部委员（院士）。吴式枢一生育人无数，倾心尽力，直至2009年去世前仍在亲自指导学生。

吴式枢主要从事原子核理论特别是核多体理论方面的研究与教学工作。20世纪50年代，他应用壳模型理论处理 μ 介子和光核效应，该模型被称为"吴模型"。他建立和发展了格林函数方法和非线性积分方程理论。他推广的组态混合法利用格林函数方法系统地研究了零温和有限温的核性质、核结构与相对论多体问题，得到了有限温与相对论等效相互作用的严格表达式。他还针对国家在石油开采中遇到的困境，提出了相位介电测井新方法，解决了判断油田水淹层的难题。这几点贡献，奠定了他在中国物理学界的崇高声望。吴式枢学识渊博，为人谦逊，淡泊名利，功成不居，堪为一代学人的模范。

第五节　抚州今天更出彩

进入新时代以来，抚州文化呈现出新的发展面貌，焕发出新的活力。"文化"成为抚州城市形象中愈加闪亮的名片；抚州也以文化为引领，日益成为一艘不断向前的筑梦、追梦、圆梦的"梦想之舟"。

一、文化抚州内涵更加丰富

随着时代的发展和历史语境的转变，抚州文化在古代所取得的成就统统可以归之于优秀传统文化。这些文化仍以历史遗存以及思想观念的形态成为当今抚州文化的核心，但当代抚州文化除优秀传统文化外，还包含了红色文化以及绿色生态文化。

抚州红色文化生成于近代。抚州不仅见证了一众革命家筚路蓝缕的奋斗历程，而且还是反"围剿"战役中的主战场，在革命烽火的淬炼中走出了赵醒侬、傅烈、李井泉等一大批本土革命家。经过近百年的积淀，抚州的红色文化越来越醒目、厚重。新时代抚州开始对红色文化进行大力发掘、保护和阐释。当前，抚州正在大力开展红色基因传承弘扬专项行动，深入实施"中央苏区北大门"发掘宣传工程、红色文化传承弘扬工程和革命文物保护利用工程，叫响"长征国家文化公园首站"品牌。不久的将来，抚州将会成为红色资源保护示范地、红色学习教育打卡地、红色文化文艺传播地。

绿色文化是人类在实践活动中与自然进行交互时所生成的生命智慧的物质形态及精神形态。人类的实践活动包含自然的人化与人的自然化两个进程。人既要改造自然使其满足自身的需要，又要尊重自然法则让自身趋近自然，抚州绿色文化是这种和谐共生的实践理念的生动写照。抚州市生态宜居，自然资源丰富，全市现有国家AAAAA级景区1个（资溪大觉山）、AAAA级景区27个，国家级、省级自然保护区7个，国家级、省级森林公园12个，先后被评为全国"50强氧吧城市"、国家园林城市、国家森林城市。抚州依托独特的山地森林和优越的生态环境，培育出了一批森林康养基地，已利用森林景观开发了106处森林康养项目。此外，南丰蜜橘、广昌白莲、崇仁麻鸡等优质农产品不仅带动了当地经济发展，也向人们传递着"绿水青山就是金山银山"的发展理念。抚州的宜居宜业，离不开绿色文化的滋养。

二、文化抚州品牌愈加响亮

依托王安石、曾巩、陆九渊、汤显祖等文化巨匠的广泛影响，抚州近年来接连隆重举办了多场纪念会和学术研讨会。全国乃至世界各地的专家学者、艺术家齐聚抚州，盛况空前，不仅促进了学术交流和传播，而且提升了抚州文化和这座城市的知名度、辨识度。

2016年是汤显祖、莎士比亚、塞万提斯逝世400周年。抚州为这三位世界著名戏剧家举办了大型纪念活动，邀请了英国、西班牙等10国的政界、戏剧界、文学界嘉宾出席。同时抚州在英国、西班牙、美国也举办或参加了系列交流活动。同年9月，抚州举办中国抚州汤显祖剧目展演暨国际高峰学术论坛，海内外逾240位专家学者论道汤学，把汤学研究推向了一个新的高度，抚州也借此成为汤学研究高地。已举办多次的汤显祖戏剧节暨国际戏剧交流月活动则让抚州"中国戏曲之都"的称号声名远扬。

2019年9月，纪念曾巩诞辰1000周年学术研讨会在南丰县举办。来自北京大学、清华大学、中国人大、复旦大学、中国社会科学院等重点大学和科研单位的知名学者、专家齐聚曾巩家乡抚州南丰，掀起了曾巩研究的又一次高潮。

2021年12月，以"传承优秀传统文化，弘扬伟大民族精神"为主题的纪念王安石诞辰1000周年学术研讨会在抚州举行。此次研讨会采用"主会场+分会场+视频连线"形式，主会场设在抚州市汤显祖大剧院。全国各地约150名专家、学者围绕"王安石生平、事迹和历史地位""王安石文学及文献研究""王安石与民族精神、时代精神"等议题进行研讨，共同推动了王安石研究的深入和发展。

2023年9月，由抚州市人民政府、中华孔子学会陆九渊研究委员会和南昌大学

图 14-1　2023 年陆九渊学术思想研讨会

共同主办的"心学与理学：陆九渊学术思想研讨会"在金溪县召开，来自众多高校和研究机构的专家学者共计 400 余人参加。本次研讨会使陆象山思想的挖掘、研究、传承和弘扬达到了一个新的学术高度。

凭借着得天独厚的文化资源，抚州已成为王安石、汤显祖研究的学术中心、交流中心。每年定期召开的相关研讨会已成为学术界、文化界热点事件，大大提升了抚州作为区域性文化中心的地位。

三、文化对城市发展的贡献度显著提升

文化，成为抚州经济社会发展新引擎。新时代以来，抚州一直在探索一条以文兴城的道路，通过把握历史文化与城市发展的内在逻辑，以历史文化培育城市品牌、彰显城市魅力，引领城市发展。2022 年，抚州市成功获批国家历史文化名城，"以文兴城"战略取得重大突破。

成功背后，是抚州在历史文化保护和传承事业中交出的亮眼答卷：全市有 714 处各级文物保护单位和 2431 处已登记的不可移动文物，有省级历史文化名城两座、省级历史文化街区 20 片，中国历史文化名镇 2 个、省级历史文化名镇 1 个，中国历史文化名村 8 个、省级历史文化名村 10 个，以及中国传统村落 135 个、省级传统村

落113个。抚州是获批江西省中国传统村落最多的设区市。2019年，抚州千金陂成功入选第六批世界灌溉工程遗产名录。

2023年，抚州全力打响"文化抚州、梦想之舟"品牌，进一步提出"文化旺市"的城市发展战略，明确了抚州文化在全面建设现代化抚州进程中的引领力、发展力、创造力和凝聚力。抚州正继续推动文化与实体经济融合发展，实施一批重大文化科技创新项目，以文化"软实力"提升高质量发展"硬实力"，培育"文化＋科技""文化＋工业""文化＋农业"等多种新兴业态。从"以文兴城"到"文化旺市"，抚州凭借着在文化驱动发展道路上的坚实步履，正在成为一片文化气息浓厚、充满创新创业激情的热土。

四、文旅产业蓬勃发展

党的十八大以来，抚州依托厚重的人文历史底蕴，通过激活历史文化资源，不断筑牢提升文化产业基础，打造了一大批特色鲜明的重点文化旅游项目，推动文旅事业快速发展。

目前，抚州通过大力整合历史、文化、山水旅游资源，已形成了集点、连线、成面的发展态势，打造出了一批像文昌里、曾巩文化园、大坊荷兰创意村等集文化

图14-2　2023年抚州文化和旅游产业发展大会

传承创意和休闲旅游为一体的特色景区；以流坑古村与竹桥古村等为代表的古村文化旅游产业；以南丰蜜橘、广昌白莲等为支撑的乡村文化旅游产业。抚州，已连续3年入选中国文化竞争力十佳城市。

抚州市重点打造的"汤翁故里——文昌里历史文化街区"不仅是抚州文旅的一张名片，也是抚州文旅发展的一个缩影。

文昌里曾是临川老城最活跃的商业街区，有国家级文物保护单位1处（玉隆万寿宫），市级文物保护单位26处。历史上的文昌里靠近水运码头，是江右商帮汇聚之地，十分繁荣。但由于水运衰落，文昌里也随之萧条，一度成为市政设施落后、人居环境恶劣的棚户区。保护类建筑年久失修，木梁和砖瓦多处损毁，状况堪忧。2015年，抚州市决定将文昌里历史文化街区改造作为文化旅游项目的头号工程和创建国家历史文化名城的头号工程，举全市之力予以推进。

文昌里的改造遵循了保护修缮、文化铸魂、丰富业态三大原则。在街区初期建设中，遵循"不改变原状"的原则，坚持原材料、原工艺、原形制修缮，使街区的古风古韵得以保存，赣派民居的特色得以彰显。随后，通过修葺万寿宫古戏台、中国戏曲博物馆、汤显祖家族墓园，打造大型沉浸式实景演出《寻梦牡丹亭》等，传承城市文脉，厚植文化内涵，彰显出街区的文化魅力。最后，为满足现代人的文化和消费需求，文昌里聚集了银艺、竹编、木雕、瓷画等非遗和传统手工艺传承者建成活态展示馆。同时，引入如临川牛杂、金溪藕丝糖、临川菜梗、南丰水粉等风味独特的抚州美食，形成了融合传统手工艺品、旅游纪念品、非遗文化、特色民宿等的立体业态组合。

经过不懈努力，2016年12月，文昌里入选第二批省级历史文化街区。2018年10月，文昌里被评选为国家AAAA级旅游景区。2021年10月，文昌里入选第一批国家级夜间文化和旅游消费集聚区名单。2023年11月，文昌里入选国家级旅游休闲街区名单。

塑造"文化抚州，梦想之舟"品牌，就是让文化成为抚州的城市灵魂，就是要让抚州独特的文化标识更鲜明、更灿烂。新时代的抚州，牢牢把握住了"以文塑旅、以旅彰文"核心要旨，正逐步以历史之美、山河之美、文化之美，让今天的抚州更加美好。

主要参考书目

〔宋〕王安石:《王安石文集》,刘成国点校,中华书局 2021 年版。

〔宋〕曾巩:《曾巩集》,陈杏珍、晁继周点校,中华书局 1984 年版。

〔宋〕陆九渊:《陆九渊集》,中华书局 1980 年版。

〔明〕汤显祖:《汤显祖全集》,徐朔方笺校,北京古籍出版社 1999 年版。

〔宋〕晏殊、晏几道:《二晏词笺注》,张草纫笺注,上海古籍出版社 2022 年版。

〔清〕纪昀:《四库全书总目提要》,河北人民出版社 2000 年版。

〔宋〕朱熹:《朱子全书》,上海古籍出版社 2010 年版。

〔清〕黄宗羲:《宋元学案》,中华书局 1986 年版。

许怀林:《江西史稿》,江西高校出版社 1993 年版。

陈文华、陈荣华:《江西通史》,江西人民出版社 1999 年版。

罗传奇、张世俊:《临川文化史》,广东高等教育出版社 1993 年版。

罗伽禄、徐国华:《临川文化大观》,江西人民出版社 2014 年版。

黄建荣:《临川近现代文化史》,江西高校出版社 1999 年版。

王天晴:《临川文化名人研究指要》,江西高校出版社 2001 年版。

涂木水:《临川文学史》,江西高校出版社 1998 年版。

龙晨红等:《宋代临川文化研究》,中国书籍出版社 2017 年版。

虞文霞、王河:《宋代江西文化史》,南昌:江西人民出版社 2012 年版。

夏汉宁等:《宋代江西文学家考录》,中山大学出版社 2022 年版。

傅伯言、姜玮:《江西学术史·宋代卷》,江西高校出版社 2021 年版。

傅伯言、姜玮：《江西学术史·明代卷》，江西高校出版社 2021 年版。

夏汉宁等：《宋代江西籍进士地图》，江西美术出版社 2018 年版。

吴海、曾子鲁：《江西文学史》，江西人民出版社 2005 年版。

刘成国：《荆公新学研究》（增订本），上海古籍出版社 2023 年版。

罗传奇、吴云生：《王安石教育思想研究》，江西教育出版社 1991 年版。

郭齐家、顾春：《陆九渊教育思想研究》，江西教育出版社 1996 年版。

胡青：《吴澄教育思想研究》江西教育出版社 1996 年。

罗伽禄：《北宋名儒李觏》，江西人民出版社 2010 年版。

毛效同：《汤显祖研究资料》，上海古籍出版社 1986 年版。

黄振林、章军华、上官涛：《临川地方戏剧史》，中国戏剧出版社 2003 年版。

章军华：《临川傩文化》，江西高校出版社 2001 年版。

李俊标：《曾氏文学家族研究》，江西高校出版社 2021 版。

罗崇辉：《临川古诗释注》，江西高校出版社 2021 版。

周銮书：《千古一村——流坑历史文化的考察》，江西人民出版社 1997 年版。

李国华、于少海、章军华：《江右之秀——抚州商帮文化与流变》，百花洲文艺出版社 2004 年版。

吴定安：《芎草集——金溪历史文化研究》，江西人民出版社 2012 年版。

抚州市民政局：《江西省地名志·抚州市卷》，福建省地图出版社 2022 年版。

罗建华：《抚州古建筑》，江西美术出版社 2011 年版。

方亚伟：《抚州历代书画人文大观》，中国文史出版社 2016 年版。

黄文贤、胡志方：《盱江医学纵横》，人民卫生出版社 2012 年版。

毛静：《藻丽娜嬛：浒湾书坊版刻图录》，江西高校出版社 2018 年版。

后 记

近年来，为完整、准确、全面贯彻新发展理念，加快构建新发展格局，抚州市委、市政府提出：打响"文化抚州，梦想之舟"品牌，积极实施文化兴市战略，加快建设文化创新强市，奋力谱写中国式现代化的抚州篇章。在这个背景下，我们组织编写了文化读本《走进文化抚州》，目的是通过概览抚州文化成就，阐释抚州文化特质，弘扬抚州文化精神，让当代大学生了解抚州文化的辉煌历史，传承抚州文化的优良品质。特别是让赣东学院学子入校后，逐步熟悉抚州，深入了解抚州，真心热爱抚州，毕业后为抚州的建设发展贡献青春力量。

这本文化读本，是以习近平文化思想为指导，以底蕴深厚的抚州文化为考察对象，力求让大学生进一步学习了解中华优秀传统文化的主要精神。读本的特点：一是在总体结构安排上，既有对抚州文化总体概貌的论述、文化精神的提炼，也有对抚州文化突出名家的专章介绍。二是在具体章节论述上，既展示抚州文化各个领域的辉煌成就，又总结文化发展和成长的历史经验。三是努力做到观点的正确性、材料的可靠性、结论的科学性相统一。实事求是、严谨科学，力争在前人研究成果的基础上，有文献典籍的新发现、田野调查的新收获、观点提炼的新成果；做到言之有据，言之有理，言之可信，同时兼顾学术性、科学性、可读性、普及性的统一。

《走进文化抚州》由编者委员会主任组织专家编写大纲、设计章节和确定基本写作范围，并最后定稿。本书的编写人员，由赣东学院在职教师和特聘教授联合组成，是老中青相结合的研究团队。具体撰写人员名单如下：黄振林：第一章、第八章；李惠惠：第二章；孟召博：第三章；储瑶：第四章第一节（部分）、第二节、第四节;程娟:第四章第一节(部分)、第三节;邹志坚:第五章第一节;魏琳华:第五章第三节;罗伽禄:第五章第四节;侯慈秀:第六章、第五章第二节;张学文:第七章、第十四章;郑瑶:第九章;谢奕:第十章;廖姝雅:第十一章第一节、第三节;邓潇:第十一章第二节;吕敏敏:第十二章;李壹:第十三章第一节;郑志英:第十三章第二节;伍小玲:第十三章第三节。

  本书编写过程中,参考了部分学术前辈关于抚州文化研究的论述论著,再次向相关作者表示衷心感谢。学校教务处、人文学院、马克思主义学院的同志为本书的出版付出了很多努力。由于是第一次编撰抚州优秀地方文化读本,无论是体例安排、章节设计,还是内容叙述、行文风格等方面,都还有很大提升空间。希望教师学生阅读后,认真提出宝贵的意见和建议,也有助于我们在今后的再版时修订完善。

《走进文化抚州》编者委员会
2024年6月